NO VAI E VEM DA VIDA

EDITORA EME

Edição e distribuição

EDITORA EME
Caixa Postal 1820 - CEP 13360-000 - Capivari-SP
Telefones: (19) 3491-7000 | 3491-5449
Vivo (19) 99983-2575 | Claro (19) 99317-2800 | Tim (19) 98335-4094
vendas@editoraeme.com.br - www.editoraeme.com.br

PEDRO SANTIAGO
PELO ESPÍRITO
DIZZI AKIBAH

NO VAI E VEM DA VIDA

Capivari-SP
- 2017 -

A Editora EME mantém o Centro Espírita "Mensagem de Esperança" e patrocina, junto com a Prefeitura Municipal e outras empresas, a Central de Educação e Atendimento da Criança (Casa da Criança), em Capivari-SP.

3ª reimpressão - novembro/2017 - de 11.001 a 19.000 exemplares

CAPA | André Stenico
DIAGRAMAÇÃO | Victor Benatti
REVISÃO | Rubens Toledo

Ficha catalográfica

Akibah, Dizzi, (Espírito)
No vai e vem da vida / pelo espírito Dizzi Akibah; [psicografado por] Pedro Santiago - 3ª reimp. nov. 2017 - Capivari-SP: Editora EME.
288 pág.

1ª ed. fev. 2017
ISBN 978-85-9544-001-2

1. Romance mediúnico. 2. Resgate do passado. 3. Planejamento reencarnatório. 4. Lei do retorno. I. TÍTULO

CDD 133.9

SUMÁRIO

Neste educandário chamado Terra, nós,
alunos rebeldes, estamos sempre
retomando velhas lições.

PALAVRAS DO AUTOR ESPIRITUAL

A AFIRMAÇÃO DE Jesus de que "*nenhuma ovelha ficaria fora do rebanho*" constitui, para todos nós, uma confortadora esperança e nos leva à compreensão de que somos herdeiros de recursos divinos, inesgotáveis, instituídos nas leis eternas e imutáveis, os quais proporcionam a todos nós a oportunidade de regeneração moral e, consequentemente, desenvolvimento espiritual.

Pois, se assim não fosse, o divino Mestre não teria atraído para a sua seara divina o audaz perseguidor dos primeiros cristãos, despertando-o com a simples pergunta: *Saulo, por que me persegues*? E o jovem doutor da lei, tocado pela luz do amor, transformou-se, constituindo-se em um dos principais divulgadores da Boa-Nova, cuja história é sempre lembrada como exemplo de coragem, persistência, determinação e convicção tão profunda, que, antes de terminar a sua existência, dedicada na totalidade ao cristianismo nascente, afirmou: "Já não sou eu que vivo. É o Cristo que vive em mim".

Não teria, da mesma forma, o Mestre divino, justo e amoroso, indicado a Madalena um novo caminho, ao aconselhá-la: *Vai e não peques mais*. E mais adiante num rápido diálogo: *Ame e sirva*. E a mulher, conhecida como pecadora, rompeu as barreiras do mal moral, abriu as comportas do íntimo e permitiu que a luz do amor clareasse o novo caminho sugerido, que, doravante, foi percorrido com perseverança e dignidade, até o final da existência.

Se Jesus, o divino Mestre da sabedoria e da bondade assim agiu, quem somos para julgar irmãos nossos que, moralmente enfermos, caem na marginalidade da corrupção, da perversão ou quaisquer outros tipos de crimes? Não foram eles, também, criados pela essência do amor divino? E quem pode garantir que eles não estão passando por caminhos por nós já percorridos?

Afinal, é a lágrima derramada e o suor do esforço empreendido que, revertidos em educação moral, direcionam a criatura humana para os caminhos indicados por Jesus, a luz do mundo!

Que as histórias de Paulo de Tarso e de Maria de Magdala nos sirvam de exemplo, mas que não nos esqueçamos de que a reencarnação, por si mesma, fundamenta histórias que a própria vida conta; que podemos retirar, destas mesmas histórias narradas pela vida, importantes ensinamentos para aplainar os caminhos a serem percorridos; que não nos passem despercebidas as minúcias nelas contidas, para que, mais tarde, não sintamos vergonha de certas situações contidas na história narrada pela nossa própria vida, como as que se encontram relacionadas com o personagem principal deste novo romance que, com muita alegria, passo às suas mãos.

Será fácil notar, durante a leitura, que ações consideradas habitualmente de pouca importância acabam repercutindo, quer positiva ou negativamente, na vida das pessoas, e também, por consequência, em nossas vidas, já que muitos enganos podem se encontrar simplesmente na aparência.

Afinal, no que parece ser nem sempre se encontra a verdade; notará, também, que o perdão, conforme o ensinamento de Jesus, não ocorre simplesmente através de expressões desprovidas de sentimento, mas, sim, por ação do amor; que o ser espiritual, quer esteja encarnado ou desencarnado, não deixa de ser, por haver delinquido, um projeto divino fadado à iluminação e à felicidade plena, uma vez que a Justiça Divina se encarrega de alcançá-lo, no tempo e momento certos, não para castigá-lo, mas, sim, para educá-lo e, consequentemente, ajustá-lo nos ditames das leis universais.

Como ainda exemplifica a presente história, o soerguimento do espírito, seja qual for a sua situação moral, estabelece-se na prática das lições luminosas do Evangelho. E, finalmente, exemplifica que, quem porventura procurar conhecer o divino Mestre, jamais o esquecerá! O livro cita, ainda, a reencarnação como um exemplo do perdão de Deus, a repercussão dos nossos atos incursos na lei de causa e efeito sob a decorrência de emoções e expectativas.

Rogando ao divino Mestre a bênção do seu amor para as nossas vidas, expresso a minha gratidão e o desejo de um bom proveito na leitura desta nova obra.

Salvador, julho de 2016.
Dizzi Akibah

Observações do médium:

Minúcias do local no mundo espiritual, denominado Estância Espiritual, onde transcorre parte da presente história, foram evitadas na narração, segundo o autor espiritual, para não desviar, por curiosidade, do objetivo real do trabalho que é a reafirmação da eficácia de três lições luminosas de Jesus: *Nenhuma ovelha ficará fora do rebanho; o amor cobre a multidão de pecados, e o perdão de Deus, ensejando nova oportunidade de refazimento.*

Espero que o sentido das citadas lições, perceptíveis no comportamento dos personagens, seja assimilado por cada um de vocês, caros leitores, e que recebam o meu agradecimento e votos de uma boa e proveitosa leitura.

Salvador, setembro de 2016.
Pedro Santiago

parte um

capítulo um

MENTE EM DESALINHO

A compreensão e a aceitação do sofrimento são sempre proporcionais ao grau de adiantamento moral do ser.
Dizzi Akibah

MESMO DEPOIS DE muitos anos de angústia, desespero e incertezas, experimentando efeitos amargos de ações perpetradas na sua última existência material, Monteiro, que havia desencarnado na madureza da idade, ainda insistia em relutar contra os reclames da consciência, na tentativa de se convencer de que teria sido levado aos graves erros cometidos e que, por isso, a sua culpabilidade se encontrava tão somente na natureza das reações, exonerando-se das causas, as quais, atribuía aos que sofreram os resultados maléficos das suas ações. Mas, apesar da atitude equivocada, ele já se encontrava convencido de que, para amenizar o sofrimento que experimentava, era-lhe imprescindível antes de tudo, adotar mudanças no seu comportamento moral.

Assim foi que, no auge do sofrimento, ele, que até então não dava crédito à possibilidade da intervenção das leis divinas na vida da criatura humana, mirou em todas as direções do ambiente deletério em que se encontrava e, percebendo que tudo ali se resumia, apenas, em sofrimento e desespero, voltou a fronte ao alto na tentativa de contemplar o espaço celeste, os raios solares, as nuvens levadas pelas lufadas do ar, como fazia quando ainda encarnado, mas não conseguiu, pois, entre o local onde se encontrava e o espaço celeste, havia um nevoeiro formado pelas mentalizações dos que ali se torturavam diante da própria consciência, o que deixava aquele ambiente sempre nebuloso.

Profundamente entristecido, começou a chorar, mas, em vez de lágrimas, fluía dos seus olhos um líquido de aspecto escuro e lodoso. Depois de breves momentos nesse estado psíquico, fechou os olhos e, embora a gritaria e o clamor vindos de todas as direções, fixou a mente nas lembranças do seu antigo lar, onde, quando ainda criança, a sua mãe colocava-o de joelhos e de mãos postas em forma de oração, para recitar a oração Pai-Nosso, e, em seguida, falar-lhe de Deus como Criador, de Suas leis imutáveis, da justiça divina, da misericórdia e, sobretudo, da importância de pautar a vida nos ensinamentos de Jesus, e, com a voz embargada pela forte emoção, passou a falar para si mesmo:

– Que fiz dos ensinamentos da minha bondosa mãe, sobre Deus, Pai da criação, já que acabei me perdendo por caminhos tenebrosos do mundo?

Depois de silenciar por alguns minutos, passou a externar os seus sentimentos em forma de oração, o que lhe ocorria pela primeira vez, desde quando ficara adulto no corpo físico, na existência material que havia se findado.

> Oh, Deus! Compreendendo enfim que não poderei exterminar, de vez, esta minha vida inútil, como gostaria, porque já morri, mas continuo vivo; que me transformei num criminoso e me ocultei da justiça dos homens; que me encontro fragiliza-

do e sem forças para suportar este fogo que parece me devorar por dentro, como se o inferno se localizasse em minhas entranhas, curvo-me diante da tua grandiosidade, do teu poder, entregando-me à tua justiça e, seja qual for, doravante, o destino apontado pela tua compaixão, eu acatarei, pois, embora eu tenha sido motivado por algumas circunstâncias, reconheço que um criminoso que tenta burlar as leis, para não responder pelos seus delitos, como eu agi covardemente, não se sente em condições de rogar pelo teu perdão, por saber que não há merecimento para tal...

Entretanto, Senhor Deus, imagino que uma ínfima fagulha do teu santo amor, na qualidade de misericórdia, seria para mim, que aqui me encontro na condição de um germe rastejando no lamaçal da obscuridade, um bálsamo reconfortante...

Reconheço que sou um mísero ser, que não deveria sequer pronunciar o teu santo nome. Entretanto, há algo dentro de mim, que me impulsiona, motivando-me à crença numa réstia de esperança. Esperança, Senhor, que só pode ser sustentada na confiança que se pode ter em ti, que, só agora, consigo aceitá-lo como pai justo e perfeito.

Após a prece, que ocorreu depois de cinco décadas nas zonas obscuras do umbral, Monteiro, no auge do sofrimento moral, lembrou-se assim de Deus, demonstrando vontade de aceitar, doravante, a ação da justiça divina. Percebendo essa nova disposição de mudança, os espíritos que atendem as orientações do divino Mestre, resgataram-no do ambiente onde experimentara as mais profundas dores morais, junto a tantos outros que, certamente, enveredaram pelos caminhos da vingança, do ciúme, da traição, da criminalidade...

Depois de algum tempo, recebendo assistência dos espíritos, trabalhadores de uma estância espiritual, localizada na terceira esfera do planeta, Monteiro recebeu a visita de um espírito que, depois de se identificar, passou, na qualidade de instrutor e orientador, aos esclarecimentos iniciais que a situação requeria.

– Monteiro... A sua atual situação exige uma postura em relação a você mesmo, não muito rigorosa e nem tão atenuante como demonstra a sua tendência, pois, sem a busca anterior da verdade, para compreender determinadas circunstâncias, não se deve agir e tampouco assumir um posicionamento sem que esteja cometendo um grande engano.

Monteiro, que sequer imaginava as intenções do espírito que o visitava, ao ouvi-lo, assustou-se, por causa das lembranças amargas dos fatos que o conduziram, ao desencarnar, diretamente ao umbral. Imaginando que o instrutor Aldo estaria ali com o único objetivo de julgá-lo, pois, apesar de ainda insistir na atenuante, que fazia questão de usar como autodefesa, sentia-se um criminoso que, certamente estaria naquela estância de socorro e amparo, tão somente pela misericórdia de Deus, conforme havia pedido na prece proferida no auge do desespero.

Percebendo o pensamento equivocado, o instrutor Aldo explicou:

– "Não julgueis", disse o divino Mestre! Quem sou para julgar os seus feitos, Monteiro? Por enquanto, posso apenas garantir que há um caminho para corrigir a ótica distorcida e chegar à verdade propriamente dita!

Aflito, por imaginar que só ele mesmo sabia das suas particularidades, Monteiro perguntou com os olhos fixos no instrutor:

– A que verdade o senhor se refere?

– Peço que se sinta à vontade e não precisa me tratar de senhor, pois, além de sermos todos iguais perante Deus, tenho por hábito usar este tratamento, ao me dirigir em oração a Deus, o supremo criador, e a Jesus Cristo, o nosso sublime orientador. Mas em relação a sua pergunta, a sua própria consciência o encaminhará às respostas necessárias, para esclarecer as suas dúvidas ante fatos novos que, certamente, você vivenciará.

Percebendo que o instrutor tinha conhecimento da sua situação, Monteiro, desconsolado, tratou de se justificar:

- Eu penso, mesmo se tratando de uma ação violenta, que a culpa se encontra muito mais em quem cometeu as provocações. Não fosse isso, jamais eu agiria...

Tomado de pavor, pois imagens das cenas voltavam muito vivas à sua mente, silenciou. Mas ainda assim, minutos depois, insistindo em se justificar, voltou a falar ante a presença agradável do orientador espiritual:

- É muito difícil sofrer uma pérfida traição como a que me ocorreu e reagir com o perdão. Esquecer, "deixar para lá", como dizia a minha mãe, quando eu era jovem.

- Falávamos há pouco da verdade - respondeu o orientador. E perguntou: - Tem certeza absoluta de que foi traído ou se deixou trair pelo ciúme, o despeito e o ódio?

- Eu vi! - respondeu abruptamente Monteiro.

- Nem sempre o que vemos é o que devemos entender como verdade - replicou o orientador.

- Gostaria de não ter ainda despertado do sono que fui acometido, logo depois de socorrido. Só assim não sentiria esse fogo a me devorar por dentro! - falou, em tom de lamento.

- Se não podemos fugir dos reclames da consciência, é óbvio que se faz necessário enfrentar, em nós mesmos, o resultado das dificuldades que criamos.

Percebendo que Monteiro se encontrava atento, o instrutor voltou a falar, depois de pequena pausa:

- Além dos esclarecimentos preliminares, aqui me encontro para conduzi-lo ao início da necessária preparação para o seu retorno ao plano material, através da reencarnação...

Monteiro, que enquanto reencarnado não concebera essa ideia, levantou-se de onde se encontrava sentado e interrompeu bruscamente a fala do instrutor espiritual:

– Esse assunto não me diz respeito, porque, para mim, é uma miragem! Encontra-se, apenas, na imaginação.

– Não se apresse em conceituar o que simplesmente não acredita, por falta de conhecimento! Aguarde com paciência! Tudo que lhe é ainda dúvida, mas necessário para ajudá-lo a se situar, certamente será esclarecido. Mas peço que atente para o sentido dos esclarecimentos, que doravante lhe serão disponibilizados, pois, por enquanto, essa é a sua tarefa, se realmente deseja acatar as determinações da Justiça Divina, de acordo com a sua real situação, conforme a sua rogativa a Deus, quando no auge do sofrimento.

O instrutor silenciou, e Monteiro, cabisbaixo, começou a pensar no que acabara de ouvir sobre a possibilidade de retornar ao plano material e, demonstrando que não havia entendido, perguntou:

– Eu nunca antes acreditei em reencarnação. Mas já que o senhor está falando que existe, diga-me, por favor: quantas vezes, então, o espírito precisa reencarnar?

– Tantas quanto forem necessárias, para o seu aperfeiçoamento.

– Então, não havendo um número exato e já que o espírito não morre, a gente tem que ficar eternamente nessa agonia de ir e voltar? Se está aqui, por exemplo, tem que voltar para lá. Quando está lá, tem que voltar para cá! Assim a vida vai ser apenas um vai e vem sem fim?

– A resposta já foi dada há pouco, quando me referi a quantidade de vezes: tantas quanto necessárias, para o aperfeiçoamento. Mas isso não significa que o número seja igual para todos.

– Mas eu já ouvi dizer que, perante Deus, todos são iguais! Se isso é verdade, esse vai e vem da vida deve ser igual, também, para todos!

– Somos iguais perante Deus, porque, além de termos sido criados pela Sua vontade e essência do Seu amor, as leis divinas que regem a vida são iguais para todos; as oportunidades são as mesmas no tocante ao desenvolvimento moral e consequente aperfeiçoamento espiritual. A diferença existe, apenas, no modo adotado por cada criatura, em referência ao aproveitamento. Afinal, o livre-arbítrio, uma das leis imutáveis que regem o Universo, proporciona liberdade de ação, e, assim sendo, o espírito, encarnado ou desencarnado, age da sua própria maneira e para toda ação há uma reação. Os que procuram acertar mais, adquirindo por isso experiências positivas, certamente, reduzirão o número de reencarnações e os que não observam os ditames das leis divinas e não se interessam pelo crescimento, atrasam o seu aperfeiçoamento e por isso mesmo terão de reencarnar mais vezes.

Parou a explicação por instantes e, como Monteiro ficasse calado, rematou:

- É possível que, pelo desejável entendimento, você se recomponha e crie novas disposições. Não lhe faltarão motivos para tal, pois o referido entendimento surgirá, inicialmente, por situações impactantes, todavia necessárias para o despertar da verdade. Acalme o seu íntimo, confie no divino Mestre e procure, o quanto possível, se sentir filho de Deus! Agora, peço que me acompanhe.

Na trajetória, em vez de aproveitar o bem-estar causado pela companhia agradável do orientador, Monteiro voltou o pensamento ao passado e depois de relembrar as imagens dos acontecimentos, causas da sua longa estadia nas zonas obscuras do umbral, conforme já citado, passou a fazer julgamento, atitude contrária à recomendação de Jesus: *Não julgueis.*

- Se existe realmente inferno - pensava ele - , o sedutor deve se encontrar nas profundezas! Ora, foi ele que destruiu o meu lar, minha felicidade! Elisa era muito pura e bondosa! Para chegar à pérfida traição, teria que ser influenciada a ponto de não poder mais reagir! E por isso não tive, sequer, a felicidade de apertar nos braços um filho, pois estávamos casados havia pouco tempo! Não me conformo com essa dor, que parece me matar a cada dia, a cada hora, a cada minuto... Mas, infelizmente, continuo vivo.

- Monteiro, se você não tentar recompor a sua mente e prosseguir julgando e alimentando resquícios de ódio, acabará, inevitavelmente, voltando para o mesmo local onde foi encontrado - advertiu o instrutor Aldo.

Assustado com a reação do orientador, ele pensou:

- Quem é essa figura, que sabe até o que eu penso? Será que nem para os meus pensamentos tenho mais privacidade?

Apesar de se defrontar, constantemente, com as imagens dos fatos que o conduziram, ao desencarnar, à situação deprimente que experimentara até chegar ali, ele ainda não se dava conta de que as imagens criadas pelo pensamento não são percebidas, apenas, por quem as cria, mas também, por outros espíritos que contam com essa condição, como no presente caso, o instrutor Aldo.

Aproximaram-se da entrada de um prédio, mas o candidato a reencarnação parou de vez na porta e falou cismado:

- Desculpe-me! Mas eu não estou com vontade de entrar aqui!

Bondoso e paciente, o instrutor segurou-o, delicadamente, pelo braço e explicou:

- Apesar do livre-arbítrio, a situação momentânea apresenta, como oportunidade, apenas duas saídas: experimentar por alguns momentos o remédio, aparentemente, amargo, ou continuar na condição de doente moral.

Ele aquiesceu, embora, a contragosto. Antes, na sala de amplas proporções, onde se encontravam algumas dezenas de espíritos desencarnados, ouvindo explicações detalhadas de um expositor, sobre a reencarnação, o instrutor Aldo sugeriu:

- Sente-se e preste atenção ao que ele diz:

Ao vê-lo entrando no salão, o referido expositor fez uma pausa e falou em bom tom, acenando na direção do visitante:

- Seja bem-vindo!

O candidato à reencarnação fixou nele o olhar e recuou. Contrariado, em vez de se acomodar numa cadeira para ouvi-lo, conforme sugestão do instrutor, deu meia-volta e saiu, imediatamente, da sala. Os demais espíritos não entenderam a atitude, aparentemente estranha, do visitante. Contudo, tanto o instrutor quanto o expositor conheciam os motivos que levaram Monteiro àquela desagradável reação. Tanto que Aldo, paciente e bondoso, acompanhou-o tentando acalmá-lo:

- É preciso coragem e humildade diante de situações de semelhante natureza...

- Não posso acreditar no que acabo de ver! - interrompeu bruscamente e prosseguiu protestando. - Isto é uma injustiça! Este lugar é também do jeito de lá, na Terra! Como pode uma pessoa de má conduta, semelhante a esse aí, desfrutar de privilégios? Que lugar é este, para onde me trouxeram?! Só assim posso ter a certeza de que não há justiça nem na Terra e nem em lugar algum!

- Como denegri-lo tão impiedosamente, sem sequer conhecê-lo?

- A fisionomia e a aversão que sinto por ele me acompanham como um fantasma a me perturbar. Vi-o muitas vezes em sonho, tentando se dirigir a mim, mas eu o repudiava como, ainda agora, o repudio!

- Não devo pedir a você o que ainda lhe falta. Mas, dentro do possível, procure amenizar este sentimento, porque Sandro também sofreu muito até recuperar o equilíbrio e chegar à condição em que hoje se encontra. Saiba que esta rápida visita representa um item da sua primeira lição. Porque, para aproveitar toda ela, a convivência com ele, durante um certo tempo, será indispensável. Não se esqueça, conforme já falei, de que, às vezes, o que tomamos como verdade, pode, apenas, se tratar de um engano.

Monteiro não concordou. Contudo, silenciou, por falta de argumento.

- Levo-o de volta - disse o instrutor.

No trajeto, enquanto o candidato à reencarnação permanecia calado, o instrutor Aldo tentava ajudá-lo:

- Você terá tempo suficiente para digerir isso e chegar à melhor compreensão.

– Difícil! Muito difícil! – respondeu.

– Não é bom determinar dificuldades, quando ainda, sequer, deu o primeiro passo para percorrer toda a trajetória.

* * *

DUAS SEMANAS DEPOIS, tempo reservado para o candidato à reencarnação fazer alguma leitura útil e se refazer da impressão causada no encontro com Sandro, a quem imputava a culpabilidade da situação amarga que experimentava, encontrava-se descrente da realidade, o que não passou despercebido ao instrutor Aldo:

– É proveitoso que façamos, hoje, uma visita a um local onde, certamente, você poderá recolher entendimentos relativos à verdade e também ao engano, visto como verdade.

– Espero que não seja tão difícil como a primeira situação, que ainda agora não consigo estabelecer qualquer tipo de entendimento que me possa situar, embora já consiga aceitar que, de uma forma ou de outra agi mal, o que me tira o direito de censurar o comportamento alheio.

– Isso pode ser considerado um bom sinal! O suficiente para um passo à frente – afirmou, com ênfase, o instrutor.

Assim conversando, se deram conta de que se encontravam diante de uma edificação, a qual, se destacava de tantas outras, pela disposição das cores, que geravam formatos harmônicos de impressionante beleza. A edificação tinha a forma de um quadrilátero retangular, cujos lados eram divididos em vários compartimentos, e, no centro, um grande pátio a céu aberto, repleto de plantas ornamentais e flores diversas.

– Nunca imaginei ver algo assim tão belo! Difícil de descrever, mesmo com todo conhecimento que eu retivesse! Não mereço estar aqui, pois sei que não passo de um decaído! – lamentou o candidato à reencarnação.

- Realinhe o seu pensamento e procure entender, Monteiro, que você não se encontra aqui, na condição de turista, como ocorre no plano material. Contudo, mesmo não se tratando de um merecido passeio, nada impede de se deixar dominar, momentaneamente, pela emoção ante o belo!

Mas logo a contemplação de Monteiro foi interrompida por um alarido vindo das quatro direções. Eram dezenas de crianças desencarnadas que saíam dos compartimentos, certamente, para se divertirem entre a beleza das plantas e das flores. Sem compreender o que via, ele dirigiu um olhar interrogativo ao instrutor, que passou a explicar:

- São espíritos que tiveram a reencarnação precocemente interrompida. Devido ao gênero da desencarnação, esses espíritos são mantidos, periodicamente, na condição psíquica de criança, para evitar o choque emocional da desencarnação prematura, pois um bom número delas sequer chegou a renascer...

Interrompeu a fala, ao ver uma daquelas crianças correndo em sua direção. Mas em vez de se aproximar do instrutor, ela parou a certa distância e permaneceu em pé com o olhar fixo em Monteiro. Percebendo o receio que ela demonstrava, Aldo tratou de encorajá-la:

- Venha, amiguinha!

Com a mesma sinceridade que notamos na criança encarnada, ela respondeu:

- Eu tenho medo dele!

O instrutor, então, depois de recomendar a Monteiro que o esperasse ali mesmo, onde se encontrava, foi ao encontro da criança espiritual. Logo que ele se aproximou, ela jogou-se nos braços dele, como fazia toda vez que o encontrava, buscando o carinho paternal, embora Aldo não tivesse sido seu pai nas últimas existências.

Monteiro, que observava admirado aquele belo quadro que só o amor poderia expressar, quando o instrutor retornou, ele foi logo perguntando:

- Posso saber por que a menininha não se aproximou de mim?

- A menininha, conforme a sua expressão, foi expulsa do útero da mãe, que desencarnou assassinada pelo marido ciumento.

- Que me diz?!

- Sim, Monteiro. Não é de estranhar, em se tratando da heterogeneidade evolutiva dos seres humanos na Terra.

- Não consigo compreender por que ela se sentiu incomodada com a minha presença!

- Se não consegue deduzir agora, conseguirá, certamente, em outra oportunidade. Contudo, é bom saber que a depender do estado emocional da situação moral ou do patamar evolutivo, o espírito pode conviver durante algum tempo com os que serão seus pais, antes de ser processada a sua ligação com o futuro corpo físico, o que acontece logo após a fecundação[1], iniciando-se, assim, a reencarnação. É uma oportunidade de se aclimatar ao ambiente que será o seu novo lar. Assim sendo, mesmo que ele não chegue a renascer, por causa da interrupção da gestação, seja natural ou provocada, é possível que não se esqueça do que percebeu no citado ambiente, como as feições dos que seriam os seus pais, embora continue, mentalmente, no estado infantil, como no presente caso. Esqueceria certamente se completasse o processo reencarnatório.

Depois de instantes, Monteiro comentou, tentando amenizar:

- Ainda bem que Elisa não chegou a ser mãe - falou, referindo-se à ex-esposa.

- Se considerássemos mãe somente as que conseguem apertar nos braços o filho amado depois de nascido, sim! Mas a mulher pode ser considerada mãe desde a ocorrência da fecundação, proveniente do encontro do gameta masculino com o feminino e a imediata ligação do espírito reencarnante com o corpo físico em formação. E quem lhe garante que Elisa não se encontrava nessa situação?

---

1 Junção dos gametas masculino e feminino.

- Não, não! Porque se assim fosse, ela teria me participado, pois sabia o quanto eu desejava ser pai! - argumentou Monteiro.

- Não é regra geral a mulher dar conta da gravidez ao esposo quando ela mesma ainda não tem certeza!

- Atribui a mim a responsabilidade por este espírito não ter chegado a renascer?

- Por enquanto, estou tentando ajudá-lo a compreender que nem tudo é ou se encontra segundo a nossa ótica. Enganos acontecem! Entretanto, só você poderá provar a si mesmo onde se encontra a verdade.

Iam saindo, quando um espírito com aparência feminina apareceu do outro lado do grande espaço e acenou sorridente para o orientador. Monteiro, curioso, dirigiu o olhar na direção e, pasmo, parou de caminhar. Sem qualquer palavra, dirigiu o olhar para o instrutor, que não se fez de rogado:

- Ela coordena este educandário infantil há trinta anos, desde que retornou da sua última reencarnação. Espírito dedicado ao bem, vem cultivando em várias existências materiais, o amor universal e com profundo sentimento maternal vem se dedicando também, não somente aos seus próprios filhos, mas aos filhos de todas as mães, sem distinção e, com isso, adquirindo farto conhecimento sobre a educação e a instrução infantil, o que já desempenha com inegável eficiência.

- Por favor, tire-me daqui, antes que eu passe a desacreditar no que os meus próprios olhos veem! Estou certo que conheço essa criatura! Lembro-me que lá mesmo, na cidade onde eu vivi, ela era vista por muitos como uma pessoa de má fama. Andava, de porta em porta, pedindo gêneros alimentícios e qualquer outro tipo de ajuda, segundo ela, para um grupo de crianças maltrapilhas, filhas de pais irresponsáveis que portavam vícios diversos. Pessoas de mau comportamento que envergonhavam a cidade! Essa mulher se misturava a essa gente e, por isso mesmo, muitas pessoas não a deixavam, sequer, aproximar-se da casa, como eu mesmo por várias vezes. Ela só deixou de me importunar, depois que lhe fiz ameaças! Mas ainda assim insistia no seu petitório, incomodando as pessoas de bem. Andava malvestida, de tal maneira que as moças e as senhoras se afastavam dela, sempre que a viam pelas ruas da cidade! E a maioria não atendia aos seus pedidos, porque, segundo falavam, ela usava o argumento de estar cuidando das citadas crianças, para justificar o seu pedido, pois o que recebia era para ela mesma!

O instrutor Aldo, depois de ouvi-lo e pacientemente explicar que a aparência não define o caráter, o grau de adiantamento moral e nem o patamar evolutivo do ser, reiterou:

– Essa respeitável criatura é um espírito de considerável evolução. Durante várias existências foi voluntariamente mãe, pelo coração, de crianças abandonadas pelos pais, renegadas pela sociedade e pelos poderes públicos. Essa criatura, como você se refere a ela, é uma servidora leal de Jesus, pois quando se encontra encarnada, segue à risca os seus ensinamentos, inclusive, vestindo nus, visitando enfermos, alimentando famintos, principalmente nos bolsões de miséria, onde ainda não germinou a semente da fraternidade, o que prova a sua grande capacidade de amar. E quando para aqui retorna, apesar da humildade já adquirida, não consegue esconder de nós outros o seu admirável crescimento espiritual. Sem querer julgá-los, os que assim se comportaram, certamente, ainda não haviam cultivado o amor ao próximo, ou se encontravam arraigados aos bens materiais, em detrimento dos bens morais e espirituais. Você mesmo, Monteiro, não se deu ao interesse de conhecer a real intenção dela, ao pedir ajuda. Por isso mesmo, não chegou a tomar conhecimento do seu trabalho educativo nos campos da formação pessoal e da instrução; não soube, por exemplo, que ela, usando os recursos que recebia dos poucos que atendiam aos seus pedidos, além de alimentar as referidas crianças, mantinha uma escolinha, onde alfabetizava e educava domesticamente todos os seus filhos pelo coração.

Ante a fisionomia de espanto de Monteiro, o instrutor fez pequena pausa e ponderou:

- Reafirmo a proposta de Jesus, de que não devemos julgar e, principalmente, pela aparência. Posso garantir que todos que a conceituaram da maneira descrita por você, se assim de fato ocorreu, já que você ouviu falar, erraram, pois se trata de um espírito cheio de nobreza e sabedoria.

- Difícil! Muito difícil compreender tudo isso!

- Por hoje chega, Monteiro! Em sete dias, vamos nos reencontrar. Então, terá tempo suficiente para pensar e compreender - falou o bondoso instrutor. Acenou, sorrindo, e se foi.

Monteiro estranhou o fato de o instrutor não o acompanhar, como na última vez. Contudo, aproveitou a oportunidade para seguir caminhando, mesmo sem ter noção para onde estava indo, já que ainda não conhecia a pequena cidade espiritual. Sem o devido cuidado de vigiar os pensamentos, voltou as lembranças ao passado e, imediatamente, imagens desagradáveis começaram a desfilar diante de sua mente. Percebeu, no seu campo mental, um grupo de espíritos que o condenava, maldizendo-o. Ele sacudiu a cabeça, como se isso fosse o suficiente para se livrar do incômodo, mas não conseguiu.

Assim, caminhando, acabou se aproximando do extenso portão da Estância, que a separava da parte exterior, onde se localizava o umbral[2], e percebeu que as imagens começavam a desaparecer da sua mente, como se cedessem lugar a um alarido vindo daquela região sombria. Aguçou a sensibilidade, até onde a sua condição permitia e passou a ouvir seu nome sendo pronunciado por aquelas vozes, que reclamavam justiça. Sem vigilância, deixou-se contrariar e aumentou os passos disposto a revidar a suposta ofensa, mas antes

2 Umbral, neste caso, identifica uma região de vibrações densas, por conta dos pensamentos e condição espiritual daqueles que ali se encontram. **N.R.**

de chegar ao portão, um espírito, dentre os que atuavam ali, na qualidade de vigilante, notando as suas intenções, advertiu-o:

- Caro irmão! Alinhe o pensamento, focando, por exemplo, um dos vários ensinamentos de Jesus, nosso divino Mestre! Mude imediatamente a sua atenção, porque, do jeito que se encontra, está correndo sério risco de se juntar a eles, sem resistência.

Monteiro, como alguém que acaba de despertar de um pesadelo, tentou se desculpar:

- Não tenho conhecimento de uma acusação sequer que eles me fazem e nem sei de quem se trata! Estou certo de que, pessoalmente, não fiz o que me acusam. Ora, sei que errei muito; contudo, estou convicto de que nunca orientei quem quer que fosse, para subjugar, maltratar ou tentar contra a integridade física, ou moral de qualquer pessoa.

- É possível que você esteja certo ao afirmar isso. Contudo, às vezes, muitas situações boas ou más são criadas por pessoas com quem convivemos e confiamos. E não é de admirar que muitos fatos ocorram bem diferentes da orientação que damos a alguém, mas, pelo fato de não termos agido diretamente, não estamos isentos da culpa. Ao mandar ou pedir a alguém para fazer algo do nosso interesse, cabe-nos, a bem da responsabilidade, procurar saber como foi feito.

Monteiro, apesar do apoio recebido, deixou o local e seguiu rapidamente até chegar, emocionalmente abalado, ao cômodo que ocupava, falando para si mesmo:

- Meu Deus, meu Deus! Que será de mim, com tanta gente reclamando de coisas de que não me lembro ter feito? Nunca imaginei, mesmo com todos os erros que, infelizmente, cometi, que seria tão difícil morrer e continuar vivendo! Sinto-me como se estivesse rodeado por espelhos gigantes, onde tudo se refletisse com toda clareza. E isso me deixa convicto de que é muito ruim morrer sem paz na consciência! Oh, Deus! Tem compaixão de mim!

Alguns dias depois, Monteiro se encontrava lendo e tentando entender o conteúdo de algumas páginas de um livro, que o instrutor Aldo havia deixado em suas mãos, mas parou a leitura ao perceber que ele, Aldo, estava chegando:

- Monteiro! Hoje deveremos visitar o hospital da Estância, mais conhecido como "Dos Recém-Chegados". Certamente, algum ensinamento útil nos aguarda por lá. Devo preveni-lo de que, seja qual for a situação que deparar, deveremos nos manter pacientes e compreensivos, vez que estaremos diante de irmãos nossos, que se encontram na condição de enfermos. Coloquemos, desde já, o pensamento em Jesus, recordando seus exemplos quando, diante de seus acusadores, que o levaram à cruz, e diante daqueles que lhe faltaram com a lealdade, dos que haviam jurado fidelidade, mas que, no momento supremo da sua dor, abandonaram-no.

Assim conversando, chegavam ao local, ainda desconhecido do pretendente à reencarnação. Logo que entraram, seguiram um longo corredor. Um pouco mais à frente, o instrutor Aldo falou apontando:

- Aquela porta ali, de número 43, seguido das letras A e P, que significam amor ao próximo, é do compartimento onde se encontra um dos motivos da nossa visita. Espero que se mantenha em equilíbrio e use a paciência, o tanto que lhe for possível, sem faltar com a tolerância e a humildade. Pois a verdade com que nos depararemos, mesmo que lhe pareça dura ou cruel, poderá ser comparada à gota amarga de um medicamento.

O compartimento lembrava, longe, um quarto de hospital, tendo dos lados dois leitos ocupados por pacientes. Logo que entraram, um deles, apesar de ter sido previamente avisado da visita, ao ver Monteiro se aproximando, levantou-se bruscamente e começou a falar, com o dedo em riste:

- Foi você quem arruinou a minha vida! Saia daqui! Por favor... Retire-se, porque a sua presença me faz mal!

Gritava desesperado e ofegante, demonstrando o mal-estar que a presença de Monteiro lhe causara. O instrutor cuidou imediatamente de reequilibrar o paciente, na tentativa de chegar ao seu objetivo, que seria um desabafo franco por parte dele e também obter a necessária compreensão de Monteiro, a fim de que chegassem a um entendimento, o que ajudaria a ambos.

Naquele momento, ele se lembrava de Jesus, quando recomendou: "Reconcilia-te com o teu irmão, enquanto estiver a caminho com ele", mas a situação momentânea não foi favorável, pois o paciente, para se acalmar, precisou entrar em sono profundo, provocado com ajuda do instrutor.

Monteiro, sem paciência de esperar, dirigiu o olhar cheio de interrogação ao instrutor, que falou bondoso e sem qualquer afetação oriunda do ocorrido:

– É apenas o indício de mais uma lição preparatória.

– O senhor me desculpe! Mas se eu sequer sei de quem se trata, que mal eu poderia ter feito a ele para me acusar de algo que nem imagino houvesse ocorrido? E assim sendo, como servir esse fato de lição, conforme a sua informação?

– Nem sempre erros ou acertos são postos em prática diretamente. Decisões nossas, delegadas a outrem, podem atingir da mesma forma os objetivos, desejáveis ou indesejáveis. Às vezes, a defesa de um mero interesse ou simplesmente o fato de pensar diferente podem ser o suficiente para desencadear, desde uma insatisfação até o ódio propriamente dito, a depender da intensidade emotiva usada para tal.

– Posso desistir de tudo isso e me esquecer do renascimento na Terra?

– Temos todos o direito ao uso da lei do livre-arbítrio, quando nos encontramos livres para semear. Entretanto, essa mesma liberdade não pode ser usada na colheita, como está configurada a sua situação, a qual, não se expressa pela liberdade de escolha. Trata-se de um devedor que, moralmente, tem consciência de que deve se recompor perante as leis imutáveis, excepcionalmente a Justiça Divina, cuja ação leva o infrator a um processo educativo, que pode ser pela dor, a depender da necessidade já estabelecida pela própria ação do infrator. Entretanto, é possível reverter este mesmo processo educativo, em ações benéficas em nome da caridade como expressão do amor. Afinal, Jesus asseverou que o amor cobre a multidão, isto é, os muitos pecados[3]. Todavia, certo é que quem experimenta essa situação não consegue fugir ou se esconder intencionalmente, para não cumprir esse dever, porque ele se encontra na própria consciência. Se não há condições de anulá-lo, também não há como enganar a consciência, uma vez que a ela estão circunscritas as leis divinas.

O instrutor silenciou por instantes, ensejando o melhor entendimento de Monteiro, que ouvia interessado. Em seguida, reiterou:

- Não se trata de revide ou castigo, mas o justo e correto cumprimento das leis universais, sob a constante ação da Justiça Divina.

- Então eu não posso ficar mesmo fora desse vai e vem da vida?

O instrutor Aldo respondeu, sorrindo:

- O vai e vem da vida, como se refere à reencarnação, é uma lei imutável, na qual se encontra o perdão do Pai, o divino Criador, ensejando aos Seus filhos nova oportunidade de refazimento através da melhoria das qualidades morais e consequente crescimento espiritual. Mas para o seu melhor entendimento, o vai e vem a que se refere não se limita apenas à reencarnação, pois tem presença marcante na lei de ação e reação.

O instrutor continuou, atencioso:

- Estamos sempre emitindo algo de nós, que nunca fica sem resposta. Creio que, só depois de adquirir conhecimentos preliminares, que lhe servirão de fundamento, compreenderá melhor este assunto,

---

3 Na verdade, o pensamento é atribuído ao discípulo Simão Pedro. Que certamente deve tê-lo ouvido do mestre Jesus. **N.R.**

já que o fruto tem o seu tempo certo para amadurecimento. Mas para ajudar o raciocínio, lembro-lhe que a base de um endereçamento de uma carta - como a comunicação entre os encarnados - encontra-se entre o remetente e o destinatário. No conteúdo da correspondência, há sempre um tratado que pode ser assunto pessoal ou de outro qualquer, o qual acaba sempre provocando uma resposta, de acordo com a natureza da proposta. Todavia, mesmo que a referida correspondência não chegue ao destinatário, acaba retornando ao remetente, quase sempre com uma citação dos correios dando conta de que o destinatário não foi encontrado. Notamos que, de uma forma ou de outra, há sempre um retorno. Do mesmo jeito, Monteiro, são os nossos pensamentos, ações e sentimentos dirigidos às pessoas, os quais acabam provocando uma reação, com a mesma qualificação da ação perpetrada.

Por instantes, Monteiro não emitiu qualquer palavra. Ficou pensativo, com o olhar fixo num ponto incerto. Em seguida, exclamou:

- É impressionante como a vida é repleta de idas e vindas, bate-voltas! Como as ondas do mar... Um indo e vindo sem fim!

Depois do proveitoso diálogo, eles se dirigiram a outro compartimento que ficava no final do corredor. Antes de entrar, o instrutor Aldo recomendou tolerância e paciência ao seu acompanhante, que mantivesse respeito ao direito de expressão que é inerente a todos, já que o espírito que seria visitado se tratava de pessoa conhecida de Monteiro, com quem convivera na última existência na Terra. E recomendou, com ênfase:

- Ouça! Apenas ouça, sem intervir e sem responder a qualquer palavra que lhe pareça acusadora, porque não se logra bom proveito de discussões acirradas, principalmente em se tratando de assuntos de tal natureza. Este encontro é muito importante para ele, que precisa falar, e para você, que precisa ouvir.

Depois das recomendações, o instrutor entrou sozinho, no compartimento, certamente para proceder às recomendações, também, ao espírito que ali se encontrava, inconformado por falta de uma informação que considerava importante para o seu reequilíbrio. A informação, que ele tanto queria, poderia ser prestada pelo instrutor Aldo, conhecedor em detalhe de toda a história, mas ele preferiu efetuar o encontro com o objetivo único de estabelecer a harmonia pelo perdão, o que poderia ocorrer, ou não, naquela oportunidade.

- Venha! - convidou o instrutor Aldo, minutos depois, acenando da porta do compartimento.

O referido espírito, com aparência de um idoso, apesar de já estar conscientizado e ter aceitado o encontro, demonstrava sinais de abatimento por causa de lembranças amargas que, certamente, a presença do visitante lhe despertaria. Mas, compreensivo e ciente de que na oportunidade poderia conseguir resolver uma situação que vinha, desde há muito, prejudicando o seu preparo para o retorno ao plano material, reconsiderou e tratou de amenizar, lembrando-se da lição do perdão, conforme ensinada e exemplificada por Jesus. Já Monteiro, por sua vez, ao vê-lo, sentiu-se impactado e recuou, dando alguns passos para trás, exclamando:

- Permita-me não passar, agora, por essa situação, porque eu não me sinto intimamente em condições! Eu... Eu...

Sem mais saber o que dizer, dirigiu-se à porta, disposto a sair, mas o bondoso instrutor tomou-lhe a passagem, recomendando:

- Ouça-o com coragem e paciência!

Trêmulo, entrou cabisbaixo:

- Monteiro, Monteiro! - exclamou o espírito, e, em seguida, falou, com emoção: - Haveríamos de nos encontrar! A Justiça Divina sempre concede a oportunidade de reajuste, para unir, reunir... Lamentável se torna a vida quando o nosso comportamento nos conduz a desventuras como as que você deve estar experimentando e como eu mesmo, também, venho degustando o amargor da dúvida em relação a tudo de ruim que aconteceu, que ainda nesse momento fico a me perguntar, por quê...? Por quê...? Para quê...?

Monteiro permanecia estático. E o interlocutor continuou:

- Sabe com clareza do que eu estou falando, sem qualquer intenção de revide ou vingança, mas, sobretudo, lamentando por todos nós o sofrimento inenarrável gerado por reações perpetradas em minutos, na obscuridade do ódio, como imagino. Precisava vê-lo, repito: Não para acusá-lo, mas sobretudo para saber a verdade e recebê-la como oportunidade de provar a mim mesmo se ainda sou ou não capaz de odiar.

Parou por instantes e, depois da breve pausa, continuou:

- Podemos até ocultar dos homens os nossos erros, mas nunca de Deus e da própria consciência. A partir do fatídico acontecimento, a minha vida quanto a de Elba passou a ser, enquanto reencarnados, só sofrimento, sem qualquer probabilidade de obter resposta para a pergunta: "quem?" Cheguei aqui, ainda com a mesma interrogação. Mas, a verdade não pode ser como uma joia guardada dentro de um cofre, sem que alguém nunca se disponha a usá-la. Ela tem de ser conhecida, principalmente, por quem de direito. E como já tive o direito à resposta verdadeira dessa pergunta, agora formulo outra: "Por quê?" Por quê, Monteiro?!

Pelo tom da voz, podia-se facilmente perceber que ele não tinha lágrimas nos olhos, mas que chorava intimamente. E, por isso, fez uma pausa recomendada pelo instrutor e, tão logo se sentiu em condições, prosseguiu:

- Agradeço a Deus esta oportunidade, pois, logo que tomei conhecimento da verdade, ainda imaginava que existia inferno e que você, certamente, estaria nele. Mantinha essa ideia por causa do sentimento de vingança, que em mim despertara. Entretanto, agora, de consciência mais tranquila, espero a sua resposta, para que eu possa, também, avaliar a minha disposição de perdoar e poder, posteriormente, garantir não haver mais em mim qualquer resquício de ódio e, sim, desejo de vê-lo bem, como se meu filho você fosse. Assim, espero que ocorra, porque, na verdade, é você quem carrega dentro de si uma grande dor, cujo remédio só pode ser conseguido, através de muito esforço, sofrimento e renúncia. Mas ainda assim, dependo muito da resposta da pergunta: "Por quê?" Por quê, Monteiro?

Monteiro sentiu vontade de dizer que fora traído por Elisa, como imaginava, mas o instrutor Aldo, percebendo as imagens do seu pensamento, aproximou mais um pouco de Clóvis e disse-lhe:

- No momento, ele também não se encontra de posse da verdade, propriamente dita. Mas confie e reequilibre-se, porque já não há mais justificativa para conviver com essa amargura. Creia que, antes do seu retorno ao plano material, Monteiro responderá às suas perguntas e tudo será esclarecido, já que essa informação se constitui para você, sobretudo, uma necessidade indispensável para o desejável reequilíbrio.

O espírito parou de falar, e Monteiro, cabisbaixo, demonstrava na fisionomia os mesmos sinais de quem se entrega ao choro como único recurso de alívio. Tentando superar, sentiu um forte desejo de pedir perdão, mas apenas balbuciou, sem, contudo, soltar a voz. Percebendo, o instrutor Aldo encorajou-o, e ele, depois de dirigir o olhar triste ao espírito Clóvis, que continuava na mesma posição, exclamou:

- Se Deus perdoa, ensejando uma nova oportunidade de recuperação, seja pelo merecimento da alegria ou pela dor merecida, conforme tenho ouvido do instrutor Aldo, dê-me também o seu perdão, como oportunidade de recuperação moral para o criminoso confesso que sou.

Clóvis levantou- se e estendeu a mão. Monteiro imitou o gesto, e as mãos que antes poderiam agir pela vingança, embora trêmulas, encontraram-se na harmonia da reconciliação. Depois de instantes, Clóvis puxou-o para junto de si e, sem conseguir evitar as lágrimas que fluíam abundantemente, abriu os braços para abraçá-lo.

Aquele espírito por nome Clóvis cultivara, durante o tempo de convivência com Monteiro, muito amor fraterno e, naquele momento, esta chama veio à tona, de modo incontrolável. Quem consegue reter as torrentes do amor? Sem ele, o perdão se torna apenas palavras soltas ao vento. Assim, depois do abraço, Clóvis voltou a se expressar:

- Apesar de tudo, chego a sentir saudade dos bons tempos de paz e alegria, quando eu o tratava de meu filho! Quem sabe, no porvir? Prefiro alimentar essa esperança a julgá-lo ou condená-lo pelos seus atos, porque, depois que aqui cheguei, passei a relembrar de fatos ligados a algumas reencarnações pretéritas. Analisando o histórico do meu comportamento moral, pergunto: quem sou para julgá-lo?

Em seguida, depois de palavras de agradecimento ao instrutor, falou, já demonstrando repentina disposição:

- Tenho convicção de que não precisarei mais vir aqui à procura de alento, pois, agora, já me sinto bem melhor. A insatisfação por não estar de posse da verdade tem sido o real motivo da minha debilidade moral. Mas com a nova disposição provinda da possibilidade de saber do motivo que gerou toda a tragédia e por ter provado a mim mesmo que não sou mais capaz de odiar, seguirei em frente, sem qualquer empecilho.

Monteiro, por sua vez, apesar de saber que a reconciliação não o exonerava da sua culpabilidade diante da Divina Justiça, demonstrava-se mais refeito. Contudo, o seu sorriso era muito mais de tristeza do que de alegria. Agradeceu a Clóvis pelo perdão, e ia saindo, quando o instrutor Aldo, pedindo-lhe que voltasse, explicou:

- Monteiro, nosso querido irmão Clóvis, em breves dias, estará retornando ao mundo dos encarnados. Mesmo ciente de que antes disso vocês vão se reencontrar, não deixa de ser um bom ensejo, já que me encontro diante dos dois, para pedir que procurem manter o padrão de harmonia que acaba de ser estabelecido.

Monteiro estendeu a mão, falando:

- Seja venturoso e continue sempre bondoso, como no tempo em que o conheci!

Clóvis respondeu ainda bastante emocionado:

- Que Deus ilumine, com a Sua misericórdia, as nossas mentes, para que na próxima existência sejamos menos desditosos, mesmo com as tentações dos caminhos tortuosos do mundo.

- Por hoje é tudo - disse o bondoso instrutor.

Deixaram o compartimento, mas, tão logo começaram a caminhar pelo longo corredor, apontou, próximo ao local, por onde iam caminhando, um espírito, na figura feminina. Antes de entrar em uma das várias salas, acenou sorridente para o instrutor Aldo, que correspondeu ao cumprimento com visível satisfação.

Monteiro olhou na direção e parou de vez onde se encontrava, sem sequer completar o passo que havia dado, como se os pés estivessem colados ao chão, e perguntou com a voz quase inaudível:

- Ela, aqui?! Não posso acreditar em tamanha injustiça!

- Monteiro - interveio o instrutor. - Não há injustiça, pois se trata de um espírito de considerável evolução, já desperto para a caridade pelo amor, de conformidade com as explicações de Paulo de Tarso. Essa ala do hospital tem a sua responsabilidade, graças aos conhecimentos e experiências adquiridas em várias reencarnações, notadamente, a admirável habilidade para lidar com pacientes espirituais recém-desencarnados. Podemos considerá-la uma servidora leal de Jesus, o divino Mestre!

- Como isso pode ser, pois ela traiu perfidamente, destruiu o lar, manchou a minha reputação, a minha honra, o que gerou todo esse desatino... Dor, desespero...

- Monteiro... Já conversamos algumas vezes sobre a verdade e a possibilidade de nos enganarmos, mas, aparentemente, você não compreendeu ou compreendeu e não deseja aceitar. Lembre-se da mulher acusada de adultério que se encontrava prestes a desencarnar por apedrejamento e, cheia de pavor, aproximou-se do divino Mestre. Que disse Jesus aos que queriam apedrejá-la?

- Quem não tem pecado, atire a primeira pedra! - respondeu a contragosto.

- Quem estava certo, Jesus ou eles? - perguntou. E ficou, por instantes, aguardando a resposta. Mas como Monteiro ficasse calado, enfatizou:

- Que não seja você o primeiro a atirar a pedra do indevido julgamento. E procure não esquecer que, ao agir assim com tanta sabedoria, o Mestre divino doou para a posteridade o maior exemplo de justiça que, inclusive, poderia ser imitado, sem equívoco, pelos juristas do mundo.

Depois de nova pausa, o bondoso instrutor voltou a falar, tentando mostrar em pequenas doses a verdade dos fatos, ao candidato à reencarnação, como se faz com o conta-gotas, para evitar equívoco na administração do medicamento:

- No seu caso, Monteiro, é indispensável que antes de qualquer entendimento, procure admitir a sua culpabilidade, sem autopiedade e enfrentar com responsabilidade as consequências dos próprios atos. Em seguida, criar disposições para reparar os erros... Retificar as tortuosidades!

- De que maneira, se tudo já ocorreu e não há como voltar atrás? Se isso fosse possível, pediria, sim, para voltar no tempo e fazer tudo bem diferente!

Com o objetivo de avaliar o grau de assimilação apresentado por Monteiro, o instrutor Aldo, que já havia lhe explicado sobre o perdão de Deus ensejando uma nova oportunidade, voltou ao assunto:

- O que você já pôde assimilar sobre o perdão de Deus?

- Eu sempre pensei, conforme fui informado desde criança, que em casos menos graves, a depender da nossa vontade de não mais cometer erros, Deus perdoa, e ficamos isentos da culpa. Essa nova informação, de que Deus perdoa ensejando nova oportunidade, seria para mim uma esperança, se a minha situação não fosse, como penso, irremediável, pois, apesar de ter sido levado ao desatino, sinto que não mereço o perdão divino.

- Não há qualquer comparação do perdão divino com a maneira equivocada de muitos pais, que, em vez de orientar o filho, relevam demasiadamente a indisciplina e as inclinações que não condizem com o comportamento moralmente sadio. No linguajar popular, "passam a mão na cabeça"... Deus perdoa, sim, ensejando uma nova oportunidade de soerguimento. Podemos citar a reencarnação como exemplo do perdão divino, porque, através das sucessivas existências, nós, espíritos, depuramos as imperfeições, adquirindo qualidades morais, refazendo o que não fizemos bem feito e avançando, sempre, com a abertura da inteligência, que nos facilita o posterior uso de potencialidades que se encontram em nós mesmos, em estado latente, aguardando o toque da coragem, da vontade e da persistência para o despertar.

Monteiro silenciou por instantes e em seguida perguntou:

- Acha que Deus me perdoaria?

- Há pouco você pediu e obteve o perdão de Clóvis. E a consequente reconciliação proporcionou-lhe, momentaneamente, reconforto íntimo. Será Clóvis melhor que Deus? Ora, Monteiro! Não fosse o perdão de Deus, você não estaria aqui se preparando para renascer na Terra.

- Eu voltarei a ser criança? A minha mãe também voltará... E eu serei seu filho! É isso que você quer me dizer?

- Tudo será esclarecido no decorrer do tempo e do seu interesse, sendo ele sincero. Entretanto, posso garantir que você voltará a ser criança, mas não filho da mesma mãe, já que esse espírito já se encontra reencarnado. É possível que, quando você retornar à crosta da Terra, para esse fim, aquela que em passada existência lhe serviu de mãe já esteja de volta ao Plano Espiritual.

Calou-se por instantes, observando as reações de Monteiro, e, instantes depois, voltou à explicação:

– O seu merecimento é que vai definir quem serão os seus pais, já que o programa está sendo elaborado segundo as suas reais necessidades. E a sua maior necessidade será apagar o ódio do passado com o cultivo do amor no presente. Mas, para que isso aconteça, justo se faz que sejam reunidos, numa mesma família consanguínea, todos os que se encontram separados pela inimizade. O local onde você renascerá e o modo de viver dos seus futuros pais ser-lhe-ão um apoio para o seu recomeço, até quando eles desencarnarem, o que ocorrerá quando você estiver ainda na adolescência. Nessa mesma época, seus futuros irmãos seguirão outros rumos, e você, sozinho, terá que se movimentar com as suas próprias forças, preparando-se para o enfrentamento dos efeitos, cujas causas se encontram na sua consciência.

– Se o objetivo de tudo isso, que você me propõe, for esse, peço que não tome trabalho comigo, porque eu jamais viveria em qualquer condição de parentesco junto a quem me traiu. E, muito pior: de quem me odeia! E considerando o grande erro que cometi, eles também jamais aceitariam isso!

– Você persiste em acusações sem posse de qualquer fundamento da verdade dos fatos. Volto a repetir: nem sempre o que vemos ou ouvimos se trata da verdade propriamente dita. Você ouve, por exemplo, alguém falar. "Fulano matou"... Sem esperar o restante da informação, apega-se à expressão chocante: "Fulano matou". A expressão induz à imediata elaboração da ideia de que tenha ocorrido um homicídio. Entretanto, o referido "fulano" poderia estar se referindo à morte de qualquer outro ser vivo... Um inseto, por exemplo – falou, sorrindo.

E continuou:

– Não afirmo, contudo, que se deva matar, pois toda forma de vida é expressão da natureza divina. Estou sendo claro? Justamente por essa carência de percepção, é que Jesus falava: "Para quem tem olhos de ver e ouvidos de ouvir".

Depois de uma pausa proposital para melhor compreensão do assunto, por Monteiro, o instrutor prosseguiu, explicando:

- Ao ouvir falar em traição, a primeira ideia concebida pela pessoa que sofre os malefícios do ciúme é de que se trata da traição conjugal. Embora haja muitos tipos de traição, a tendência é conduzir a interpretação, imediatamente, para o lado da própria fragilidade. Essa tendência perniciosa cria, na mente daquele que a alimenta, uma espécie de fixação de ideia, incapacitando-o de uma percepção mais acurada, não somente do que ouve mas também do que vê. Em se tratando da convivência conjugal, a pessoa que se deixa conduzir pela falta de confiança gerada pelo ciúme, desespera-se a ponto de perder a lucidez, ao ver, por exemplo, a pessoa com quem convive cumprimentando, com um abraço, alguém do sexo oposto, mesmo sendo isso, habitual entre os encarnados. Ora, é possível que a pessoa, se homem ou mulher, esteja naquele momento, abraçando um ente querido, um amigo... Um irmão que, devido determinada circunstância, ainda lhe fosse desconhecido.

Parou de falar por instantes e depois de observar as reações de Monteiro, ante o que ouvia, asseverou:

- Para se estabelecer a verdade dos fatos é indispensável conhecê-lo, nos mínimos detalhes. Entretanto, mesmo chegando a uma situação, onde não se tenha mais condições de provar o contrário, o assunto não deve ser considerado como determinante, pois, ainda assim pode se tratar de um engano.

Monteiro ouviu, calado, as explicações pacientes e amigáveis do instrutor, que se dedicava com afinco àquele caso, não simplesmente pelo cumprimento do dever assumido há muito tempo, perante aquela colônia espiritual, mas, sobretudo, por ter conhecimento de merecimentos que Monteiro acumulara, em outras existências anteriores àquela em que fracassou. Esta era a razão pela qual Monteiro não conseguia entender o porquê de ali se encontrar recebendo tratamentos cuidadosos e atenciosos daquele bondoso instrutor, mesmo se sentindo um criminoso. Mas tão logo o instrutor silenciou, ele começou a falar:

- Apesar de todas as suas recomendações, eu não tenho muito que pensar para descobrir a verdade, uma vez que já a conheço, pois não vi apenas os fatos ocorrerem, mas sobretudo como ocorreram, já que faço parte desse triste drama.

- Asseguro que, dentre todos que compõem o grupo que viveu esse pesadelo, você é o único que parece não ter despertado para a sua própria realidade. E esse despertar é de grande importância, porque não se enseja o perdão divino, sem o reconhecimento dos seus atos e, consequentemente, sem a disposição de compensar os malefícios causados a outros, sejam eles físicos ou morais. Por enquanto, julgue apenas a si mesmo, cultive a humildade e submeta-se à disciplina necessária, ensejada por essa Estância Espiritual. Isso é de grande valia, pois você não reencarnará da forma como gostaria, no que tange à família, lugar e situação de vida ou quanto ao que desejaria semear. Sua existência poderá ser muito mais de colheita, junto àqueles que foram prejudicados e que, ainda agora, desejam muito extravasar o sentimento de vingança que continuam alimentando. Se desejar mesmo aproveitar da misericórdia divina, dedique-se com vontade e entusiasmo às tarefas de aprendizagem e seja dócil, sem esquecer jamais que estamos todos ainda na condição de espíritos moralmente enfermos e que o único remédio é o amor na sua plenitude. Mas para alcançar esse estado, há muito a fazer e viver.

Fez breve pausa, perscrutando com o olhar o íntimo do seu interlocutor. E completou:

- Por enquanto, busque o reequilíbrio! E logo que se sentir em condições, medite, raciocine e se prepare para o enfrentamento de outras situações, também indispensáveis ao cometimento.

Acenou e seguiu para o cumprimento de outros deveres.

capítulo dois

ANTE SI MESMO

Sem aceitação da verdade, não há mudança benéfica.
Dizzi Akibah

APESAR DOS IMPACTOS que poderiam servir de alerta, em relação à sua real situação, Monteiro limitava o seu entendimento, fixando a sua mente na condição, para ele injusta, daqueles a quem ele acusava de traidores e que ali se encontravam exercendo funções que, certamente, exigiam retidão de caráter, conhecimentos e moralidade sadia. Teimava, insistentemente, na ideia de que não havia justiça ou que todos se encontravam enganados em relação ao seu caso, inclusive o instrutor, embora reconhecesse o gesto de bondade com que, por ele, era tratado.

Assim foi que, ao constatar essa situação, o instrutor o chamou para a seguinte conversa:

– Até o momento temos disponibilizado os meios cabíveis à sua situação, mas sem o êxito desejado, porque você não vem demonstrando progresso, em relação ao entendimento necessário para assumir a sua responsabilidade diante dos fatos, por causa da sua insistência em permanecer na autodefesa e, consequentemente, tentando ligar as causas àqueles que são identificados como vítimas. Tenta provar, a si mesmo, que aqui se encontra na condição de efeito das causas, em vez das causas que geraram efeitos, as quais se constituíram em muito sofrimento. Através do reverso, não há como elaborar o citado programa. Por isso mesmo, será necessário que você retorne ao passado, reveja, repense, sinta e identifique qual é a sua real situação nessa história.

O instrutor silenciou por instantes. E Monteiro, surpreendido, aproveitou o momento para perguntar:

- E isso é possível?

- Sim, Monteiro! A consciência não mente e não atua através de enganos, porque nela estão inscritas as leis divinas.

- Terei, então, que me esforçar muito, para voltar às lembranças que tento colocar no passado! - lamentou, desalentado.

- Muitas se encontram armazenadas no subconsciente. Mas devido à natureza dos fatos, a maioria delas poderá facilmente ser removida para o consciente. Entretanto, as que se referem aos fatos mais sérios não saíram do seu consciente, desde as ocorrências. Por isso é que a consciência vem lhe chamando aos brios e, por mais que você deseje, não modificará, pois não se trata de uma escrita que pode ser rasurada. Assim sendo, fique certo de que o procedimento a que você será submetido não exigirá qualquer esforço além das suas atuais possibilidades.

O instrutor saiu, e Monteiro sentia-se inseguro a ponto de desejar, se pudesse, uma fuga de si mesmo, para não enfrentar a verdade.

Passados alguns dias, o instrutor encaminhou o candidato a reencarnação ao começo da "narração audiovisual" da verdadeira história do grupo em litígio. Entraram numa sala de médias proporções, e Monteiro foi convidado a sentar-se numa cadeira contendo equipamentos que seriam operados por componentes de uma equipe de apoio. Os sofisticados equipamentos tinham a função de promover a visualização de imagens do pensamento, que são comumente desenhadas no campo energético e a audição das ondas sonoras ligadas às referidas imagens e projetá-las numa tela composta por material fluídico de ultrassensibilidade.

O instrutor Aldo, por reter conhecimentos ligados à psicologia do espírito, não encontrou dificuldade para deixar Monteiro na condição psíquica que o cometimento exigia, que era, inicialmente, despertar o seu consciente a ponto de não omitir a verdade dos fatos ocorridos; trazer do subconsciente para o consciente lembranças desses mesmos fatos, cujas imagens, realçadas pelo pensamento e captadas pelo equipamento, seriam projetadas com admirável nitidez na citada tela, instalada bem em frente ao local onde eles se encontravam.

Depois de alguns minutos de expectativa, a iluminação da sala se modificou da claridade normal para azul-celeste. Enquanto isso ocorria, o instrutor, que observava as reações de Monteiro, percebendo-o na condição psíquica almejada, sugeriu-lhe que, por enquanto, procurasse se lembrar dos bons momentos da sua vida, na cidade onde viveu, e revivê-los com apreço e satisfação.

Em instantes a tela se iluminou, e de repente surgiram imagens de uma pequena cidade. O foco dirigiu-se a uma praça enfeitada com bandeirolas, dando ideia de que se tratava de um dia de festa. Depois de instantes, as imagens da praça foram tomando novo aspecto, pois começavam a chegar dezenas de pessoas, atraídas certamente pelo ambiente festivo, com sinais de expectativa, facilmente visíveis, na fisionomia de todos. Do meio da aglomeração saiu um rapaz falando alegremente:

- Monteiro, que bom vê-lo aqui! Imaginei, devido ao seu isolamento nos últimos meses, que você não viria à praça neste dia festivo! Até que enfim, vejo-o interessado em diversão!

- Oh Daniel! Depois da morte do meu pai, além de ter perdido o gosto por esse tipo de diversão, o comércio me toma todo o tempo, inclusive agora, que estão chegando clientes de toda a região. Antes, quando o meu pai era vivo, sequer me preocupava com os seus negócios. Mas agora...

- Entendo! Você só queria namorar... Gozar a vida! Falar nisso, como vai você com Stela? Vai acabar se casando! Embora seja você considerado rico e ela de uma família pobre, trata-se de uma boa moça, e não repare o que vou dizer: ela é muito linda! Se eu fosse você, a essa altura dos acontecimentos, não hesitaria em me casar com ela, principalmente a bem da responsabilidade!

- O que você quer dizer com isso, Daniel?

- Ora, Monteiro! Você deve ter esquecido de que ela é minha amiga, desde o tempo de criança. E por causa da confiança mútua e irrestrita, fez de mim o seu confidente. Gosto muito dela, e a considero a irmã que não tenho na família, porque, lá em casa, mulher, só a minha mãe. E você sabe disso! Stela, por amar você, se entregou por inteira, confiante no seu sentimento, na sua responsabilidade e nas promessas de um lar feliz.

- Daniel, de que sentimento você fala? Se a sua referência diz respeito ao amor, eu nunca experimentei isso!

- Oh, amigo! Você me surpreende! Somos de famílias religiosas, respeitáveis e respeitosas! Se não a amava, porque deixou acontecer e ainda agora a explora? Se você deixá-la, que destino a espera? Sabe que seu Nicolau, o pai dela, demonstra ser um homem radical, por demais conservador, exigente e muito preconceituoso em relação a isso. Certamente vai pô-la fora da casa. E já que todos nesta cidade se conhecem, não faltarão as más línguas daqueles que gostam da maledicência. Para isso, basta chegar ao conhecimento de Belmiro, um homem que fala de tudo e de todos, para logo, logo, ela estar difamada, sem um lar e sozinha, pelo mundo afora. Não será difícil ser vítima, novamente, de outras promessas enganosas.

- Deixe-me em paz, com as minhas particularidades, que só a mim mesmo dizem respeito! - bradou, contrariado.

– Peço desculpas, pois, minha intenção era somente alertá-lo...

A conversa foi interrompida porque a filarmônica, que havia parado de tocar, voltou a fazê-lo, pois se aproximavam do local algumas autoridades da cidade, tendo à frente um casal e uma moça de feições tão belas que chamavam atenção, não só dos rapazes, mas de todos que ali se encontravam e admiravam a rara beleza.

Daniel aproveitou o ensejo de a filarmônica estar novamente tocando e, já que Monteiro ficara aborrecido, saiu do local, mas não demorou a retornar, porque se sentiu pesaroso por causa do desagrado que impusera ao amigo. Mas Monteiro, que se encontrava com o olhar fixo na jovem, só percebeu a presença de Daniel quando ele tocou o seu ombro, disposto a pedir desculpas, mas sequer lhe dirigiu o olhar.

O grupo em destaque subiu os degraus do coreto[4], as autoridades se posicionaram à frente para discursos de boas-vindas, e Monteiro, por mais que tentasse, não mais conseguia ver a bela jovem.

Nessa cena, as imagens sumiram e a tela ficou apenas iluminada.

O instrutor Aldo, então, perguntou-lhe:

– Você pode narrar o que aconteceu depois do que vimos na tela?

– Eu acho que agi com impetuosidade. Saí rapidamente do ambiente festivo e fui a minha residência. Entrei no quarto, fechei a porta e, depois de escrever uma longa carta, saí rapidamente.

Ele parou a narração, e o instrutor, embora conhecesse em detalhes toda a história, aproveitou a oportunidade e perguntou como ele estava se sentindo, ao que Monteiro respondeu:

– Não saberia dar uma resposta convincente, se tentasse.

– Mas se sente em condições de continuar?

Ávido para relembrar a imagem da jovem, Monteiro respondeu:

– Sim! Aquele foi um dos melhores dias da minha vida!

---

4 Espécie de palco, no centro da praça, em cidades interioranas, onde geralmente ocorrem as solenidades, com participação de bandas e artistas.

Depois do intervalo de alguns minutos, surgiu na tela a imagem de uma casa residencial. Era onde a família, que acabava de chegar, iria residir, doravante. Monteiro chegou ao local, percebeu que não havia ninguém em casa e constatando que também não havia qualquer tranca no portão de entrada, entrou, observou até descobrir onde ficavam os quartos da casa e, ao encontrá-los, pôs a carta em um deles, pela fresta de uma janela.

As imagens desapareceram da tela, por instantes, mas logo surgiram, novamente, mostrando a praça, para onde Monteiro havia rapidamente se dirigido. Daniel, ao vê-lo, novamente, com os olhos fixos na jovem, aproximou-se e falou:

- Amigo, percebo que você não tem olhos para mais ninguém, a não ser para a bela jovem! Cuidado! Além de você, quer queira ou não, estar comprometido por causa do seu comportamento em relação a Stela, essa moça aí é filha de gente importante!

- Eu também sou importante. Ou você não acha? - respondeu, contrariado.

- Importante de verdade, para mim, depois de Deus, é Jesus. Quem somos nós? - perguntou Daniel, intencionado a prosseguir o assunto, apesar de ter consciência de que não se deveria intrometer na vida íntima das pessoas. Mas, assim agia, porque tinha Stela como a sua melhor amiga, conforme afirmara.

Nessa passagem, Monteiro interrompeu o pensamento, porque, apesar de se encontrar na sua mente, não desejava ver, projetada na tela, a cena da sua reação desagradável contra o amigo Daniel. E, por isso, as imagens sumiram da tela.

O instrutor Aldo, então, perguntou-lhe:

- E, a partir daquele dia, sabe o que aconteceu com Stela?

- Não, porque deixei de procurá-la. A minha atenção voltou-se para outra pessoa. No caso, Elisa.

- É preciso, então, tomar conhecimento, para poder assumir a responsabilidade do efeito do seu comportamento para com ela.

Conforme a previsão de Daniel, Stela, que era filha de uma família sem recursos materiais, ao ser posta fora da casa pelo pai, impiedoso e demasiadamente rigoroso, deixou a cidade e seguiu perambulando pelas estradas, sem rumo e sem quaisquer condições de sobrevivência. Depois de caminhar vários dias, pedindo comida nas raras casas na margem da estrada, ela acabou chegando à cidade mais próxima. Mas, infelizmente, logo depois que chegou, uma mulher demonstrou interesse em ajudá-la. Hospedou-a em sua própria casa, prometendo-lhe arranjar emprego, na cidade de Belo Horizonte, capital de Minas Gerais, onde poderia, inclusive, estudar, caso fosse o seu interesse. A proposta agradou muito a Stela, que, ingênua, confiou descuidosamente na desconhecida, cujas intenções se encontravam entre as mais pervertidas, pois Stela foi enganada e conduzida para uma casa onde se explorava o sexo como comércio.

Depois de pequena pausa, com o fim de observar as reações de Monteiro, o instrutor Aldo voltou a falar:

- Entendo que não devo entrar em particularidades das amarguras íntimas a que fora ela forçada a experimentar, no citado local. Contudo, não é difícil, para você, deduzi-las.

Depois de uma pausa intencional, ele prosseguiu narrando:

- Para você se situar, é preciso saber que ela desencarnou, ainda jovem, acometida de tuberculose, doença considerada incurável, naquela época, que contraiu por causa da fragilidade do seu organismo, forçado a passar as noites sem o repouso do sono, quando ela atuava como escrava, na deprimente atividade que lhe fora imposta, sem qualquer oportunidade de defesa ou de fuga, já que qualquer reação poria a vida em perigo, conforme as ameaças que recebia cotidianamente. Ao desencarnar, levou com ela muitos traumas, sentimento de vingança contra aqueles que a exploraram e profunda mágoa contra você, o que só agora, graças à ajuda que vem recebendo das equipes de socorro desta instituição espiritual, apresenta alguns sinais de saturação e vontade, embora sem a firmeza desejável de realinhar os seus sentimentos.

Monteiro ouvia com as mãos tapando os olhos, tamanha a vergonha que sentia ante o instrutor, mas não impedia que lágrimas fluíssem e fossem vistas escorrendo, entre os dedos, de onde gotejavam. Mas, não obstante as lágrimas da aparente vergonha que sentia, ele ainda não se dava por vencido. E tão logo amenizou a emoção, falou, cabisbaixo, sem coragem de dirigir o olhar ao instrutor:

– Penso que não devo ser responsabilizado por todo esse infortúnio, porque não fui eu quem a encaminhou a tamanha desventura.

– É de bom proveito que você considere a origem dos fatos e não apenas o desenrolar a partir de então. Na origem da ação está a causa. Stela, jovem, bela e ainda imatura, não resistiu às suas promessas, achando que se tratava de um homem sincero, responsável e justo. Não alimentou qualquer receio e nem preocupação, por acreditar que você a amava e que seria sua esposa. Tinha isto como uma verdade... A verdade que procurava vivenciar na alegria de uma esperança que era alimentada por você mesmo.

O instrutor fez um intervalo, mas, como Monteiro prosseguisse em silêncio, perguntou:

– Você pode imaginar a profunda dor moral que ela experimentou, a qual ninguém conseguiria descrever a não ser ela mesma?

– Não imagino e também não desejo me aprofundar nisso, já que não me sinto preparado. Por favor, poupa-me dessa vergonha de mim mesmo!

– Não há como fugir da colheita! Tanto que, há poucos dias, próximo ao portão de segurança dessa instituição, você ouviu, sobressaindo-se dum alarido, uma voz sofrida, lamentosa e carregada de mágoa, pedindo justiça contra você, que não entendeu, ou não teve a coragem de ouvir para entender. Era ela! Sabe que você aqui se encontra e toma isso como uma injustiça, do mesmo modo que você conceitua as situações atuais de alguns irmãos nossos, aqui mesmo, na Estância.

Fez nova pausa e enfatizou:

- Toda promessa gera um débito! Entretanto, você não está sozinho e sabe disso. Terá ajuda para carregar na consciência esse fardo moral, por enquanto pesado. Se Cirineu ajudou Jesus a carregar a cruz, quem somos para negar a colaboração que você precisará para isso? Entretanto, é sua a principal tarefa de ajudar Stela a sair desse estado de sofrimento, efeito do ódio que alimentou contra você e todos aqueles que a enganaram e a exploraram, já que não se trata de livre escolha, mas, sim, de colheita obrigatória.

Com os olhos esbugalhados, na direção do instrutor, o candidato à reencarnação não conseguia dominar o assombro que sentia, ao perceber que todas as ações, por insignificantes que pareçam, podem dar início a um estado de felicidade, como também, a depender do sentido, gerar todo um processo de sofrimento nos outros ou em si mesmo, e ninguém mais é responsável do que quem perpetrou a ação.

O instrutor Aldo fez uma pausa, dando tempo a Monteiro para refletir. Depois de alguns minutos, asseverou com firmeza:

- Você tem dois caminhos: antes de reencarnar, adquirir com esforço e vontade firme as condições necessárias para resgatá-la do ambiente deletério onde se encontra. Talvez não seja tão difícil, como você pode estar imaginando, porque Stela, nos últimos dias, tem demonstrado tendência de pensar em Deus, e isso é um bom sinal. O segundo caminho, se for essa a sua escolha, é nada fazer por ela, deixando-a na mesma condição e, do local onde se encontra, ser conduzida para a reencarnação, portando a carga de mágoa e sentimento de vingança. A cruz será mais pesada para você que, de um modo ou de outro, se quiser reparar as suas faltas, terá de conviver com ela, na qualidade de esposa.

- Está dizendo que eu terei que conviver com ela?! Uma pessoa decaída, de má conduta e péssima reputação? Será que tenho mesmo de passar por isso? - questionou, tentando, ainda, ser zeloso de si mesmo.

- Não só ela, mas todos que, de certa forma, tenham sido prejudicados por suas ações, em qualquer setor da vida, e que não conseguiram, até agora, perdoá-lo.

- Se tiver que ser realmente assim, pode parar de tomar trabalho comigo, porque eu prefiro nunca mais voltar à Terra!

- A ligação psíquica, seja por afeto ou desafeto, aproxima as pessoas. Mérito ou demérito são da alçada da Justiça Divina. Monteiro... Nada passa despercebido!

Fez pequena pausa e, em seguida, perguntou:

- Deseja prosseguir, ou prefere descansar a mente por alguns dias?

- Sinto necessidade de pensar em tudo, sem intervenção da autodefesa, conforme as suas explicações. E, para isso, eu preciso, sim, de alguns dias. O que acha?

- Muito bem! Não deixa de ser um bom sinal - falou, infundindo, com um aperto de mão, vibrações de encorajamento, que fluíram por todo o perispírito de Monteiro, ensejando equilíbrio emocional e disposição.

capítulo três

PERSISTINDO NOS ENGANOS

Sem a verdade, não se harmonizam os conflitos interiores.
Dizzi Akibah

NO DIA E horário marcados, Monteiro chegou mais encorajado para assistir à projeção, na tela, da verdade que se encontrava nele mesmo, embora continuasse a inculpar-se, atribuindo a causa a outras pessoas envolvidas na história.

– Caro Monteiro, antes de dar início ao procedimento, precisamos conversar um pouco sobre o resultado da carta que você escreveu e deixou-a na casa de Elisa – sugeriu o instrutor Aldo.

– Eu imaginei que havia colocado a carta no quarto dela – falou Monteiro com o olhar distante, como se procurasse as lembranças – , mas era o quarto dos pais. Passados alguns dias, o prefeito da cidade, que desde a morte do meu pai, de quem afirmava ser amigo, passara a ser para mim um conselheiro, chamou-me para uma conversa:

– Pare de falar e pense no diálogo, pois precisamos analisar as imagens – recomendou o instrutor Aldo:

Momento depois, apareceu na tela a imagem de um homem de cabelos grisalhos e aparentemente sisudo que, ao ver Monteiro, foi logo falando:

- Sabe quanto eu estimava o seu pai, por causa da retidão no proceder, pois tratava a todos que dele se aproximassem com seriedade, respeito e cordialidade. Agora, desejo muito, diante de você, poder usar o dito popular "tal pai, tal filho". Assim me expresso, por causa de uma visita que recebi, hoje, do doutor Clóvis, que acabou de chegar à cidade. Disse-me ele que no dia da homenagem que lhe prestamos, ao retornar ao lar, encontrou uma carta, cujo teor era uma expressão de interesse de alguém em relação a sua filha e a carta estava, supostamente, assinada por você. Você mesmo que a escreveu, ou alguém que tentou fazer uma brincadeira irresponsável com o seu nome?

- Não se trata de qualquer brincadeira, mas, sim, de algo sério. O teor da carta expressa a sinceridade dos meus sentimentos e, por isso, assumo a responsabilidade, sem qualquer receio.

- Você tem ideia de quem são essas pessoas? - perguntou o administrador da cidade.

- Nem pensei nisso, porque no estado íntimo em que me encontro, qualquer outra particularidade não me preocupa.

- Irei visitá-las no próximo fim de semana e, certamente, ele, o doutor Clóvis, vai querer saber o que eu acho de você. Pensa que eu direi a ele o quê?

- O que o senhor acha de mim! Seja o que for, pois sei que o senhor é um homem de reto proceder.

- Juízo, menino! E não me decepcione.

A imagem sumiu, mas logo apareceu outra, que mostrava o interior de uma pequena igreja e um padre vestido numa batina, assim falando:

- Mandei chamá-lo, porque a professora Alba, esposa do doutor Clóvis, aqui esteve pedindo informação sobre alguém que escrevera uma carta, demonstrando interesse na sua filha e me entregou esse nome aqui, pedindo informações. É o seu, ou há algum equívoco?

Depois de confirmar que a carta fora escrita por ele próprio, Monteiro tratou de desviar o assunto para ser agradável ao pároco:

- Oh, padre! Antes de tratar disso, eu quero pedir desculpas, por ter faltado com a ajuda para a igreja. Além da consideração que devoto ao senhor, o meu pai, antes de morrer, pediu-me isso! Mas agora, quando recebi o seu chamado para vir aqui, imaginei fosse esse o motivo. Assim, fiz a soma de todas as doações em atraso e pago, agora, o total do que devo a nossa igreja. Doravante, não mais faltarei com esse compromisso.

O padre, conforme a imagem projetada na tela pelo pensamento de Monteiro, sorriu contente e disse:

- Isso é muito bom, porque fiquei devendo uma resposta a ela, e assim posso ficar tranquilo para prestar boas informações, já que você está voltando a nossa igreja, com dedicação. Mas fique certo de que essa volta a que me refiro é a sua constante frequência nos atos religiosos. O dinheiro, meu filho, mesmo sendo em forma de doação, para uma boa causa, não salva ninguém. Mas sim a prática dos ensinamentos de Jesus. Você, certamente, está pensando em se casar e ter uma família. Mas antes é preciso saber como conviver com a esposa e como educar os filhos. Mas isso, Monteiro, só mesmo os ensinamentos do Evangelho, que ultimamente, pela aparência, você anda meio desassociado.

- Padre, eu vou pôr em prática os seus conselhos. Mas voltando ao assunto inicial, na carta, eu pedi a oportunidade de visitá-los e conversar um pouco com a moça. Se eles permitirem, o senhor irá comigo?

- É muita responsabilidade essa intermediação, porque o futuro é incerto! Mas já que a única queixa que eu tinha era o seu afastamento da igreja, mas agora já se encontra decidido a retornar... Posso até fazer isso. Mas não abandone Jesus e não me decepcione... Nunca!

- Prometo, padre! Mas, mudando de assunto, eu tenho notado que, nos dias de missa, a igreja não comporta tantas pessoas! Seria bom se construíssemos outra maior. O senhor não acha?

- Oh meu filho! Seu pai também falava isso! Mas, morreu, antes de realizar o que tanto desejava...

- Meu pai tinha esse interesse?

- Oh, como ele queria isso!

- Então, a partir de agora, padre, sou seu aliado neste projeto. Meus negócios estão crescendo muito. Os lucros são tão bons, como nunca imaginei antes. Vamos, padre! O senhor arranja o terreno com o prefeito, e eu dou parte do material e a mão de obra. O que faltar, os fiéis, certamente, ajudarão a completar. Quem sabe, até o recém-chegado doutor Clóvis! Alguém me disse que se trata de um homem muito rico!

Ao terminar o diálogo, as imagens desapareceram da tela.

- E você conseguiu o que tanto desejava? - perguntou o instrutor.

- Sim! E o padre foi comigo. Foi a primeira conversa que tive com Elisa. No final, constatamos que já estávamos verdadeiramente encantados um com o outro. Aprovado o namoro pelos pais, em poucos meses já comemorávamos o noivado...

- Como era o seu comportamento quando saía com ela? Por ser muito bonita, as pessoas olhavam-na insistentemente, suponho...

- Sentia-me garboso... Orgulhoso mesmo, quando se tratava de olhares das mulheres ou de senhores ou criança. Mas não permitia que nenhum rapaz, mais ou menos da minha idade, se aproximasse e lançasse olhares insistentes, sem a minha reação enérgica. Por isso, todos aqueles, que antes me consideravam amigo, afastaram-se de mim.

- Há alguém, de quem possa se lembrar, que lhe tenha incomodado muito, por conta disso?

- Sim! Osvaldo, filho de um político. Ele estudava na capital do Estado e, periodicamente, retornava à cidade para ver os pais. Mas toda vez que isso ocorria, ele perturbava muito a mim e a Elisa. Mas certo dia...

- Por favor! - interrompeu o instrutor. - Vamos ver isso na projeção dos seus pensamentos.

Depois de alguns minutos, tempo necessário para Monteiro entrar em concentração, o equipamento voltou a funcionar e, na tela, apareceram imagens de cinco homens conversando com Monteiro, que, por sua vez, assim se expressava:

- Eu tenho constatado a lealdade de todos vocês para comigo e, por isso, fico à vontade para pedir algo, que ninguém mais poderá saber, a não ser nós mesmos.

Mudou o tom da voz, numa intencional encenação, e prosseguiu:

- Estou passando por um momento difícil e sem possibilidade de resolver sozinho ...

- É só falar do que se trata, que a gente está aqui para resolver o que der e vier! No senhor, patrão, ninguém põe a mão sem receber o troco! - interrompeu, afoito, um deles.

- Se trata de uma pessoa que está perturbando a mim e a minha noiva. Quando chega à cidade, ele fica quase o tempo todo passando em frente à casa dela e deixando bilhetinhos na área do jardim.

- Não acredito! - disse outro, exaltado! - É só dizer o nome e pronto, patrão!

- Mas tem que ter cuidado, porque ele é filho de gente importante da cidade.

- Sei quem é ele! - falou outro empregado, de compleição avantajada. - É Osvaldo, aquele brigão metido a valente. A gente pega ele, leva para o escuro e dá uma boa sova. Nunca mais vai atrapalhar a sua vida, patrãozinho!

- Eu prefiro que vocês, apenas, amedrontem-no. Se depois disso, ele parar de me incomodar, eu darei a cada um de vocês uma boa recompensa... Em dinheiro!

As imagens sumiram da tela, e o instrutor Aldo perguntou a Monteiro:

– Você conseguiu o que desejava?

– Sim. Consegui, embora eles tenham exagerado e feito o que eu não recomendei. Soube, dias depois, que Osvaldo havia morrido.

– E você recompensou os seus empregados, conforme havia prometido?

– Não, porque eles fizeram errado! Pus todos para fora da minha empresa e deixei bem claro que ficassem calados, porque, se algum deles tentasse reagir, eu denunciaria a todos como criminosos. Soube depois que, felizmente, eles haviam deixado a cidade. Certamente, amedrontados.

– Tentemos analisar: você disse a eles que daria a recompensa se Osvaldo parasse de lhe incomodar, conforme vimos, há pouco, na imagem. Ora, dava para perceber, e você sabia disso, pois convivia no trabalho com eles, que se tratava de pessoas sem o conhecimento necessário para discernir. O interesse deles e o que viam pela frente era justamente o dinheiro e, por isso, certos de que você só pagaria se Osvaldo parasse de incomodar, entenderam que, para garantir o dinheiro da recompensa, precisavam dar um jeito, de vez, em Osvaldo, e acabaram fazendo da maneira que, infelizmente, aconteceu.

– Penso que não posso assumir responsabilidade pela vontade deles!

– Deles não, mas da sua, sim! Se você não se deixasse arrastar pelo ciúme, que naquele momento já poderia ser considerado patológico, devido à falta de possibilidade de controlá-lo, não teria se queixado aos seus empregados, que, apesar de leais, conforme o seu entendimento, você sabia que eram homens ainda rudes, sem qualquer noção lógica sobre os direitos e deveres do cidadão. Mas, ainda assim, você os contratou para molestar uma pessoa, sem medir as consequências.

Silenciou por instantes, para ouvir Monteiro, caso pretendesse dizer algo sobre o assunto. Mas, como ficasse calado, o instrutor continuou com a explanação, sem qualquer conotação de julgamento, já que o único objetivo era conscientizá-lo:

- É preciso, agora, considerar a origem da ideia: já que ela nasceu na sua mente, sua também é a responsabilidade da causa, como a eles pertencem os efeitos gerados pelos exageros que cometeram, embora ainda agora já desencarnados tentem se omitir da responsabilidade, atribuindo-a ao mandante, no caso, você. Diante dessa situação, pode você imaginar onde eles se encontram? Não gostaria, sequer, de saber?

Ante a indiferença do interlocutor, Aldo prosseguiu:

- Compreendo a sua tentativa de fuga da verdade. Entretanto, não há como fugir da verdade. Basta atravessar o portão da entrada da Estância, região de sofrimento e desespero, semelhante àquela onde você passou todo aquele tempo. A lealdade deles, para com você, foi transformada em ódio e sede de vingança, tanto que clamam, desesperados, por justiça, achando que é por sua causa que assim se encontram. Como pode perceber, é mais uma tarefa para você.

- Não saberia o que fazer com eles!

- Realmente, no momento não, mas poderá no porvir. Se próximo ou distante, depende tão somente de você mesmo! Entretanto, essa instituição espiritual oferece as condições necessárias para isso e apoio no momento da ação. Todavia, é preciso saber o que fazer e como fazer. E isso você adquire em cursos que são oferecidos por esta instituição espiritual. Candidate-se e siga em frente, com coragem e vontade. A não ser que você prefira conviver com eles numa mesma família, do jeito que se encontram, o que será muito mais difícil.

- Mas por que tem que ser eu? Logo eu que aqui me encontro, muito mais por misericórdia do que por merecimento? Essa organização não poderia, com a eficiência das suas atividades, ajudá-los bem melhor do que eu?

- Há muitos anos, as equipes de socorro vêm tentando, sem conseguir melhores resultados, porque eles se encontram com as mentes fixadas em você! Embora afetados pelo ódio, podem se deixar mover pelo amor... Pelo seu amor! A maior queixa deles é que você, além de não cumprir o trato, tirou-lhes o emprego, sustento das respectivas famílias! Só você poderá mostrar a eles a realidade dos fatos. No momento em que sentirem, novamente, a sua amizade e a sua atenção, certamente mudarão de atitude. Essa situação nos incentiva a concluir que é você, Monteiro, o mais indicado para ajudá-los. Aproveite todas as oportunidades que está encontrando aqui, principalmente, a de despertar o amor naqueles que se consideram seus inimigos, lição do divino Mestre que deve ser posta em prática.

Fez nova pausa, mas, notando o abatimento que Monteiro apresentava, sugeriu:

- Continuaremos outro dia, porque você não é obrigado a prosseguir com esta atividade mental de conscientização, se não desejar. Entretanto, sofrerá lá na frente a perda de aquisições morais e espirituais. Mas se ainda deseja prosseguir, está livre para vir somente quando sentir vontade. Mas não deve se esquecer de que é livre para semear, mas que não ocorre o mesmo com a colheita, porque esta é obrigatória.

O instrutor falou no mesmo tom com que um pai dedicado conscientiza o filho amado. Por isso mesmo, Monteiro abraçou-o fortemente, pôs a cabeça naquele ombro já acostumado a ser o apoio para tantos que ali buscam a sua melhoria e chorou.

A cena, semelhante à de pai e filho, demonstrava a importância da dedicação impulsionada pelo amor, como era, na verdade, o modo de servir daquele bondoso instrutor.

Assim, sob o efeito da emoção, Monteiro deixou o local, pensativo. Em vez de se dirigir à morada provisória onde repousava, tomou a direção de um local que lembrava as praças das cidades no plano material. Escolheu a sombra de uma árvore florida e sentou-se para refletir, no silêncio que o envolvia. Entretanto, minutos depois, foi interrompido ao ouvir, por trás, tomando como direção a posição que ele se encontrava:

- Oh, Deus, quem eu vejo! Monteiro, meu querido amigo!

- Você, Daniel?! - perguntou surpreendido, por vê-lo ali na Estância Espiritual.

- Sim, eu mesmo. Há quanto tempo espero esse momento de contentamento, por vê-lo lúcido e aqui, certamente, buscando melhoria!

- Eu... Eu estive durante muito tempo experimentando sofrimento inenarrável.

- Tenho conhecimento. Inclusive, visitei o local com a equipe de socorro na qual me encontro integrado e, por várias vezes, tentei me aproximar para termos uma boa conversa, mas você se mostrava aparentemente alheio. Mas deixemos esse passado, pensemos nas realizações de cada dia e nas conquistas que virão pela frente, sempre para melhor!

Mais animado e alegre, Monteiro, pretendendo reter o amigo mais um pouco, puxou conversa:

- Você está, também, vivendo aqui?

- Não! Você deve estar lembrado de que eu desencarnei antes de você. E tão logo isso ocorreu, fui levado para uma colônia espiritual, onde me encontro até o momento, na condição de servidor humílimo. Aqui venho, porque, por intercessão do querido irmão Aldo, integrei-me à Caravana do Amor. Mas já fui conscientizado de que devo voltar brevemente à Terra. Renascerei numa família que adota, como princípio, os ensinamentos de Jesus, desdobrados à luz da doutrina espírita. É nessa diretriz que vou procurar ser útil aos meus irmãos de estrada, que são todas as criaturas humanas.

- Oh Daniel! Enquanto você falava, eu pensava: que bom se eu tivesse oportunidade de conviver lá na Terra, próximo a um amigo como você. Mas me lembrei, de repente, que, se eu houvesse acatado os seus conselhos, teria, certamente, evitado muitos erros... Os mais graves e que, diante da minha atual situação, penso que não mereceria viver perto de você e sequer a sua amizade, porque a tive e não soube conservá-la. Embora eu reconheça esse distanciamento, pesa-me saber que você já vai reencarnar e, certamente, estaremos em planos diferentes e muito distantes um do outro.

- Ora, Monteiro! Onde há amizade, como expressão do amor, jamais haverá separação e distância.

- Posso então contar com uma alentadora esperança?

- Não devo alimentá-la, já que toda esperança se encontra no porvir. O importante é que, agora, a situação requer de você bom ânimo e para isso vem recebendo, como o sedento, "a água da vida", que jorra das palavras amorosas do instrutor Aldo, o qual lhe acolhe do mesmo jeito que faz um bom pai. Digo água da vida, não comparando com a expressão do divino Redentor. Mas por causa do amor com que o instrutor Aldo sempre externa ao falar.

- Segundo ele, há muita tarefa a enfrentar e vencer, se eu for capaz. A primeira delas, depois que eu me preparar, será resgatar Stela da região de sofrimento onde se encontra.

- Tenho buscado, sem o imediato êxito, muitos meios para ajudá-la a mudar o modo de pensar. Todavia, não foram vãs as minhas tentativas, porque só assim pude concluir que só há um meio!

- Posso saber qual?

- Monteiro!

Não obstante o espanto do amigo, Daniel continuou falando:

- Ela se dirigiu a mim, apenas uma vez, para dizer que eu não deveria perder tempo com ela. Porque, enquanto se sentisse abandonada por você, a vida continuaria sem sentido.

Parou de falar, observou a reação de Monteiro e, em seguida, incentivou-o:

- Mãos à obra, amigo! Não vai estar sozinho, porque isso ninguém consegue individualmente e, sim, em equipe. Mas fique certo de que, no dia e na hora que isso for ocorrer, eu faço questão de estar presente.

Fez uma pausa e, em seguida, falou com ênfase:

- Monteiro, meu querido amigo e irmão. Filho do mesmo Deus pai! Só amor! É preciso amar, amar, amar... Sempre e cada vez mais! Afinal, Deus é amor, conforme afirmação de João Evangelista, apóstolo de Jesus.

Monteiro, visivelmente emocionado, abraçou o amigo, pedindo, como faz a criança ao adulto:

- Não me deixe, não se esqueça de mim! Embora você apresente a fisionomia rejuvenescida, e eu, com aparência decrépita, talvez por causa do meu estado íntimo, sinto-me perante você uma criança que busca o amparo amoroso do pai.

- Monteiro, busque, antes, a paternidade de Deus e sinta-se, de verdade, Seu filho! Somos irmãos, mas isso não impede que você pense e sinta desse jeito em relação a mim. Conte comigo! Se precisar, chame-me pelo pensamento que eu, ao receber o seu chamado, virei, dentro das possibilidades, atendê-lo! - falou, já saindo.

Monteiro, bastante renovado interiormente, pela primeira vez, desde que desencarnou, conseguiu sorrir contente. Tanto que planejava parar as projeções mentais, como as definia, por, no mínimo, um mês. Mas logo na manhã do dia seguinte, procurara o instrutor que, ao vê-lo, não teve dúvida de que ocorrera uma mudança positiva e muito benéfica, pois ainda não o tinha visto externando qualquer tipo de alegria, e, ali, ele se mostrava sorridente. A fisionomia bem mais agradável e a vibração que aludia afabilidade deixaram o instrutor surpreso, por causa da repentina mudança, mas também muito contente.

- Monteiro, sinto-me satisfeito em vê-lo, aparentemente, renovado! É possível que você esteja sentindo esse novo dia, mais alegre e agradável!

- Faz muito tempo que não contemplo o dia, com tanta satisfação e gratidão a Deus. Realmente, hoje, o dia está cheio de beleza!

– A beleza, Monteiro, que você contempla, é o reflexo do seu íntimo, que deve ter sofrido uma considerável mudança. Alguma coisa muito boa deve ter ocorrido. Estou certo?

– Sim! Um amigo! Eu revi um amigo, e ele...

Depois de narrar o encontro que tivera com Daniel, falou desinibido:

– Vim para dizer-lhe que estou pronto para continuar as atividades de conscientização, pois já estou disposto a participar do curso ou cursos que forem necessários, como preparo para resgatar os meus "amigos-inimigos", se é que posso assim me expressar.

O instrutor achou graça da colocação, e Monteiro quis esclarecer:

– Já não me sinto inimigo deles, embora eles me vejam assim.

Percebendo que Monteiro tendia para a aceitação da sua responsabilidade nos atos pretéritos, causa das desventuras sofridas por ele e todos ligados aos fatos, o instrutor Aldo esclareceu:

– O reconhecimento de culpa é importante, porque nos enseja a oportunidade de assumir a responsabilidade das nossas ações. Contudo, devemos manter cuidado, para não nos deixar arrastar pelo remorso. Preciso é, entretanto, que saibamos fazer a opção entre manter o sentimento de culpa, amargurando a vida, ou perdoar-se, assumindo a responsabilidade e criando disposições para a devida reparação. As suas projeções mentais, do jeito que estão sendo levadas a efeito, não têm a finalidade de julgar os seus feitos, mas, sobretudo, motivá-lo à reparação.

– Mesmo que esta situação fosse opcional, eu pediria para seguir em frente, já que tenho que aprender a enfrentar, corajosamente, muitas situações que, certamente, virão. Se eu recuar, não aprenderei enfrentar, sequer, a mim mesmo!

– Muito bem! Descanse dois dias, pelo menos, e retorne com esse mesmo estado psíquico.

capítulo quatro

BURIL DA CONSCIÊNCIA

Não se surpreenda com expressões de bondade!
Afinal, todo bem é atributo divino.
Dizzi Akibah

DOIS DIAS DEPOIS, conforme o combinado, Monteiro chegou ao local, ainda sob o efeito benéfico do encontro com Daniel. Depois de cumprimentar sorridente o instrutor, sentou-se de pronto na cadeira. Novamente, a iluminação do ambiente mudou a tonalidade, mas, em vez do azul-celeste, como vinha ocorrendo antes, surgiu um verde suave que proporcionou, repentinamente, bem-estar e serenidade na equipe que atuava no citado procedimento, pois não era apenas o instrutor Aldo que se ocupava com Monteiro e tantos outros que por ali passavam. Monteiro, por sua vez, sentiu relaxamento com efeito positivo, em todo o perispírito[5].

5 Envoltório do espírito, de natureza semimaterial. Acompanha o espírito, esteja encarnado ou não.

Contudo, ao lembrar que ali se encontrava para ver projetadas na tela as cenas mais fortes e traumáticas da sua vida, sentiu medo e, em vez de pensar nelas, lembrou-se do padre e da promessa que havia feito de ajudar a construir a nova igreja. E logo a tela acendeu e surgiu a imagem do velho pároco a procurá-lo numa das casas comerciais, pois, àquela altura, Monteiro já havia aberto algumas filiais, tendo, na verdade, o domínio total do comércio da região.

– Meu filho... – disse o vigário, amoroso e cheio de bondade. – Vim procurá-lo para saber se você ainda tem interesse de cumprir a promessa de ajudar a construir a nova igreja. Lembra-se?

– Oh, padre, a sua bênção!

– Só Deus é quem abençoa, meu filho. Quem sou? Digo apenas que nunca se esqueça de ser reto e bondoso nas suas atitudes para com os outros.

– Eu peço desculpas por não ter procurado o senhor, para dar uma satisfação, porque, apesar do crescimento do meu comércio, a abertura das filiais me deixou sem as devidas condições financeiras. Mas logo, logo, isso vai mudar e cumprirei o compromisso com o senhor.

– O compromisso, meu filho, não é comigo, e sim com você mesmo. Está me entendendo?

– Acho que sim, padre!

– Espero que a empolgação não o faça se esquecer também de Deus e das Suas leis, de amar ao próximo como a si mesmo e de querer para os outros somente o que quer para si – falou, já saindo.

A imagem sumiu da tela, e o instrutor, percebendo que Monteiro se encontrava inquieto na cadeira, falou com bondade:

– Acalme-se e desabafe, se assim o desejar!

– Aos poucos, eu vou descobrindo quanto errei. Se o padre era uma pessoa a quem eu nunca deveria faltar à atenção, imagine um compromisso idealizado por mim mesmo?!

– O que aconteceu depois desse encontro?

– Quando o padre saiu, eu fiquei resolvido a cumprir o compromisso. Apesar de ter dito a ele que eu estava em situação de aperto por causa do dinheiro que havia usado, eu me encontrava em ótima situação financeira. Mas já que eu estava de casamento marcado, acabei deixando para depois. Mas, depois do casamento, a minha vida mudou muito, porque eu me deixei conduzir pelo orgulho e pelos cuidados demasiados para com Elisa. Vivia, por assim me expressar, a fantasia de um belo sonho e tudo mais, como amigos, parentes próximos ou distantes, a igreja e até ele mesmo, o padre... Ninguém e nada em minha volta, que não se referisse a Elisa, tinham importância para mim. Encontrava-me envolvido, por inteiro, naquela família, não só pelo amor de Elisa, mas também pela sua mãe, dona Alba, a quem ainda hoje guardo veneração, por causa da sua admirável bondade, e o seu pai, o doutor Clóvis, um homem de comprovada retidão. E, assim, acabei não cumprindo a promessa feita ao padre. Deve ser mais um que ficou insatisfeito comigo e a quem terei, um dia, de reencontrar...

– Nada tenho a falar sobre os seus possíveis erros, quando a sua consciência já o faz e você aceita. Mas, em relação ao padre, pode ficar tranquilo, porque se trata de um espírito cheio de nobreza e, por isso, jamais falaria ou lembrar-se-ia disso. Ele, a propósito, desempenha atualmente tarefas de alta importância numa colônia espiritual, esfera acima desta, onde estamos situados.

Encerrando aquele capítulo das lembranças, quando recordou a bondosa figura do sacerdote, cabia agora a Monteiro decidir, por si mesmo, se estava, ou não, em condições de prosseguir e suportar as cenas que seriam projetadas da sua própria mente.

Depois de dez minutos de expectativa, começou a surgir, na tela, imagens de um ambiente de festa na casa do doutor Clóvis e da professora Alba. De repente, as imagens foram substituídas por outras, do ambiente da igreja, que se encontrava ricamente ornamentada, repleta de convidados e curiosos. Afinal, era o casamento da "bela da cidade", como passou a ser conhecida a noiva de Monteiro.

As imagens continuaram. A noiva dirigindo-se ao altar, conduzida pelo pai, e logo a cerimônia de casamento celebrada pelo velho pároco era iniciada. Mas um imprevisto surgiu, de repente, após o padre fazer a conhecida advertência: "Se existe alguém que tenha alguma razão para impedir este casamento, que fale agora"...

Um homem de compleição robusta, trajando velha roupa, chinelos nos pés, contrastando com o ambiente que ostentava o poder aquisitivo dos que ali se encontravam, entrou raivoso na igreja e começou a gritar distante do altar:

- Eu tenho, sim, algo muito ruim contra ele! Esse homem entrou na minha casa, ganhou a confiança de todos da minha família, iludiu a minha filha com promessas de casamento e criou nela a expectativa de um futuro feliz. Sem experiência e confiando na sinceridade e honestidade dele, ela não conseguiu vencer a sedução e entregou-se sem receio a ele, por achar que se tratava de um homem digno, quando não passava de um canalha, mentiroso e traidor! Se quiserem, podem me prender, mas ainda assim eu vou continuar, enquanto for vivo, a afirmar que ele não passa de um canalha!

Doutor Clóvis, que havia estudado direito, formando-se como advogado, embora não exercesse a profissão, mesmo sob o impacto daquelas ameaças e aflito por causa da filha, aproximou-se com calma e tentou amenizar:

- Peço, por favor, que se acalme, para que possamos conversar. Do contrário, poderá sair daqui preso.

O homem, sentindo-se intimidado, aquiesceu.

- Você tem alguma prova da séria acusação que acabou de fazer?

- Não, senhor! Mas ele sabe que tudo que eu disse é verdade. A não ser que queira trair a sua própria consciência.

- E a sua filha, por que não a trouxe com você? Ninguém melhor do que ela para falar sobre isso.

- Minha filha, se já não morreu, está perdida pelo mundo afora. Não sei onde se encontra.

- Então você está fazendo uma acusação vazia, sem condições de provas e isso pode ser considerado como crime de injúria, contra o rapaz, que, antes de aceitar o seu relacionamento com a minha filha, eu obtive das pessoas mais idôneas da cidade as melhores informações sobre o seu comportamento. Por que, então, só agora você tomou essa atitude?

- Sou uma pessoa muito pobre, doutor. E, por isso, considerado sem importância. Ele é rico, e os ricos são vistos como poderosos, por causa do dinheiro. Tomei coragem de fazer, hoje, essa denúncia, não só pela minha filha, porque, se ela se casasse com ele, acabaria sofrendo muito e seria infeliz, pois, ao usá-la e abandoná-la, provou o seu caráter. Mas também por causa da moça que vai se casar com ele, totalmente enganada! Que Deus tenha piedade dela! Além de tudo que acabo de dizer, ele tem um grave defeito: é muito ciumento.

Se o que o doutor Clóvis ouviu fosse em outra oportunidade, certamente daria mais atenção. Mas naquele momento sequer prestou atenção às palavras do homem. Levou em conta a aparência e o modo rústico de se expressar, que contrastavam com o ambiente de ostentação da solenidade. Imaginando tratar-se de uma pessoa sofrida, que, por não ter conseguido algo que imaginava melhorar a sua vida - no caso, ver a filha casada com um homem de posses, como Monteiro, que ali estava se casando com outra - , revoltara-se e ali se encontrava apenas com sentimento de vingança.

Na verdade, ao pensar assim, Clóvis acabou perdendo a oportunidade de refletir, pois o reclamante, apesar do ódio e a revolta que exteriorizava, demonstrou não querer para outrem a desventura que experimentava, o que deixou bem claro ao afirmar que ali também se encontrava por causa da jovem, que estava se casando com Monteiro, a quem imputava a responsabilidade de toda a dor sofrida por ele, a filha e toda a sua família. Em vez disso,

Clóvis fez um rápido e formal agradecimento, ávido para se livrar do incômodo:

- Agradeço pelas suas preocupações para com a minha filha, mas pode ficar tranquilo, pois eu sei muito bem o que estou fazendo. Agora, que você já está aparentemente mais calmo, sugiro que volte para a sua casa e procure compreender que não se deve acusar quando não há condições de provar.

O homem deixou a igreja, contrafeito, e seguiu, indignado, rua abaixo. Doutor Clóvis, então, disse de público:

- Peço desculpas a todos pelo incidente desagradável, mas nada pude constatar que pudesse entender como verdade. Pareceu-me, apenas, tratar-se de uma pessoa muito revoltada com a própria vida. Assim sendo, padre, pode continuar a cerimônia.

As cenas que apareceram depois disso foram do final do casamento, e logo a tela se apagou.

O instrutor percebeu que Monteiro se encontrava muito agitado e procurou ajudá-lo:

- Se quiser falar alguma coisa, acalme-se! Pois o arrependimento tardio em nada ajuda.

- A lembrança desse fato me traz uma profunda angústia, porque tudo que o homem disse era verdade! Não poderia ser diferente, porque se tratava de Nicolau, pai de Stela. Penso que ele se tornou meu inimigo. Eu, felizmente, apesar do mal-estar que passei e, principalmente, o medo de perder Elisa, não guardei qualquer ressentimento dele, porque eu reconhecia que havia prejudicado não só Stela, mas a toda aquela família pobre e sofrida.

- E ele, o que você pode imaginar que tenha ocorrido com Nicolau depois da sua desencarnação?

- Se morreu, assim, cheio de ódio e sentimento de vingança, pode estar num lugar não bom, como foi o meu caso.

- Isso mesmo, Monteiro! Mais uma tarefa para você. Mas essa só será possível se você conseguir, primeiro, ajudar Stela, para, depois, já com a colaboração dela, tentarem juntos a reconciliação e o consequente reequilíbrio.

– Meu Deus! Quando a gente se encontra na Terra, sente tanto medo de morrer que nem quer ouvir falar! De certo modo, não se trata de um receio vago, a depender do comportamento que se tenha adotado durante o período da existência. Não é isso? – fez a pergunta, olhando na direção do instrutor.

– De certo modo, sim! – respondeu o instrutor.

– Mas eu acho – continuou Monteiro – que medo faz mesmo é sair daqui para renascer lá! Essa ideia, apesar de já poder entender um pouco a finalidade, amedronta-me, principalmente, por causa da minha ficha suja e muito complicada!

– Monteiro, recomponha-se, já que começa a trilhar o caminho certo para viver no mundo a situação que se encaixa no seu merecimento! Obedeça de bom grado às leis de Deus, não se queixe e não determine para a sua vida a desonra! É preciso caminhar sempre com fé e confiança no Altíssimo. Afinal, é Jesus quem está no comando de todos nós!

Monteiro aquiesceu e pediu desculpas ao instrutor. Em seguida, posicionou-se na cadeira e, em instantes, outras imagens começaram a surgir na tela: via-se nitidamente Elisa na porta da casa, acenando, e ouvia-se, também, a voz de Monteiro, apesar de longe, com nitidez, pois, já se encontrava dentro de um veículo, que começava a se movimentar:

– Volto logo! Não me esqueça! Se eu não morrer de saudade até chegar, logo estaremos juntos de novo!

As imagens sumiram, e o instrutor recomendou:

– Você tem convicção do que vai surgir, na tela, se prosseguir relembrando os acontecimentos. Se por enquanto não se sente preparado, não vá em frente! Entretanto, não aconselho deixar de fazê-lo, pois seria uma maneira de evitar a verdade propriamente dita, já que você não tem o real conhecimento de como tudo aconteceu, porque o ódio anula o raciocínio e a percepção.

– Não desejo deixar para depois. Já que é preciso passar por isso, que seja agora! Peço, no entanto que, seja qual for a minha reação, ajude-me e ampare com a sua bondade e a sua sabedoria.

– Sábio e bondoso, abaixo de Deus, só Jesus, meu irmão! Ainda assim, certa feita, quando ele se encontrava na Terra, um dos apóstolos chamou-o "bom mestre" e ele corrigiu o discípulo: "Por que me chamas bom, se bom só há um, que é Deus?"

Depois de ouvir com atenção o que dissera o instrutor, Monteiro ajeitou-se outra vez na cadeira. Passados alguns minutos de expectativa, surgiram novas imagens: a de uma praça e a de um homem que vinha correndo na direção do veículo dirigido por Monteiro, que estava chegando de viagem. Logo que ele conseguiu se aproximar do automóvel, gritou a toda voz:

– Pare!

Monteiro pisou no freio. O homem, chamado Belmiro, pôs a cabeça para dentro do veículo e bem junto ao ouvido de Monteiro, começou a falar no mesmo tom de um cochicho:

– Pesa-me, muito, na sua chegada, ter que lhe dar uma notícia muito ruim! Mas eu lhe peço calma e que não faça nada que venha prejudicar a sua vida ou de quem quer que seja!

– Fala rápido. De que se trata?

– Se trata de Elisa, sua esposa!

– Que houve? Fala isso rápido! – exclamou impaciente.

– Eu passei, há poucos minutos, ali naquela transversal – apontou com o dedo – , e, apesar de o local estar um pouco escuro, deu para ver que era ela de braço dado com um homem. Ela parecia muito feliz ao lado dele, pois estava rindo alegremente. Não quis acreditar no que vi, mas era ela mesma!

– Você conhece a pessoa que está com ela?

– Nunca vi antes!

– O que você está me dizendo?!

– É o que você acabou de ouvir!

Dito isso, surgiram as imagens de um homem e uma mulher que, certamente, conversavam aparentemente descontraídos, caminhando lentamente por uma rua, realmente, meio escura.

Nesse exato momento, Monteiro já se encontrava escondido por trás de um tronco de árvore, escutando a conversa dos dois:

- E o seu marido... Vai voltar quando? - perguntou o acompanhante de Elisa.

- Acho que não vai demorar, porque...

Parou de falar, assustadíssima, porque Monteiro apareceu, rapidamente, na frente dos dois, apontando a arma (uma pistola que levava consigo toda vez que viajava), na direção do rapaz, gritando:

- Miseráveis traidores... Vão morrer agora!

- Não, Monteiro, por Deus! Ele é meu...

Ele atirou. E o rapaz caiu. Ela, embora com sintomas de um torpor, pôde ouvir o desabafo odiento do esposo, com quem se sentia, até então, venturosa:

- Você, também, traidora! Vai junto com ele! Não foi isso que escolheu?

Monteiro saiu do local, fora de si, mas, ainda assim, dirigiu-se ao informante, que, ao vê-lo, falou apavorado:

- Você está louco, homem? Pedi para que não fizesse nada que prejudicasse...

Parou de falar, ao ver Monteiro apontando a arma na sua direção.

- Como já estou perdido, poderia também te matar. Mas você tem duas opções: A primeira é morrer, se falar alguma coisa. A segunda é ficar calado. E se assumir o compromisso de nada falar, eu o recompensarei por isso com o que você mais sonha ter na sua vida. Não importa o que seja!

- Eu prefiro a segunda opção. Por mim, ninguém saberá! Mas por favor, tire essa arma da minha direção!

- Ela voltará para a sua direção, para valer, se abrir a boca! Compreendeu?

– Compreendi! Jamais falarei, jamais!

– Entre aqui!

Belmiro, trêmulo e suando, obedeceu à ordem, amedrontado. Monteiro saiu do local em alta velocidade. Depois de ter se distanciado da cidade, parou o carro e começou a ameaçar o delator:

– Se surgir qualquer conversa, nesse sentido, será você o único responsável, porque ninguém poderia me identificar por causa da escuridão, e da capa preta que usei. Assim, para todo efeito, você não me viu. Estou ainda viajando! Você tem o hábito de falar de todo mundo, mas, desta vez, ou você cala ou morre! Deu para entender? – ameaçava, com voz trêmula.

– Sim, entendi!

– Volto em uma ou duas semanas. Diga o que mais deseja ter, pois, logo que eu chegar, porei em suas mãos, e essa história será findada.

– Posso falar agora o que eu quero como recompensa?

– Fale rápido, porque preciso me distanciar daqui.

– Um carro, assim como este seu. Foi sempre o meu sonho!

– Você realizará o seu sonho, em poucos dias, se prometer guardar esse segredo, até o túmulo. Eu, no entanto, serei doravante o mais infeliz dentre todos os infelizes!

A tela se apagou e Monteiro começou a se retorcer na cadeira.

– Calma! – pediu o instrutor. – Sabia que passaria por este abalo.

– Agora – respondeu ele ofegante – deu para perceber que eu estou certo, ao afirmar que fui perfidamente traído? Lógico que melhor seria se eu, ao constatar a traição, me retirasse! Saísse até da cidade, em vez do que fiz. Sinto-me, apesar de vítima de torpe traição, um monstro!

– Monteiro... Você não deve se sentir um monstro. Na verdade, você praticou um ato abominável, mas não deixa de ser filho de Deus e, quando você passar a ser misericordioso para com os outros, terá a misericórdia de Deus.

Depois de alguns momentos, o instrutor, percebendo que ele já se encontrava um pouco refeito, propôs:

- Analisemos, agora, o que vimos na projeção. Você está perfeitamente lembrado de que Elisa, quando o viu de arma em punho, ameaçando, falou o seu nome... Foi bem assim: "Monteiro, não! Ele é meu..." Certamente, se o homem que se encontrava com ela fosse seu amante, como você imagina, ela jamais diria "ele é meu amante". Mas poderia estar dizendo tratar-se de um parente... Não acha?

Monteiro ficou calado, e o instrutor continuou explicando:

- Não deu para completar a frase, mas ela quis dizer: ele é meu irmão!

- Mas isso não pode ser verdade! - contestou veemente. - Tenho certeza de que foi só uma maneira de se desculpar, porque fora surpreendida em flagrante traição!

- Não, Monteiro! Elisa tinha um irmão que se chamava Sandro. Era médico e residia em São Paulo.

- Elisa era filha única! Se ela tivesse um irmão, me falaria! - retrucou impaciente.

- Havia apenas um ano que você entrara na família e esse tempo era muito curto para que eles, pessoas reservadas, expusessem particularidades, sem qualquer razão. Certamente, isso iria ocorrer, quando eles convivessem um tempo mais longo com você. Doutor Clóvis, antes de se casar com Alba, foi casado com outra mulher. E desse casamento nasceu o irmão de Elisa. Depois de alguns anos, o doutor se casou com Alba, de cuja união nasceu Elisa. Sandro, seu meio-irmão, desde a desencarnação da mãe, ficou interno num convento de frades em São Paulo, para estudar, onde o pai morava antes. Quando Clóvis se casou, o filho já estava na adolescência. E não quis sair de São Paulo, para não interromper os seus estudos, porque estava determinado a se formar em medicina.

Monteiro, que tremia, emocionalmente desequilibrado, exclamou:

- Ajude-me... Ajude-me!

Passou em seguida a se lamentar:

- Por que, Deus, tu me criaste imortal? Gostaria de morrer definitivamente. Deixar de existir!

O instrutor, que já antevia a forte reação, estendeu as mãos na direção de Monteiro, dispersando as baixas vibrações e, em seguida, infundiu ânimo, mas, como o seu assistido não reagia a contento, provocou-lhe o sono magnético, induzindo-o, paralelamente, a um estado psíquico favorável ao seu reequilíbrio emocional, cujo efeito se daria a partir do momento em que ele despertasse. Monteiro em poucos minutos entrava em sono profundo.

O instrutor Aldo voltou-se para a equipe de trabalho, a qual tinha a sua direção, e, percebendo o olhar interrogativo de Cícero, um espírito que ali se encontrava na condição de aprendiz, explicou:

- Monteiro deverá permanecer nesse estado, durante alguns dias. Enquanto isso, cuidemos das nossas atividades sem preocupação, porque, ao despertar, ele estará em relação com o efeito das revelações, numa espécie de inversão, já que é comum o espírito desencarnado vivenciar o efeito de ocorrências tempos antes, como se fossem no momento presente. Monteiro se lembrará de tudo com clareza, mas na condição de passado, como ocorre normalmente, com os encarnados. Essa indução vai permanecer durante algum tempo, o suficiente para o seu reequilíbrio. Mas ainda assim, podemos dar por certa a sua reação ao acordar, que será solicitar um encontro com Sandro e Elisa, porque a sua necessidade maior será, ante eles, tentar ser perdoado e apaziguar o íntimo, que se encontra em profunda dor moral, embora já entenda, a esta altura, que o benefício do perdão dos que sofreram a sua infeliz ação não o exonerará da culpa ante a própria consciência.

* * *

AO ACORDAR DO sono provocado, Monteiro não lembrava a razão, pela qual ali se encontrava. Assim, passou a olhar em volta, tentando se situar. Mas, ao ver o instrutor Aldo entrando no compartimento, onde ele se encontrava, despertou para a realidade. As lembranças lhe pareciam distantes, conforme a previsão do instrutor.

- Um sono profundo me venceu... E pelas lembranças que guardei da nossa última conversa, imagino ter dormido durante vários dias! Estou certo?

- Dormiu o suficiente para o restabelecimento do equilíbrio emocional - respondeu o instrutor, evitando entrar em detalhes.

- Lembro-me que a referida conversa foi sobre o que vi na tela, reflexo das minhas lembranças, mas nem tudo pude reter na mente, a não ser a informação de que Elisa e Sandro eram irmãos.

- Como se sente, agora, em relação a isso?

- Se antes eu já me sentia mal, imagine agora, ao saber que tentei contra a vida de inocentes? Diante disso, posso compreender o malefício do ciúme e da precipitação. Se eu pudesse, voltaria...

- Monteiro... - interrompeu, delicadamente, o instrutor. - O lamento, no seu caso, é uma consequência do arrependimento tardio e não ajuda, porque não há como mudar a característica dos fatos já ocorridos. Em vez disso, de posse da verdade, busque perdoar a si mesmo e seguir em frente com disposição de fazer o bem, o quanto estiver ao seu alcance - falou e esperou a reação de Monteiro, que veio rapidamente:

- O senhor sugere que eu perdoe a mim mesmo! E o sentimento de culpa, que faço com ele?

- Substitua-o pela prática do bem!

- Como posso perdoar a mim mesmo, se a minha condição atual é de um réu confesso?

- A prática do autoperdão consiste, dentre outros benefícios, dar a si mesmo a chance de reparar os erros cometidos, com o propósito de jamais os repetir. E, em paralelo, ensejar novas conquistas no campo da aprendizagem e do trabalho redentor, como ação do amor em favor do próximo e de si mesmo. Ao adotar este comportamento e pô-lo em prática, você estará dando os primeiros passos para o perdão, conforme explicação do divino Mestre. Não se enseja o perdão de Deus quem nega o perdão a si mesmo e a tantos quanto hajam lhe ofendido. Considerando que a reencarnação é uma expressão do perdão divino, ofertando nova oportunidade, busque o incentivo da compreensão e, com o impulso do amor, perdoe irrestritamente!

– Entendi perfeitamente o sentido da sua explicação e tenho certeza que, doravante, não pouparei qualquer esforço que seja necessário para adotar um novo comportamento. Parece até que despertei do longo sono, um pouco inteligente! Tanto que me sinto disposto e encorajado, para pedir, se for conveniente, um encontro com Sandro e, logo depois, com Elisa. Preciso ouvi-los, para saber o que sentem em relação a mim. Se ódio, antipatia, aversão... Se são capazes de perdoar o ato brutal do qual foram vítimas... Mesmo tendo consciência de que ser por eles perdoado não mudaria o meu débito perante a Justiça Divina, o bom exemplo me serviria de incentivo e apaziguaria o meu íntimo.

Depois de uma breve pausa, perguntou, interessado:

– Como você, respeitável irmão, avalia o meu pedido?

O instrutor dirigiu-lhe sorriso de simpatia:

– Antevi esse seu desejo. Amanhã mesmo tomaremos as providências para que isso ocorra com certa brevidade e você possa seguir, sem impedimento emocional, o direcionamento indicado para o estabelecimento do seu programa reencarnatório.

No dia seguinte, enquanto caminhavam ao encontro de Sandro, o instrutor Aldo observava Monteiro, que se mostrava silencioso e introspectivo. Diferentemente da última vez que ali haviam estado, naquele horário, as dezenas de cadeiras do salão se encontravam vazias, exceto a que Sandro ocupava, onde, aparentemente, observava algumas anotações sobre uma mesa.

- Vá, Monteiro! - incentivou Aldo, ao perceber que ele se encontrava receoso.

- Não vem comigo?! - perguntou, vacilante.

- A conversa é uma relação pessoal, assunto seu e dele. Abra as comportas do coração e deixe, sem receio, seus sentimentos jorrarem, sejam eles quais forem.

Monteiro, com as mãos trêmulas, seguiu a passos lentos, receoso de enfrentar a verdade, mas ainda assim não quis recuar como na primeira vez, quando ali mesmo estivera. Ao chegar junto à mesa, Sandro ainda se encontrava na mesma posição de antes. Depois de esperar alguns segundos, o visitante quebrou o silêncio:

- Respeitável expositor! - exclamou, cerimonioso.

Sandro dirigiu o olhar para Monteiro com total tranquilidade. Levantou-se, estendeu a mão e disse, enquanto o cumprimentava:

- Seja bem-vindo!

Em seguida, pegou uma cadeira, posicionou-a bem em frente à mesa e sugeriu:

- Sente-se. E sinta-se à vontade!

Diante da receptividade, surpreendido com a afabilidade de Sandro, Monteiro sentiu-se encorajado e começou a se expressar, embora, reticencioso:

- Surpreso, agradeço a Deus por essa sua reação bondosa para com um criminoso que interrompeu perversamente uma vida, quando você era ainda tão jovem e, certamente, aliviaria o sofrimento e ajudaria a preservação da vida de centenas de pessoas, através do desempenho da sua função de médico.

Parou de falar por instantes, mas Sandro encorajou-o:

- Diga tudo que deseja, sem receio!

- Aqui não me encontro para me desculpar diante de você, porque já reconheço a minha culpa. Mas preciso dizer-lhe que até ontem eu não tinha conhecimento de que Elisa tinha um irmão. Para mim, era ela filha única! E o ciúme que por ela eu sentia, segundo o instrutor Aldo, já se tratava de algo patológico. Tanto que, depois do ocorrido, durante o resto da minha existência e mesmo depois do túmulo, eu prossegui tentando amenizar a minha culpa, imputando sobre Elisa a causa da suposta traição. Você, para mim, não passava de um sedutor maldoso que soubera neutralizar as virtudes de Elisa, que eu sempre via com a pureza de um lírio. Essa crença me mortificava a cada dia, e a cada hora que eu vivia, fazendo-me odiar a vida, o que motivou a ideia do suicídio que, embora planejasse por várias vezes, não tivera coragem de praticá-lo. Mas a misericórdia de Deus, em paralelo com a bondade do instrutor Aldo, proporcionaram-me a oportunidade de conhecer a verdade propriamente dita.

Fez uma pausa, mas Sandro, percebendo que ele ainda tinha o que externar, esperou em silêncio.

- Agora aqui, diante de você - disse, retomando a palavra - , sinto-me numa situação muito difícil...

Parou de falar com a voz embargada, mas Sandro, novamente, encorajou-o, e ele, então, perguntou:

- Você já viu alguma vez um criminoso pedir perdão a sua vítima?

- Sim, eu mesmo! Posso dizer-lhe com sinceridade que não há nada a perdoar. Pois isso já o fiz, desde que cheguei aqui e tomei conhecimento de particularidades de uma existência anterior a essa última. Não justifica o ato em si, mas o fato de você não ter conhecimento de que Elisa tinha um irmão e de que se deixou dominar pelo ciúme, já considerado patológico, ameniza um pouco o remorso, situação que tem levado muitos à loucura.

Fez uma pausa e depois, com o olhar fixo em Monteiro, começou a narrar:

- No meu caso, durante todo o tempo de sofrimento que experimentei, não pude me apegar, absolutamente, a nada que significasse um alento, porque a minha ação foi voluntária. Na época, eu exercia a medicina e defendia, com toda energia, a eutanásia. Achava que o paciente terminal não deveria continuar sofrendo e ocupando no hospital o leito onde poderia estar um paciente recuperável. Mesmo sem qualquer permissão, eu resolvi pôr em prática esse procedimento. Observei todos os doentes terminais e, dentre eles, focalizei um rapaz ainda muito jovem, que havia contraído uma doença, considerada, na época, incurável. Consultei outros médicos, e eles foram unânimes na afirmação de que ele morreria, embora isso pudesse demorar até que a doença minasse o seu organismo. E por ele ser ainda jovem, poderia durar ainda alguns meses, mas que, de qualquer jeito, ele morreria.

Depois de observar o sofrimento que ele experimentava, eu tomei a decisão de abreviá-lo. Livrá-lo-ia dos tormentos da dor e desocuparia o leito, conforme disse. Pus numa seringa um líquido venenoso, e ele, que não gostava de injeção, olhou para mim e falou com a voz fraca, quase inaudível: "Doutor, por favor, mais uma, não! Eu já estou todo furado de agulha!"...

A narrativa de Sandro parecia deixar Monteiro ao mesmo tempo surpreso e perplexo. E seu interlocutor continuou:

- Insensível e determinado, perguntei ao jovem paciente se não desejaria se livrar das dores. E como sinalizasse que sim, eu disse-lhe que seria apenas mais uma furadinha. E quando o líquido começou a circular no sangue, ele, já quase sem forças para falar, dirigiu olhar direto para o meu rosto e balbuciou:

- Assassino! Assassino!

A partir daquele dia, eu perdi a tranquilidade e passei a sentir uma grande amargura, pois aquela palavra pronunciada por ele não saía da minha mente, onde quer que eu me encontrasse. Certo dia, que foi muito tormentoso para mim, desde a hora em que cheguei ao hospital para cumprir um plantão, até o final, eu ouvia aquela mesma voz ameaçando e acusando-me. Desesperado, pedi demissão do hospital e fui trabalhar em outro local, imaginando que assim estaria livre. Entretanto, foi mero engano. Sentindo que não tinha mais condição de clinicar, abandonei a medicina e, antes de deixar, pela morte, o corpo físico, cheguei a ser internado algumas vezes, num hospital de doentes mentais. Desencarnei com um pouco mais de três décadas de vida física, sem sequer, ter constituído uma família.

Silenciou, mas percebendo que Monteiro continuava atento a sua narração, prosseguiu:

- Ao deixar o corpo físico pela morte, fui atraído, sem qualquer resistência, para uma região do umbral, onde sofri durante muitos anos, até quando, arrependido da minha má ação, consegui direcionar os pensamentos e sentimentos a Deus e fui socorrido. Durante um longo tempo, nessa estância de recuperação, esforcei-me o quanto possível para tentar ou simplesmente ajudar a resgatar o espírito para uma possível convivência antes de reencarnar, mas ele, odiento, sequer quis me ouvir quando, por várias vezes, pedi-lhe perdão. Diante disso, ficou decidido que, como oportunidade de uma reeducação moral, eu voltaria à Terra, novamente seria médico e, como forma de aliviar a minha culpa, direcionaria o meu trabalho aos mais necessitados; deveria constituir família, com o objetivo principal de conviver com o referido espírito, o qual, seria conduzido ao renascimento como meu filho.

Depois de uma breve pausa, ele prosseguiu a narrativa, cuja intenção era ajudar Monteiro a compreender que o fato de ter cometido um delito não o tornava um ser abjeto, porque, se assim fosse, ele mesmo, Sandro, não estaria ali contribuindo como expositor, ajudando, amorosamente, a outros espíritos. A sua intenção era incentivá-lo à recuperação do apreço que se deve ter para com a vida, que, em quaisquer circunstâncias, não deixa de ser um dom de Deus.

- Renasci. Ainda criança, fiquei sem o carinho da minha mãe, que desencarnou muito jovem, e também do meu pai, que me internou numa instituição de religiosos, onde passei o resto da minha infância e a juventude, até quando, de posse do diploma de médico, como foi a minha determinação desde criança, comecei a exercer a profissão.

Frequentemente, eu sentia vontade de ajudar as pessoas necessitadas. Cheguei a fazer algumas visitas à periferia da capital paulista, excepcionalmente, onde a pobreza era quase extrema. E mesmo tendo percebido a grande necessidade da presença de um médico nos locais visitados, nada fiz, apesar dos reclames da consciência. Por outro lado, tomei a decisão de não constituir família, achando que, solteiro, teria mais liberdade para viajar e fazer, a meu gosto, tudo que desejasse.

Parou um pouco, respirou fundo e prosseguiu:

- A minha ida àquela cidade, que ainda não conhecia, não foi a passeio, mas por uma necessidade de buscar apoio junto ao meu pai e procurar ajuda, conforme orientação de uma pessoa da minha alta estima e de considerável conhecimento da obra de Allan Kardec, codificador do espiritismo. Minha busca era tentar amenizar o estado de perturbação mental, causado pela obsessão, o que já era notado pelas pessoas que me conheciam.

Terminou a narrativa, e, chegando onde desejava, explicou:

- Você, Monteiro, foi o instrumento que o espírito, ainda revoltado e odiento, procurava para perpetrar a sua vingança contra mim.

- Você, então, quitou o seu débito? - perguntou Monteiro com bastante interesse.

- Apenas passei pela situação que ele, o meu jovem paciente, havia experimentado, por ter desencarnado ainda jovem. Mas tenho, ainda, que conviver com ele, para apagar o ódio do passado, com o amor que haveremos de cultivar na próxima existência, no plano material, na condição de pai e filho. Para a qual, segundo os instrutores que conhecem a minha história, já me encontro em boas condições.

- Você afirmou que fui instrumento do espírito para agir mal. Por que eu?

- Seria qualquer outro que se colocasse nas mesmas condições psíquicas. Você se encheu de ódio, ciúme, sentimento de vingança. E o referido espírito, que me acompanhava na qualidade de obsessor, ao sentir as suas vibrações que coincidiam com as dele, estabeleceu a sintonia e ajudou-o com fortes induções. É possível, que, se você não vibrasse tanto no ódio gerado pelo ciúme, não teria agido de tal maneira.

- Bem. Eu estava odiento, e atraí o espírito; você tinha um débito e se encontrava sob assédio desse mesmo espírito. Tomando como base a afirmação do instrutor Aldo, de que segundo a Justiça Divina ninguém passa por nada sem merecer, pergunto: E Elisa, por que acabou se tornando vítima?

- É verdadeira a afirmação de que não se passa nada sem merecer, já que não há falha nas leis de Deus, as quais são perfeitas e imutáveis. Entretanto, não devemos por isso negligenciar o comportamento diante de determinadas questões. Se nós, eu e você que estamos desencarnados, temos consciência de que, por exemplo, não devemos adentrar a sós as regiões do umbral, por falta de preparo para tal, mas ainda assim teimarmos, correremos o risco de lá permanecer, até que recebamos por misericórdia o socorro de alguém, no caso, o instrutor Aldo. Se alguém dentre os encarnados já tem conhecimento ou é avisado de alguma situação que ameaça a sua integridade física, mas teima, será o único responsável pelos resultados da sua imprudência. Todavia, não devemos pensar da mesma forma, quando se trata de uma tragédia, como a que nos referimos.

Fez uma pausa e, em seguida, prosseguiu explicando:

- Ora, se Elisa foi aconselhada pela mãe, a não sair naquela noite, porque havia algumas ruas às escuras; se eu mesmo tentei remover a ideia, sugerindo deixar o passeio para o dia seguinte e ela prosseguiu determinada, logicamente poderia o fato, em referência a ela, ter um sentido bem mais importante do que uma simples teimosia, o que não nos convém especular, já que se trata de foro íntimo. Mas se você tem interesse em conhecer melhor este assunto, busque a cópia do original de *O Livro dos Espíritos*, parte terceira, capítulo dez, página 393, onde se trata da lei de liberdade, disponível na biblioteca da Estância. Entretanto, sugiro não o fazer, se sua intenção for descobrir algo que diz respeito, tão somente, a Elisa.

O encontro foi encerrado. Monteiro levantou-se da cadeira, com nova disposição e sinais de contentamento. Estendeu a mão, com palavras de agradecimento pelo modo fraterno com o qual fora recebido. Sandro, por sua vez, segurou firme a mão de Monteiro. E puxou-o para junto de si, abraçando-o e desejando êxito nas árduas tarefas porvindouras. Monteiro tentou, mas não conseguindo controlar a emoção, seguiu, assim mesmo, ao encontro do instrutor Aldo, que o aguardava em outra sala, em conversa útil com um espírito instruído em técnicas de reencarnação. Ao vê-lo, comentou:

- Percebo através do seu estado emotivo que o encontro lhe fez muito bem.

- Vim em busca do perdão de um suposto inimigo e ganhei um irmão e bondoso amigo!

- As rimas dos versos demonstram o quanto você pode assimilar do exemplo exposto por Sandro. Monteiro, meu irmão, a vida caminha e pede passagem, mesmo quando prestes a tropeços e quedas. Reerguer-se pela recuperação, curar-se pela ação do amor é próprio de quem cai e se levanta! Mesmo que ainda pela frente outras quedas ocorram, jamais se detenha, porque a situação de quem cai e não se esforça para levantar pode ser comparada a água apodrecida do poço, por falta de renovação.

Mesmo tendo ouvido a proveitosa lição do instrutor Aldo, o que poderia pelo menos lhe servir de bom ânimo, Monteiro passou a demonstrar insegurança:

- Essa etapa, que eu considerava difícil, foi coroada pelo melhor entendimento e sentimentos positivos. Mas em se tratando de Elisa, sinto temor, pois a situação é de grande seriedade! E diante disso, usando a sinceridade, afirmo que, se eu pudesse, me excluiria. Entretanto, sei que não devo, em que pese o embaraço que estou fadado a passar, pois, certamente, não encontrarei palavras para, ante seu coração, pedir perdão por meu ato. Porque a consciência me mostra que a minha situação não enseja qualquer tipo de condição apoiada em algo positivo, por causa da natureza do meu pérfido erro.

- Monteiro, eu não acho útil essa sua preocupação carregada de lamento! Não deve se esquecer do que disse Sandro a respeito dos erros que cometemos! Ainda se lembra? Em outras palavras, "que não devemos nos sentir seres inúteis e que não deixamos de ser filhos de Deus pelo fato de haver cometido erros". Pelo menos, foi o que consegui assimilar. Direciono a você o ditado muito usado entre os encarnados: "Mãos à obra!" Mas se ainda assim não se sentir firme, deixemos para outra oportunidade. A qual, você mesmo decidirá quando.

- Acato, de bom grado, a segunda sugestão.

- Entretanto, Monteiro, se não devemos correr contra o tempo, também não é bom desperdiçá-lo! Deve estar lembrado da pergunta que foi feita por Clóvis, quando o visitamos: "Por que, Monteiro, por quê?" Ele já concluiu todo o preparo para o renascimento e deve seguir à crosta da Terra, ainda esta semana, para esse fim. A resposta à pergunta feita por ele é sua. Que acha de o visitarmos para isso e dele nos despedirmos?

- Prefiro dar andamento a tudo que se refere aos meus deveres.

Seguiram rumo ao encontro. O candidato à reencarnação, intencionado a aproveitar o tempo, já que não deveria desperdiçá-lo, conforme entendera, comentou:

- Eu gostaria muito de saber algo sobre aquele paciente, no hospital, que tanto me acusou, por que ainda agora, depois de muito pensar no assunto, não consigo encontrar os motivos e sequer relembrar de qualquer coisa que me ajude a identificá-lo. Isso me aflige!

- Não vos preocupeis com o amanhã. Não basta a cada dia o seu labor? Quem disse isso? - perguntou o instrutor.

- Não sei... Algum santo?

- Já que você está usando a palavra "santo", eu digo que foi o santo dos santos, Jesus! Dá para você compreender a extensão deste ensinamento?

- Penso que não consigo alcançar o verdadeiro sentido.

- O divino Mestre quis nos dizer que quem se preocupa com o dia de amanhã, provavelmente não está se ocupando com o dia de hoje. A formação da palavra define o sentido: *pre* - antes. Ocupação - labor, trabalho. Assim, pudemos entender que, quem se ocupa por antecedência com o amanhã, que se encontra no sentido de futuro, deixa de laborar, quer dizer: agir... Trabalhar no presente. Você está se dirigindo ao encontro com Clóvis. Poderia estar pensando no que vai dizer e, principalmente, em como vai dizer, porque esta ação está no "hoje". O que se refere ao paciente no hospital, está para o "amanhã". Compreendeu, Monteiro? Através desse sábio ensinamento, nós podemos agir sem o desperdício de tempo.

- Então, a preocupação é um desperdício de tempo?

- Nada mais que isso!

Quando terminaram de falar sobre o assunto, já se encontravam no local, onde Clóvis os esperava, pois já havia sido avisado, com antecedência, pelo instrutor Aldo.

- Sejam bem-vindos! - disse ele com um agradável sorriso.

Depois dos cumprimentos, Aldo se dirigiu a Clóvis:

- Esta visita é do interesse de Monteiro que, já conscientizado da verdade propriamente dita, aqui se encontra para responder a sua pergunta feita com muito sentimento, durante o nosso último encontro.

- Doutor Clóvis...

- Desculpe interrompê-lo, mas, por favor, retire o "doutor" do meu nome, porque isso é apenas uma convenção humana - falou o homem que fora estudioso das leis, já desprendido dos títulos inerentes às atividades exercidas durante a vida material.

Monteiro, então, retomou a palavra:

– Sequer me sinto no direito de estar aqui na sua frente, pedindo a sua atenção, porque a verdade que me chegou, recentemente, desmontou todo o meu falso conceito sobre Elisa e Sandro em referência ao momento...

Ele evitou falar mais uma vez do acontecimento que envolveu todo grupo em sofrimento, e Clóvis apoiou:

– Melhor é parar de reviver as imagens.

– Eu que não permitia que qualquer pessoa do sexo masculino olhasse para ela, ao vê-la segurando a mão de um homem, para mim desconhecido, não tive dúvida naquele momento de que estava sendo traído pela pessoa que eu não só amava, mas chegava à veneração. Enlouqueci de ciúme, ódio... Talvez se eu já conhecesse a definição do amor, conforme Paulo de Tarso, ao afirmar convictamente que o amor é brando, é paciente, não exige... Talvez... É possível que as minhas reações fossem outras. Mas na obscuridade da minha ignorância, acabei condenando todos nós a um sofrimento inenarrável. Se sofri muito, desde aquela época, agora, apesar da bondosa ajuda do instrutor Aldo, saber que aquele homem que acusei por tanto tempo de sedutor se tratava de um irmão dela, foi motivo de dor moral tão profunda que até mesmo a esperança de poder reparar não consegue aliviar esse tormento.

Clóvis já tinha conhecimento dos acontecimentos. Só não sabia, ainda, a razão pela qual Monteiro havia assim procedido. Era o único do grupo que ainda não sabia, por orientação do instrutor Aldo, que achou ser bem mais proveitoso que isso ocorresse, num encontro dos dois, para facilitar a ocorrência do perdão e consequentemente a reconciliação, como acabou acontecendo.

– E você não sabia disso? Elisa não lhe disse que tinha um irmão?! – perguntou Clóvis, dando prosseguimento ao diálogo.

– Não! Eu a tinha como filha única. Entendo que isso não justifica o que fiz!

Depois de pequena pausa, ele prosseguiu:

– Há muitos outros detalhes, os quais, ouvi de Sandro, num encontro que tivemos antes de vir para cá, que não me cabe relatar, porque dariam ideia de que estou tentando me desculpar, quando já tenho consciência do meu grande erro!

– Sim, é melhor para todos nós dar por encerrada essa situação e procurarmos fazer jus à misericórdia divina, que nos faculta a oportunidade de voltar ao cenário do mundo, para o possível conserto do que fizemos errado e tentar a educação moral e o crescimento espiritual. Quanto a mim, Monteiro, fique certo de que não levo para a minha nova existência resquício de aversão, antipatia ou qualquer outro sentimento adverso ao amor que devemos fazer uso, para restabelecer a verdadeira irmandade. Creio que este é o pensamento de Sandro, de Elisa e também de Alba, pois, o que desejamos, doravante, é viver em paz com todas as criaturas e esperarmos que você tenha êxito na busca da redenção. Não perca o ânimo! No final da luta, você verá que valeu a pena.

Sentindo-se mais à vontade, por causa do tratamento fraterno de Clóvis, Monteiro fez o seguinte pedido:

– Gostaria muito, se pudesse e houvesse merecimento, de ver dona Alba, a quem eu, naquela época, considerava como santa, por causa da sua bondade!

– Alba, também, logo depois de mim, estará retornando ao círculo de lutas terrenas. Mas ela não se encontra aqui nesta Estância. Desde a sua desencarnação, vive numa colônia localizada em esfera superior. Mas se isso pode lhe fazer bem, poderei avisá-la do seu interesse. Todavia, não posso garantir que ela atenda ao seu pedido, pois isso depende das suas ocupações, que são muitas.

– Ficarei muito feliz se ela puder saber do meu sentimento de gratidão, neste momento que registro sérias dificuldades provindas das minhas obscuridades – falou Monteiro, constrangido.

– Dificuldades são meios para aquisição da necessária experiência. Mas importante é o sentimento de cooperação e de respeito que devemos guardar para com todos, sem distinção. Vá em frente, porque Deus não criou nenhum mecanismo de sofrimento eterno, como eu pensava antes quando seguia determinada orientação religiosa. Ele ama a todos os Seus filhos e, pelo que aprendi, sem distinção. E segundo esclarecimentos que tive acesso aqui, durante esta longa estada, Deus preenche com o Seu amor cada obra da Sua divina sabedoria, em todo o Universo!

O instrutor Aldo levantou-se, dando por encerrado o encontro. Monteiro se aproximou de Clóvis para se despedir e perguntou:

- O senhor me permite um abraço?

Clóvis posicionou-se e, em seguida, abraçou o visitante, apertando-o junto ao coração.

- Adeus! - disse Monteiro.

- Até um dia, quando Deus nos permitir! - respondeu Clóvis.

Até aí, a verdade estava sendo restabelecida, sem qualquer ação diversa ao perdão ou a paz, porque Monteiro estava lidando com espíritos que, embora houvessem sofrido muito os resultados dos seus graves erros, já portavam qualidades morais e amor suficientes para a desejada compreensão. Mas a sua principal tarefa ligava-se àqueles que se encontravam em regiões de dor e sofrimento moral, afetados pelo ódio direcionado a ele. Mas àquela altura, ele já tinha consciência disso, tanto que, retornando do encontro com Clóvis, caminhava do lado do instrutor, Aldo, em total silêncio, mas a mente repleta de cogitações:

- E Stela, que me odeia com profundas razões para isso? Como conseguirei reverter a situação, a ponto de adquirir a sua confiança e juntos tentarmos mudar também os pensamentos dos outros, inclusive daquele que fora seu pai?

Monteiro meditou profundamente e lembrou-se de Belmiro.

- Sim... Belmiro! A quem corrompi, comprando-lhe a consciência com um presente. Um carro, objeto dos seus sonhos. Por onde andará ele? E Osvaldo? Ah... Meu Deus! Quanta insanidade cometida por conta do meu egoísmo e ciúmes doentio. Osvaldo... Que fiz eu? Talvez ignore que eu não ordenei que o matassem. Mas deve ter chegado às paragens espirituais convicto de que eu fui mandante da sua morte...

Olhou para o alto e, vendo as estrelas brilhando, mudou repentinamente o pensamento:

- Oh, Deus! Vendo, neste momento, as primeiras estrelas surgindo no universo infindo, compreendo a tua grandiosidade, mas para mim, mísero ser, ainda é tão difícil viver que, se houvesse morte para o espírito, e se tu, Senhor, concedesse a mim oportunidade de escolha, eu optaria por ela. Sei que é covardia, mas a fragilidade não me permite armar-me de coragem e destemor para o necessário enfrentamento. Ainda assim, Senhor, já que não posso morrer, porque assim me criastes, socorre e ampara este teu filho pródigo, tal a história contada por Jesus Cristo e narrada, recentemente, para mim, pelo bondoso instrutor Aldo.

Ele terminou a prece silenciosa, e o instrutor Aldo, que percebia as imagens plasmadas pelos pensamentos do companheiro, disse:

- Confie sempre em Deus, mas procure confiar também em si mesmo. Porque, se não houver autoconfiança, quem vai acreditar em você, se você mesmo duvida?

Assustado ante a advertência do instrutor, Monteiro ponderou:

- Eu gostaria de fazer uma pergunta, respeitável irmão Aldo. Não precisa responder, se achar que estou sendo inconveniente ou se a resposta, por alguma razão, não deva ser dada: O senhor lê meus pensamentos?

- Onde eles estão escritos? - perguntou o instrutor, sorrindo.

Monteiro, então, respondeu:

- Não costumo escrever pensamentos meus em papel, mas acho que os escrevo na vida. Na minha maneira de viver.

Aldo respondeu sorrindo:

- Sim! Eles, realmente, estão escritos na sua maneira de viver, porque, antes de agir, pensamos e deliberamos a ação. Mas se você quer saber, quando pensamos, criamos imagens que possuem cor e som, e podem ser vistas. Elas demonstram a natureza dos pensamentos de quem as criou. Você deve ter alguma noção disso.

- Sim. Eu não sei como ocorre, mas eu vejo as imagens dos meus sentimentos de culpa, em relação aos erros cometidos. Não chegam a ter a mesma clareza das projeções na tela, conforme pude perceber.

- As projeções na tela apresentam-se com nitidez, por causa da tecnologia avançada dos equipamentos que usamos.

Depois de breve pausa, o instrutor Aldo falou paternalmente:

- Monteiro, você ainda vai permanecer aqui por um bom tempo. O suficiente para suplantar as dificuldades que se encontram aí em você mesmo e refletem nas que estão fora de você, transformando uma gota de água, num oceano, como o ditado usado pelos nossos irmãos encarnados. Por isso mesmo, vem se sentindo incapaz de resolver os seus próprios problemas. Mas chegará o dia em que você, antes mesmo de retornar à vida física, verá a vida por outro ângulo, através de uma ótica mais sensível e abrangente. Não tenha pressa! *Basta a cada dia o seu labor*! Não se esqueça disso - falou e seguiu para o cumprimento de outros deveres.

* * *

QUANDO SOZINHO, MONTEIRO costumava caminhar lentamente, às vezes pensando no que ouvia, ou simplesmente observando em sua volta, já que ainda não conhecia todo o lugar. Naquele momento, observava o que via em sua volta, como as edificações, as plantas ornamentais podadas de diversas formas, que falavam, por si mesmas, do amor externado pelas mãos artísticas de quem as cuidava. Numa delas, a que alcançava mais altura, via-se com impressionantes detalhes a imagem de Jesus. Ele se aproximou e, tocando as mãos na folhagem, falou, emocionado:

- Oh, Jesus! Ouço tanto falar em ti, em teus ensinamentos, mas ainda não te conheço. Falam que és grande e sábio, mas a minha obscuridade ainda não me permite ultrapassar os horizontes da ignorância. Mas, se um dia, Senhor, eu recuperar a dignidade e vencer as mazelas, eu pedirei que me ajude a conhecê-lo, até onde o merecimento me permitir.

Saindo do local, viu um banco, que tinha a forma oval e que, ao ser tocado pelos raios das estrelas, produzia um brilho prateado. Aproximou-se, sentou-se, mas levantou rapidamente. Permaneceu de pé em frente, observando, mas não constatou pela visão espiritual que havia alguém sentado no local. Assim, sentou-se novamente e começou a pensar:

- Oh, Deus, com és perfeito! Em tudo há a tua marca... Marca da beleza e da perfeição.

- A maior beleza é aquela que não vemos e nem tocamos. Mas sim a que sentimos. É o amor, obra-prima do Criador!

"Ouvindo isso numa voz feminina?" - indagou a si mesmo, visivelmente surpreendido:

- Quem me dera pudesse registrar pela visão presença tão agradável, que me deixa assim nesse estado de paz e alegria! Seja quem for, receba os meus agradecimentos, pela bela lição.

Em seguida, fechou os olhos e passou a agradecer a Deus, por todas aquelas oportunidades que vinha recebendo para o seu reequilíbrio moral. Surpreendido, viu uma luz que, de repente, foi aumentando, e em instantes tomava a forma humana, enchendo-o de admiração. Todavia, o que mais lhe impressionou foi perceber que, à proporção que a imagem ia se tornando mais nítida, os raios do foco de luz se concentravam no alto da cabeça da entidade visitante. Ao perceber de quem se tratava, Monteiro falou com todo o tom da voz, demonstrando toda a alegria do momento emotivo:

- Dona Alba! Que felicidade me proporciona a sua visita, que eu imaginava nunca ocorrer, pela minha falta de merecimento!

- Oh, meu filho! Você pediu e eu vim atendê-lo. Aproveito, entretanto, para torná-lo ciente de que não há em todos nós do grupo que compunha a nossa família qualquer resquício de ódio, mágoa ou aversão! E que o nosso interesse é que você progrida com a aprendizagem que está sendo disponibilizada e que suplante todas as dificuldades, aplainando os caminhos por onde, doravante, terá de passar.

Ela fez uma pausa e ele, que intencionava pedir perdão pelo erro que cometera, começou a falar, mas Alba, que era um espírito de considerável elevação, interrompeu-o delicadamente:

- Monteiro, não há necessidade de volver ao passado e remover escombros, quando a sua tarefa agora é livrar-se deles. O apóstolo Pedro, em sua epístola, afirmou que "o amor cobre a multidão de pecados". Sossegue o seu íntimo e procure se beneficiar desta e de tantas outras lições luminosas como "O amor a Deus sobre todas as coisas e ao próximo como a si mesmo" e nunca se esquecer de "querer para os outros, somente o que se deseja para si". E tudo isso nós podemos adquirir com o trabalho que, inicialmente, ajuda a corrigir as tortuosidades para, em seguida, distribuir o bem da paz e da alegria a todos. E, já que falei em trabalho, ele me exige a presença, e, então, deixo-o, rogando êxito e o melhor proveito dentro das suas possibilidades!

Monteiro estendeu a mão que foi ao encontro da mão diáfana de Alba e, ao tocá-la, sentiu que uma sensação de paz e de alegria tomava-lhe todo o íntimo.

- Adeus.

- Adeus, dona Alba!

Ao responder o cumprimento da bondosa entidade espiritual, ele já não a via, pois ela desaparecera rapidamente.

capítulo cinco

PERDÃO INCONDICIONAL

Sem amor, o perdão se torna tão inútil quanto o instrumento musical, sem a ação do músico.
Dizzi Akibah

JÁ HAVIAM SE passado três semanas do encontro que Monteiro tivera com Clóvis e conscientizado de que se quisesse seguir em frente, precisava prosseguir buscando soluções para as pendências, segundo as suas possibilidades, como já vinha ocorrendo. Mas a tarefa que tinha pela frente exigiria humildade, paciência e, acima de tudo, coragem, o que mais lhe faltava. Afinal, iria se defrontar, depois de muitas décadas, com Elisa, que havia sido sua esposa, mas que acabou sendo sua vítima, por haver interrompido a sua existência física quando era ela ainda muito jovem, conforme já narrado, antes. Por isso foi que, muito aflito, ele tentava encontrar meios pelos quais pudesse entrever uma postura que lhe proporcionasse a oportunidade de se sair bem da séria e aflitiva situação.

Assim, Monteiro passou a recordar os bons momentos que desfrutara ao lado dela, desde que a conhecera, mas, paralelamente, a tecer fios de ligação com a tragédia, causa de grande sofrimento para todos. E perguntou a si mesmo:

- Qual será a reação de Elisa, ante a presença do seu verdugo? Oh, Deus! Como se torna difícil continuar vivendo, quando se perde a dignidade!

Apesar de toda essa aflição e da insegurança que teimava em manter, ele foi procurar o instrutor Aldo, que, ao vê-lo, pôde notar sem dificuldade o estado íntimo que Monteiro se permitia, e, logo depois de cumprimentá-lo, aconselhou paternalmente:

- Não se deixe arrastar pelo pessimismo. Segure, com firmeza, as rédeas do próprio discernimento, para poder traçar o seu destino por caminhos menos ásperos; não se amedronte diante dos desafios, mesmo que se trate de algo sério, porque eles nada mais representam do que efeitos de causas, cujo autor jamais fugirá da responsabilidade. Se deseja efeitos moralmente saudáveis, melhore o nível das causas!

Depois de uma pausa para reflexão continuou, bondosa e pacientemente, aconselhando-o:

- Tente educar a sua mente e evitar especulações para o pior, como vem acontecendo, já que a tendência de tudo é sempre para o melhor. Não estrague as oportunidades de refazimento, ensejadas pela misericórdia divina.

E, após breve pausa, arrematou:

- Monteiro, tudo passa! Mas passa bem melhor quando agimos encarando a verdade propriamente dita, sem a autodefesa que tantas vezes não é mais que manifestação do egoísmo, anomalia moral que, quando não é extinta pela compreensão e pela boa vontade, tem que ser pela dor.

Estancou por instantes, observando a reação de Monteiro, e concluiu:

- Desarme-se, porque você não está indo para qualquer conflito, que necessite de autodefesa. Elisa, pelo seu comportamento exemplar e o seu sentimento de bondade, vem, cada vez mais, acentuando a sua iluminação. E você deve saber que a luz não clareia apenas a quem promoveu o brilho dos seus raios, mas a tantos quantos dela se aproximam. Assim sendo, não ensaie palavras, não pense no que vai dizer e nem sobre o que vai ocorrer, pois, onde chega a luz, desaparece a escuridão.

Tocado pelo brilho dos raios do amor, em forma de caridade moral, Monteiro despertou. Ele, que havia ali chegado abatido e amedrontado, mudara admiravelmente a postura. Isso exemplifica com clareza a eficácia do ensinamento de Jesus, quando afirmou que não teria vindo para os sãos e sim para os doentes. E Monteiro, que se encontrava na condição de réu confesso, carregado de pessimismo, era, sim, um espírito moralmente doente, que, ao receber do instrutor Aldo o remédio para todos os males da alma, que se chama amor, a sua visão em relação ao porvir clareou-se.

Clareara-se de tal forma que passou imediatamente a vislumbrar porvindouras tarefas não mais como cruzes pesadas e impossíveis de serem carregadas. Mas, sim, como deveres a serem obrigatoriamente cumpridos. Tanto que, a sua procura pelo instrutor, até chegar ali, tinha, inicialmente, a finalidade de pedir para adiar o encontro com Elisa. Mas, depois de se dessedentar com a água da vida, que jorrou pela simplicidade do instrutor, pediu:

– Sinto-me disposto e decidido a ir a esse encontro, agora mesmo, se possível!

Já que o local onde eles se encontravam era bem próximo do hospital, instituição destinada aos cuidados necessários para com espíritos recém-chegados e necessitados de reequilíbrio emocional, em poucos instantes eles já se dirigiam a uma sala onde se encontrava Elisa.

Aldo pediu a Monteiro que o aguardasse, e depois de dois toques na porta foi entrando na sala. Elisa, que se encontrava cuidando dos seus afazeres, ao ver o instrutor Aldo, sorriu contente. E foi logo falando:

- A visita de quem anda sempre tão atarefado me faz antever algo muito sério!

- Sim - respondeu ele, também sorridente. E explicou: - Trata-se de uma ajuda para uma possível mudança do estado psíquico de um dos nossos irmãos, em preparo para a volta. Tenho convicção de que isso ocorrerá, com o concurso de sua comprovada habilidade psicológica para lidar com desencarnados que aqui chegam.

Elisa sentiu um leve torpor roçar-lhe a face. Mas continuou ouvindo.

- Rogo que ocorra o mesmo com o recém-chegado que trago, para ter com você uma conversa. Penso que ele tem muito o que dizer, mas talvez nada diga. Contudo, estou certo de que terá "ouvidos de ouvir", como disse Jesus, para beber palavra por palavra, que seja por você pronunciada.

Aldo insistiu ainda:

- Pergunto, porém: está livre neste momento para isso ou deveremos deixar para outra oportunidade a seu critério, já que se trata de um atendimento que não estava previsto?

- Não pediria ao divino Mestre outra ocupação que não fosse a de servir. Se posso ser útil, útil serei. Traga-o, por gentileza, estimado irmão Aldo!

Instantes depois, Aldo retornava à sala com a mão sobre o ombro de Monteiro, infundindo-lhe bom ânimo, pois, apesar da reação positiva, naquele momento ele apresentava tremores nas mãos. Eram resquícios da insegurança que alimentara durante vários dias.

Ao perceber de quem se tratava, Elisa levantou-se, serena. Contudo, imprimia na fisionomia a seriedade do que, para ela, representava aquele encontro. Já haviam se passado muitas décadas desde que o vira pela última vez. Apesar do patamar evolutivo em que se situava e sua iluminação pelo amor, manifestado em trabalho em prol dos que ali chegavam, o fato não poderia ser diferente para ela. Fora ele seu esposo, com quem, durante os meses que conviveu, sentira-se ditosa ao seu lado. Mas a inversão do amor para o ódio, que ocasionou a tragédia, a sua condição de vítima que fora, e a dele, de algoz, exigia sim, seriedade.

Monteiro se posicionou na frente de Elisa, como se houvesse emudecido. Mas o olhar que ele mantinha fixo nela poderia ser interpretado como um ato de veneração ou simplesmente de admiração pela beleza que, mesmo sem intenção, ela irradiava. Elisa, por sua vez, também se mantinha silenciosa, mas observando atentamente as reações do visitante.

O instrutor Aldo, então, interrompeu o silêncio:

– Deixo-os à vontade, pois o assunto é de caráter particular.

Logo que o instrutor deixou a sala, Monteiro passou as mãos sobre os olhos, como se costuma fazer ao tentar enxugar lágrimas, e, em seguida, começou a falar lentamente, como se procurasse as palavras certas:

– Antes de qualquer outra coisa que a minha situação atual me permita expressar, desejo exteriorizar o meu profundo respeito a sua superioridade moral e espiritual, conforme fui informado pelo instrutor Aldo. E, diante disso, entendo que há uma distância enorme entre mim, que me encontro ainda rastejando como um verme errante, e você, cuja luz brilha, não somente para si mesma, mas sobretudo para tantos quantos de você se aproximam. Não relataria e, sequer, ousaria falar sobre o quanto fui feliz ao seu lado, pois a minha condição é de verdugo que perdeu a dignidade, mas que tem que continuar vivendo, por causa da imortalidade do espírito e que, embora sem qualquer merecimento, alimenta o desejo, como força para continuar vivendo e principalmente para a necessária restauração íntima, de obter da sua bondade qualquer expressão que possa ser interpretada como perdão.

Parou de falar, demonstrando na fisionomia profunda tristeza.

Elisa, que continuava também de pé, posicionou a cadeira mais próxima, para se sentar, e sugeriu:

– Sente-se, Monteiro!

Ele sentou-se, na expectativa de ouvi-la, mas, percebendo que ela continuava em silêncio, voltou o olhar na sua direção, e, notando pela expressão fisionômica que ela continuava receptiva, adotou uma postura cerimoniosa de quem se sente pequenino, diante de alguém, cuja superioridade não deve ser ignorada. E voltou a exteriorizar os seus sentimentos:

– Desejo que saiba que não me encontro aqui diante da Elisa do passado, mas de uma orientadora. A situação momentânea pode ser comparada à do paciente ante o médico; do discípulo perante o mestre e do obscuro diante do sábio. Na condição de paciente, o instrutor Aldo vem administrando, como médico eficiente, o remédio chamado verdade, me ensinando, pacientemente, o que tenho condições de assimilar. Na condição de obscuro, estou sendo aos poucos despertado para os ensinamentos de Jesus, cujas lições deverei pôr em prática junto a tantos outros que prejudiquei e se encontram em situação de sofrimento, em regiões semelhantes à que permaneci muitos anos. Estou consciente de que não porei nos ombros apenas um fardo, mas vários fardos, que me pesarão e me exigirão muito esforço, coragem, autoconfiança e toda confiança em Deus, para suportar o peso até o final da jornada, como me conscientizou o bondoso instrutor Aldo...

Fez uma pausa, tentando controlar a emoção, e retomou em seguida:

– Mas, felizmente, já os encaro como deveres que devem ser cumpridos. Entendo que o preparo para isso demanda, ainda, muito tempo aqui na Estância. E quando chegar à Terra, pela via misericordiosa da reencarnação, você já estará no corpo físico, conforme fui informado. Assim, peço, por compaixão, mesmo sabendo que não mereço e que nada me dá a certeza de que poderei reconhecê-la na nova roupagem física, que, enquanto estiver por lá, caso encontrar alguma vez um pai de família com muitos filhos, também muito pobre e sobrecarregado de problemas com eles, por favor, não lhe negue uma palavra de conforto, pois, esse pai poderá ser eu mesmo.

Calou-se, abaixando a cabeça, desviando o olhar, que até então estivera sobre o semblante calmo da ex-esposa.

Elisa, depois de observar Monteiro por alguns minutos, cabisbaixo e entristecido, sentiu uma forte onda de amor fraterno e, em seguida, uma doce paz tomou-lhe a mente.

– Monteiro... – começou a falar. – Não se mortifique, não se desvalorize e não maldiga a si mesmo, em função de uma superioridade que atribui a mim, o que não devo aceitar, pois reconheço que sou, apenas, um ser que busca, como todos, o caminho que conduz à paz, à alegria de viver, à iluminação e à felicidade plena, a que estamos fadados, na condição de filhos de Deus. E, para isso, escolhi, por enquanto, o exercício do trabalho. Não sou sábia, como a comparação feita na sua fala, há pouco. Apenas me preparei com vontade e satisfação para estas tarefas, desde que aqui cheguei, incentivada pelos instrutores desta Instituição, como ocorre atualmente com você mesmo. Assim, dentro desse princípio de compreensão já estabelecido em minha mente e tomando parte na minha personalidade, onde quer que eu me encontre, seja qual for a situação que eu experimente, será essa a minha atitude diante de qualquer criatura, cuja necessidade, seja o perdão, verdadeira terapia do amor, o que já direcionei para você, sendo inclusive essa, a minha primeira experiência, quando ainda me encontrava recebendo instruções relativas ao assunto.

Elisa parecia uma deusa em mármore, tal a sua serenidade e a postura de quem aprendera a controlar as próprias emoções. Percebendo que seu interlocutor se encontrava mais calmo, prosseguiu, confiante:

– Tranquilize o seu íntimo em relação a isso, pois nada mais tenho a perdoá-lo, pois já o fiz, irrestritamente, com toda a sinceridade do meu ser. No que diz respeito a uma possível colaboração nas suas futuras tarefas, no plano material, para onde brevemente já estarei indo, servir será o maior sentido do meu retorno ao corpo físico, por livre e espontânea vontade. Para facilitar, os espíritos que laboram no processo reencarnatório propuseram um corpo físico apropriado à mediunidade e, com os conhecimentos do evangelho e da doutrina dos espíritos, espero não faltar com a minha humilde colaboração, para com todos que me procurarem, e que eu disponha dos meios necessários para ajudá-los. Assim sendo, se estiver você, dentre eles, fique certo de que terá, também, a minha colaboração e o meu apreço.

Parou por alguns instantes e, depois da breve pausa, continuou a expor, com carinho:

- Não vejo em ti um ser abjeto, como você se autodefine, baseando-se em enganos aos quais, todos nós, estamos suscetíveis durante a trajetória evolutiva. Mas, sim, alguém que me proporcionou muita alegria, pois, durante os poucos meses em que o tive ao meu lado, senti-me venturosa. Entretanto, como eu mesma, você deve estar consciente do que se passou. Foi uma experiência que vivemos numa época, como em tantas outras, que já passaram e tantas mais que ainda virão, de várias maneiras, pois tudo isso, graças a nossa obscuridade, faz parte da vida, do viver e do conviver, na tentativa de se encontrar o caminho da paz, "pelo amor a Deus sobre todas as coisas e ao próximo como a si mesmo", conforme Jesus.

Nova pausa. O silêncio era profundo. Elisa contemplou Monteiro, que continuava bebendo as suas palavras, como havia aconselhado, há pouco, o instrutor Aldo, e prosseguiu:

- Sigamos em frente, meu querido irmão, cada um na sua tarefa redentora! Estaremos na Terra, onde chegaremos alheios pelo esquecimento, a todas as pretéritas cogitações do próprio viver, como ocorre neste momento. Contudo, serão sentidas como tendências. Esquecer e recomeçar sempre! Aprender e crescer! Amar e autoiluminar-se! Eis o nosso destino. Por enquanto, carregue as suas cruzes, conforme afirma. Mas não imagine que serão tão pesadas como as vê agora, já que ainda sequer experimentou. Mas seja como for, aja com paciência, porque nenhuma situação de aprendizagem, seja pela dor ou mesmo pelo amor, se eterniza, pois se trata apenas de uma situação que cederá lugar a outras e mais outras, porque o espírito estará aprendendo, indefinidamente! Siga em frente, mas jamais se esqueça das lições luminosas de Jesus, que são códigos eternos de bem viver. No final da dor, da lágrima e do suor derramado no esforço empreendido, virá a ventura. Vença! Vença com toda coragem e empenho, conforme o incentivo do nosso querido instrutor Aldo.

Elisa fez significativo silêncio. Monteiro, que se sentia refeito e bastante alegre, disse-lhe:

- Elisa, aqui cheguei, receoso, pois não imaginava encontrar, depois de tanto sofrimento que lhe causei, tanta bondade e compreensão! Creia que, até o momento, esta foi a melhor lição de vida que recebi e tentarei retê-la e nunca esquecê-la. Quero desejar que seja feliz e muito venturosa na sua próxima existência e que Deus a livre de unir a sua vida à de um homem egoísta e portador de uma patologia moral, muito séria, que se chama ciúme!

Elisa levantou-se, dando por encerrado o encontro, e Monteiro, já de pé, estendeu a mão, timidamente. Ela, entretanto, depois do aperto de mão, abraçou-o fraternalmente e disse, sorrindo:

- Não deixe os fardos caírem dos ombros, antes de completar a jornada! E que Deus nos permita a concretização dos nossos propósitos, embora por caminhos diferentes.

- Adeus, Elisa!

- Adeus, Monteiro.

Ele saiu da sala sentindo uma nova alegria em seu íntimo e, ao se encontrar com o instrutor Aldo, demonstrou a satisfação que sentia, através de um sorriso: pura alegria!

- Percebo que tudo que alimentava o seu temor, cedeu lugar a uma construção mental favorável aos seus planos.

– Não há dúvida, pois me sinto outro, e só agora convicto de que vivi, mas não convivi, como seria o ideal, ao lado de uma pessoa de tamanha nobreza, porque minha atenção se prendia muito mais na admiração da sua beleza física, e, por isso, eu chegava até à veneração. Por ter adotado esse comportamento equivocado, perdi a grande oportunidade de crescimento e melhoria moral. E para isso, bastava me deixar contagiar pelos seus exemplos. Mas, agora, já que destinei a vida para outro polo, desejo assumir com responsabilidade o resultado dos meus erros, buscar melhoria moral e distribuir os bens da vida entre todos que estiverem ao alcance das reais possibilidades. Farei isso, não só por mim mesmo, mas, sobretudo, em homenagem a ela, pela sua bondade. Pois, tendo à sua frente o algoz que destruiu a sua vida física, as suas esperanças e os seus sonhos de jovem, não demonstrou, durante toda nossa conversa, qualquer sinal de impaciência, de intolerância, nem por gesto e nem por palavras, qualquer coisa que eu pudesse compreender como acusação. Não lamentou e nem condenou! Portou-se com naturalidade, dando-me a melhor e mais valiosa lição de vida, a qual faço questão de não só retê-la mas pôr em ação, para nunca mais esquecê-la.

– Vencida mais uma importante etapa, tratemos agora de traçar os novos planos para que você comece de imediato os cursos de preparo para a sua reencarnação e treinamentos indispensáveis à busca de todos aqueles cujas vidas foram desviadas e lhe fazem odientas acusações. Ainda nesta semana, você estará sob os cuidados de Sandro. O conteúdo do curso é considerado de grande importância.

Tão disposto se encontrava que acabou se lembrando de que faltava ainda o encontro com o paciente do Hospital dos Recém-Chegados:

– Não creio, respeitável irmão, que tenha esquecido de que há, ainda, uma pendência!

– Sei do que fala, mas essa tarefa fica adiada para um momento mais apropriado, uma vez que, desde a primeira visita que fizemos por lá, você tem conseguido mudar, consideravelmente, o seu entendimento sobre a vida. Ele, o seu desafeto, também, depois do desabafo, quando externou o que estava no íntimo fazendo-lhe mal, vem apresentando uma boa melhora. Estou convicto de que, diante desse novo quadro, este encontro será bem mais proveitoso para o desejado entendimento.

- Aceite a minha gratidão por mais esta importante ajuda que acabo de receber - disse Monteiro, tentando agradecer ao instrutor Aldo.

- Monteiro, agradeça a Deus e a você mesmo! Devo procurá-lo sem demora. Enquanto isso, continue repassando a lição "não julgueis para não serdes julgados", conforme asseverou o divino Mestre.

capítulo seis

RESOLVENDO PENDÊNCIAS

Querer não é poder, desde que nos falte o merecimento.
Dizzi Akibah

PASSADOS ALGUNS DIAS, desde o encontro que tivera com Elisa, Monteiro, não conseguia esquecer a forte emoção que a sua presença causara ao espírito que se encontrava internado no Hospital dos Recém-Chegados.

Apesar da informação do instrutor Aldo, de que o melhor momento ainda viria, ele resolveu ir sozinho ao local. Mas, lá chegando, foi informado de que o referido paciente, devido a considerável melhora que apresentara, fora liberado, e que já se encontrava recebendo treinamento na prática de uma atividade.

Depois de se certificar sobre o local, ele seguiu disposto a enfrentar a situação, mesmo que lhe fosse embaraçosa.

Lá chegando, foi conduzido sem qualquer dificuldade, ao seu desafeto, que, ao vê-lo se aproximando, parou, contrafeito, o que estava fazendo e bastante surpreendido permaneceu na expectativa do que iria ocorrer. Monteiro, por sua vez, aproximou-se receoso e, ainda a certa distância, falou em bom tom:

– A paz, com Jesus!

Eurico meneou positivamente a cabeça e, sem pronunciar qualquer palavra, continuou na expectativa.

– Vim procurá-lo – falou Monteiro, gaguejando. – Vim pedir que, se for da sua vontade, diga-me por caridade o que fiz de mal contra você, uma vez que sequer me lembro de lhe ter conhecido durante o tempo que permaneci na Terra. Creio que o melhor agora para nós, já que nos encontramos com a consciência mais desperta, por causa da situação de desencarnados, é que a nossa disposição seja focada no sincero interesse de resolver as pendências para seguirmos em frente, já que, sem dúvida, deveremos retornar ao mundo para mais uma existência. É bem mais proveitoso que lá cheguemos em condições de uma convivência pacífica, embora as diferenças.

Depois de observar a expressão amistosa de Monteiro, Eurico desarmou-se emocionalmente e, saindo do estado íntimo de defensiva, começou a falar:

– Eu havia chegado, recentemente, à cidade, intencionado a instalar um pequeno comércio, com o objetivo de parar com as constantes viagens que a minha atividade como caixeiro viajante exigia. Solteiro e ainda muito jovem, idealizava fixar residência no lugar e constituir família. Essa decisão se tornou ainda mais séria, logo que conheci uma jovem que era muito bela, mas o que me chamava mais a atenção era o seu bom comportamento e a sua dedicação amorosa aos pais e irmãos, por quem ela era, também, tratada com muito carinho e mimo. Ciente de que o meu interesse coincidia com o dela, tratei de conversar com os seus pais e pedir consentimento, para nos conhecermos melhor e, assim, podermos tratar do nosso futuro lar.

Parou de falar, por instantes, por causa das lembranças carregadas de sofrimento e inconformação. Em seguida, falou com a voz trêmula:

– Mas, certa feita, eu me encontrava arrumando as mercadorias na casa comercial que seria aberta em poucos dias, quando fui detido pela polícia e levado a uma delegacia, onde recebi, surpreso, uma acusação de roubo. Apesar de explicar que eu era um cidadão honesto, fui espancado e jogado dentro de uma cela, onde não existia, sequer, uma cadeira para sentar, um cobertor para amenizar o frio. Foram dias de sofrimento, de vergonha e de pavor. Um mês depois, o delegado resolveu me restituir a liberdade, mas, àquela altura, eu não era mais a mesma pessoa. E, além disso, a ordem severa era que eu desaparecesse da cidade se não quisesse retornar à prisão. Ainda assim, fui à casa da jovem, para explicar que tudo se tratava de um engano... Uma calúnia! Mas ela me informou que a pessoa que havia me denunciado como ladrão se tratava de alguém de bom conceito na cidade e de merecido crédito. E que, por isso, os nossos planos estavam desfeitos e que, enfim, eu não deveria mais procurá-la. Saí dali sentindo-me derrotado, sem sequer ter um amigo, que me defendesse ou me prestasse um simples apoio, pois eu era tido como forasteiro, já que não havia ainda me relacionado com as pessoas do lugar. Decidi, mesmo me arriscando, a só deixar a cidade depois de descobrir quem havia me caluniado tão impiedosamente e por que teria feito isso, o que não foi difícil, pois ele logo, logo passou a frequentar a casa dela. Concluí que toda farsa e toda maldade partiram não só do interesse nela, mas, sobretudo, para evitar a abertura de uma nova casa comercial, já que na cidade ele era o único comerciante.

Fez nova pausa e, em seguida, voltou à narração.

– Fugitivo como ladrão, derrotado nas minhas melhores intenções, sem poder reagir e, assim, sem ânimo para continuar vivendo, armei um laço no galho de uma árvore e dei fim à existência. Depois de sofrer por longos anos em regiões tenebrosas, onde para esse tipo de dor não há paliativo, aqui me encontro tentando me recuperar, a ponto de poder retornar à Terra para uma nova existência, que poderá ser, também, muito sofrida, pois o corpo físico que receberei, pela reencarnação, poderá também ser deformado, frágil ou doente, por causa do suicídio. Mas a minha maior preocupação é que fui informado pelo instrutor, que bondosamente está me ajudando, de que terei que renascer como filho do próprio caluniador, para amenizar a animosidade criada e aprofundada no íntimo, com o possível cultivo do amor entre pai e filho.

Fez nova pausa e disse ainda:

- Fui fraco, sei que sim. Fui covarde, também estou ciente que sim. Mas para compreender o meu sofrimento, só alguém que já tenha passado por algo parecido. Pois a calúnia é um veneno que destrói a alegria, a esperança, tornando a vida amarga e repleta de sensação de desencanto, como experimentei. Talvez se, na época, eu já conhecesse uma das mais belas e significativas lições de Jesus, teria resistido a tudo sem perder o equilíbrio... A dignidade... A paz!

Parou de falar, visivelmente abatido, e Monteiro, então, perguntou:

- Pode me dizer, por favor, a que lição de Jesus você se refere?

- Orai pelos que vos caluniam.

Com os olhos esbugalhados, tal o assombro e a tristeza com que se deixava conduzir, embora não lhe fosse dirigida diretamente ou claramente qualquer acusação, Monteiro sabia que o caluniador, referido por Eurico, era ele mesmo. Sabia também que a jovem era Stela e que, realmente, ele havia acusado Eurico sem, sequer, conhecê-lo pessoalmente, por causa de interesses, os quais não justificavam a maldade e a covardia com que agiu.

Lembrava também ali de que por várias vezes a consciência despertou-o para voltar atrás e inocentar Eurico. Mas dava de ombros, pouco se importando com ele, que, pela sua ótica distorcida, tratava-se apenas de um forasteiro, que, além de pretender a bela Stela, poderia crescer como comerciante e passar a concorrer com ele, o que não admitia. Mas naquele momento, sendo forçado pelas circunstâncias a suportar a dura verdade, não havia alternativa senão reconhecer a sua total responsabilidade por todo o sofrimento de Eurico.

Assim compreendendo, voltou-se para ele e disse-lhe:

- Eurico... Não tenho o direito de pedir perdão, por reconhecer que fui irresponsável, maldoso, insensível e desumano com você. E - claro! - comigo também. Se você sofreu muito, mas já começa a se sentir aliviado, sou eu que sofro, agora, de vergonha de mim mesmo. Gostaria muito de mudar tudo isso, mas não saberia o que fazer, pois estou me sentindo condenado a um grande suplício, o qual carregarei como uma cruz pesada por muito e muito tempo. Só Deus sabe o que devo fazer agora!

Parou por instantes e em seguida voltou a falar:

- Mas já que o instrutor informou que você deverá renascer como filho de quem arruinou a sua vida, peço que não relute em aceitar, porque, mesmo que você renasça num corpo deformado, doente ou deficiente, eu cuidarei de você. Carregá-lo-ei nos meus braços, trabalharei corajosamente para alimentá-lo e farei todo esforço para ser um pai que ama, realmente, os seus filhos.

Fez mais uma pausa e asseverou:

- Cultivar o amor fraterno, para uma convivência com dignidade, é o único caminho que temos!

* * *

LOGO QUE DEIXOU o local, Monteiro lembrou-se imediatamente do instrutor Aldo e só aí compreendeu que deveria ter aguardado o melhor momento, conforme havia sido orientado; que a impaciência sempre acaba levando a não fazer bem feito aquilo que poderia ter um resultado satisfatório; que a indisciplina em relação às orientações necessárias, que vinha recebendo para o seu refazimento, não ensejava êxitos e que, antes de tudo, era preciso aplainar o caminho, quando se anseia atingir o alvo desejado.

– Vim procurá-lo – disse Monteiro, no dia seguinte, ao instrutor Aldo. – Isso mesmo... Vim procurá-lo para pedir desculpas por não ter seguido a sua orientação de aguardar o melhor momento para o encontro com Eurico, o paciente que se encontrava internado no Hospital dos Recém-Chegados.

Parou de falar, mas percebendo que Aldo se encontrava atento e na expectativa do que ele queria dizer, narrou, detalhadamente, a conversa que tivera com Eurico, o seu suposto inimigo. E concluiu, demonstrando arrependimento:

– Reconheço que não deveria ter agido por conta própria, porque a minha situação atual é comparável à do náufrago que ainda se encontra em processo de socorro.

– Nada a desculpar, pois antevi o uso do livre-arbítrio, uma vez que a sua ação por conta própria denota que experiências adquiridas no pretérito começam a emergir, dando-lhe autonomia para agir sem intervenção de outrem. Posso garantir que você se saiu relativamente bem e, por isso, deve recuperar a tranquilidade.

– As suas palavras me deixam realmente tranquilo, porque, diante de tanta dedicação e paciência que venho recebendo, sem nada ter feito para merecer, sinto-me no dever de agir, pelo menos, de modo a não lhe desagradar.

– Não conte com esse pensamento desnecessário, porque você não conseguiria desagradar a mim, mesmo que fosse essa a sua intenção.

Monteiro sorriu contente, e Aldo, depois de acompanhá-lo no gesto agradável, começou a falar:

– Sorria sempre, Monteiro, seja qual for a situação que você esteja experimentando, porque o sorriso pode ser considerado o mais eficiente meio de comunicação, indiferente ao idioma, à nacionalidade, raça e a quem quer que seja, se conhecido ou aparentemente estranho. O sorriso espontâneo é uma prova inequívoca de que as pessoas, naquele instante, encontram-se na mesma vibração, o que gera a sintonia momentânea. O sorriso espontâneo é o gesto mais eficiente de comunicação, universalmente usado entre os habitantes da infinidade de mundos que circundam outras infinidades de estrelas, espalhadas ordinariamente pelo Universo infindo, assim como faz a natureza divina, que sorri através da manifestação da beleza expressa no colorido das pétalas e do perfume exalado da flor. No canto do pássaro, no ruído do sopro do vento, no soar das águas que rolam rio abaixo e na inquietude das ondas do mar acariciando a areia da praia, aquecida pelo beijo quente dos raios solares, encontra-se o sorriso do divino criador da vida.

O instrutor silenciou, dirigiu o olhar para Monteiro, que, demonstrando satisfação pelo que acabava de ouvir, sorriu contente. E Aldo também expressou alegria originada da certeza de estar trilhando caminhos que conduzem à iluminação, à felicidade plena e à alegria perene do espírito, quando atinge a tão desejada situação de pureza.

Depois de instantes vivendo esse bem-estar, Monteiro perguntou:

- Por favor, pode me dizer o que é o sorriso?

- Apenas para o seu bom entendimento, que é a maneira de dizer, sem palavras, que estamos intimamente bem. Quanto ao seu mecanismo psíquico, que requer estudo aprofundado, teríamos que recorrer à psicologia espiritual, para esclarecimentos mais aprofundados.

Depois de mais uma pausa, aproveitando o bom momento, o instrutor Aldo estendeu a mão na direção de Monteiro, entregando-lhe algumas anotações e paralelamente falando:

- Superado dentre os mais próximos, o último obstáculo, é hora de começar um estudo de preparação, para, a partir da avaliação final do seu aproveitamento podermos elaborar o seu programa reencarnatório, no que diz respeito à colheita do que já foi plantado, e ao possível avanço que poderá ocorrer através de novas experiências.

Monteiro dirigiu o olhar às anotações e começou a ler em voz alta:

- Convivências humanas abrangentes ao lar, por necessidade de ajustes; a família, incluindo parentes diversos; a sociedade, onde se locomove, que abrange direitos e deveres; respeito ao direito do outro e às leis vigentes do país, onde ocorrerá a reencarnação, com a finalidade de combater o egoísmo; desenvolvimento moral com foco nas lições luminosas de Jesus, sobretudo, a compreensão sobre o perdão, o amor ao próximo e a Deus sobre todas as coisas, ensejando a aquisição do equilíbrio emocional, com destaque para a paciência, a tolerância, a caridade, o sentido e os efeitos benéficos do combate ao orgulho, a consequente aquisição da simplicidade e tantos outros tópicos contendo vários detalhes.

Depois da leitura, Monteiro voltou-se para o instrutor e perguntou:

– Tudo isto?!

– Apenas isto – respondeu, sorrindo, e prosseguiu explicando: – Este conteúdo é simplesmente o básico, direcionado ao preenchimento das suas prováveis necessidades, durante a sua nova existência. Dedique-se com todo carinho e atenção, porque de acordo com a sua atual situação, você vai precisar sempre desses conhecimentos, para poder discernir diante das situações que certamente se defrontará. Entretanto, tendo você direito de escolha através do livre-arbítrio, pode decidir se deseja, ou não, se submeter à aprendizagem, porque não se trata de uma imposição, mas de sugestão, já que, faz bem melhor quem já sabe o que faz e como faz.

– Segundo a informação que me foi dada por você, respeitável instrutor, em as atividades que vou desenvolver, creio que não vou usar nenhum destes conhecimentos. Estou pensando certo ou errado?

– Nem certo e nem errado propriamente dito, mas, sim, você está denotando falta de percepção e entendimento. Nenhuma das citadas lições diz respeito à atividade profissional. São lições em prol do desenvolvimento moral, indispensáveis, principalmente a você mesmo, que vai viver boa parte da sua nova existência, colhendo o que já plantou. É preciso robustecer a personalidade e o caráter, que, quando formado com maior número de qualidades positivas, recebe a denominação de bom caráter. Quando, com mais qualidades negativas, é o que se chama de mau-caráter!

- E se eu não quiser? - perguntou Monteiro, que, apesar de ter antes demonstrado disposição, depois de conhecer a extensão do conteúdo do curso, passou a tender mais para o não do que para o sim.

- O prejuízo será não só seu, mas sobretudo de Stela, que será a sua esposa e de todos aqueles que chegarão ao seu lar na condição de filhos, parentes, amigos, vizinhos, enfim a sociedade onde você irá se movimentar. Na verdade, cada criatura é uma peça importante do mecanismo social onde vive. E todo mecanismo sofre avaria, quando uma peça, por simples que pareça, passa a não funcionar a contento.

- Mas não existem erros cujos resultados são tão somente sentidos em quem os pratica? - perguntou Monteiro, demonstrando que se encontrava cheio de dúvidas e inseguro para o conteúdo do curso que, para ele, naquele momento, era extenso e difícil.

- Muitos que assim pensam, quando são aconselhados a mudar o comportamento, respondem que isso diz respeito somente a eles mesmos. Como exemplo, citamos o uso da bebida alcoólica, do tabaco e de tantos outros vícios, causas de suicídio indireto, cujos praticantes, ao serem aconselhados a mudar os rumos da vida, tentam, com uma postura equivocada, justificar o erro, afirmando que o mal atinge tão somente a eles mesmos. Mas se enganam, sem se darem conta de que estão adotando uma atitude egoísta, já que ninguém, por muito difícil que seja de se conviver, não deixa por isso de ter alguém que o ame. E quem ama, sofre com o a dor do outro.

- Nesse caso, todos nós estamos, de certa forma, interligados?

- Sim, Monteiro! Já o disse quando falei, há pouco, sobre o mecanismo da sociedade. Isso ocorre porque todos precisam, ao mesmo tempo, de todos.

- Mas, no mundo, os que dispõem de muito dinheiro não precisam de favores, já que podem adquirir tudo que desejam, em termos materiais.

- Pode-se ter o dinheiro. Mas quem fabrica o móvel que proporciona conforto no lar? Quem pesquisa e fabrica o medicamento para eliminar ou aliviar determinados sofrimentos físicos? Nesse mesmo sentido, faríamos dezenas ou centenas de perguntas. Entretanto, basta pensar em alguém que por si mesmo tenha construído a sua casa, os seus móveis, fabricado os medicamentos para o próprio uso; produzido energia para uso doméstico ou industrial; canalizado a água para o seu consumo no próprio lar, sem participação de outrem. Na prática, isto não funcionaria. Assim, podemos concluir que, mesmo dispondo do dinheiro para todas essas finalidades, não se exime da dependência de quem labora no dia a dia em prol de todos esses bens e condições, que se tornam disponíveis, para a vida material. E, em relação à vida espiritual, quem já não necessita de orientação, por já se ter iluminado, deve ter contado para isto com a ajuda e a orientação de quem porventura já tenha percorrido os mesmos caminhos para chegar onde se encontra. Portanto, caro Monteiro, reafirmo que todos dependem, sim, de todos, simultaneamente!

Depois de silenciar por instantes, Monteiro, sorrindo, satisfeito, agradeceu ao instrutor Aldo pelo esclarecimento, pois se tratava de um tema muito importante para ele, já que, na última existência, costumava afirmar que não precisava de ninguém, porque tinha dinheiro de sobra para comprar e pagar.

* * *

OUVINDO NO DIA a dia, atentamente, o instrutor Aldo, Monteiro reacendeu o ânimo. Dias depois, já se encontrava totalmente integrado à aprendizagem, bebendo palavra por palavra das explicações de Sandro e outros espíritos coadjuvantes, demonstrando que havia substituído a recusa, que antes demonstrava, por uma nova postura adotada, em relação à possibilidade de conviver com os supostos inimigos e passou a se sentir responsável por eles, como se já fossem seus filhos.

A partir desse novo posicionamento, ele começou a demonstrar admirável abertura na inteligência, o que lhe facultava a compreensão com facilidade, até mesmo do que antes não conseguia assimilar. O autoperdão, sugerido antes pelo instrutor Aldo, posto em prática, proporcionou-lhe uma nova visão sobre a vida. Mudou o pensamento e, consequentemente, a vida tomou novo rumo. Se antes não conseguia ocultar os reflexos do remorso, o que lhe imprimia na fisionomia uma aparência carrancuda, ali, para admiração de Sandro, ele se destacava dos demais espíritos que participavam do curso. E quando identificava alguma dificuldade em alguns dos companheiros, pedia licença a Sandro e explicava com clareza o sentido do assunto estudado.

Assim, depois de dois anos de aprendizagem, quando o curso foi concluído, cheio de esperanças, ele criou as suas próprias metas. No seu entender, estava pronto para a reencarnação, inclusive ciente das possíveis dificuldades que haveria de enfrentar. E por isso encontrava-se animado e decidido.

Foi nesse clima de otimismo e cheio de satisfação que ele foi procurar Aldo para participar as importantes aquisições adquiridas no terreno do conhecimento. Tão empolgado se encontrava que, depois de detalhar os pormenores do citado curso, sem mesmo esperar a opinião do instrutor Aldo, foi logo perguntando:

- Já posso ir ao encontro dos meus futuros parentes consanguíneos?

Aldo fixou o olhar nele por instantes e respondeu, sorrindo:

- Monteiro, a empolgação quase sempre se torna nociva, quando o assunto diz respeito a uma realidade que exige, para a sua consecução, tempo, esforço e constante encorajamento. Posso afirmar, segundo o relatório que recebi de Sandro, que você conseguiu um bom aproveitamento e encontra-se, como pensa, em condições para o renascimento. Entretanto, para tentar o resgate dos seus futuros parentes consanguíneos, do ambiente em que se encontram, você ainda precisa de um tempo considerável para novos conhecimentos e treinamento, pois a mínima falha pode prejudicar todo um planejamento da equipe que labora nesse particular. Por isso mesmo, amanhã você deverá se apresentar no Hospital dos Recém-Chegados, para começar um novo curso, cujo conteúdo encontra-se com Elisa.

– Tenho mesmo que estar com ela? Imaginei que isso não mais ocorreria! Inclusive chegamos, no final do encontro, a nos despedir! Oh, Deus! Como eu gostaria de continuar guardando na mente as imagens e a impressão do encontro, o que me faz muito bem. Receio que da convivência mais duradoura possa advir lembranças amargas que, certamente, atrapalhariam o bom andamento do curso, o que não desejo.

– Quando pensamos, mesmo se tratando de um simples temor, é possível que estejamos estabelecendo por antecipação a situação considerada temerosa. Lembremo-nos do que disse Jesus: "Onde colocas o teu sentimento, aí te encontras."[6] Quando pensamos, ou criamos sentimentos em relação a uma situação, um objeto ou local, e por qualquer razão neles nos detemos, aumentando consequentemente o tempo de fixação, poderemos estabelecer criações mentais. E se não conseguirmos com simples mudança de pensamento cortar a sintonia, certamente, elas serão concretizadas. Por isso mesmo, Monteiro, mantenha o pensamento no bem, realizando o melhor que esteja ao seu alcance. Ao invés de lembranças, deve continuar tão somente no propósito de trabalhar em prol do seu soerguimento. Assim, ante Elisa, a sua postura deverá ser, tão somente de assimilação do conteúdo do curso. Qual deve ser a posição do aluno diante do professor?

---

6 Onde põe o teu tesouro, lá também está o teu coração. Talvez o espírito esteja se referindo a este pensamento. **N.R.**

- De respeito, acatamento e gratidão. Estou certo?

- É assim que você deve olhar Elisa. Não como sua ex-esposa, porque o laço já foi desfeito há muitas décadas, quando ela desencarnou. Não deve vê-la como sua vítima, porque, apesar de tudo, ela não o tem na conta de um verdugo, mas como um irmão, filho de Deus, como todos nós, na luta para conhecer a verdade na qualidade de essência divina, a iluminação e a felicidade plena, ao que todos nós estamos fadados. E, em relação à assimilação, talvez não lhe seja tão difícil, já que você, numa existência pretérita, atuou como enfermeiro. A experiência que você adquiriu nessa função, apesar da diferença que existe entre a enfermagem no mundo material e a do mundo espiritual, poderá de certa forma contribuir para o seu desempenho. Entretanto, a melhor contribuição para a assimilação da nova aprendizagem será a tendência.

- Não estou conseguindo encontrar a relação das atividades que desempenharei no Hospital dos Recém-Chegados, com o treinamento para ajudar no resgate daqueles que constituirão a minha futura família na Terra!

- São muitos os que chegam ao referido hospital em situação que exige, além de total atenção, dedicação amorosa dos responsáveis pelo imediato atendimento. Adotando, inicialmente, essa postura, com o decorrer do tempo você acabará adquirindo equilíbrio emocional e entendendo que é possível conviver com o sofrimento sem se deixar afetar por ele, pondo à frente de qualquer outra cogitação, o objetivo de servir. Entretanto, para que isso ocorra de maneira satisfatória, é indispensável o antídoto infalível que se chama amor.

Depois de pequena pausa para reflexão, ele concluiu:

- Você deve saber, por experiência própria, o quanto é contagiante o ambiente obscuro das regiões umbralinas, para quem, sem o devido preparo, tentasse penetrá-las.

- Coincidentemente, Sandro falou-me, também, sobre isso.

* * *

NO DIA SEGUINTE, Monteiro dirigiu-se ao Hospital dos Recém--Chegados, para a primeira instrução de Elisa, na qualidade de eficiente instrutora, no tocante àquela atividade. Pouco tempo depois, via-se Monteiro, em treinamento, ao lado dos leitos, prestando socorro a espíritos recém-desencarnados e, a exemplo dele mesmo, os que eram resgatados das zonas do umbral. Sempre pronto e demonstrando admirável disposição, prestava auxílio em tudo que lhe permitia a habilidade que vinha adquirindo e a experiência já adquirida no pretérito, durante outra existência que, àquela altura, começava a vir à tona, conforme previsão do instrutor Aldo.

Tudo isso não passava alheio ao conhecimento de Elisa que, mesmo quando não se encontrava presente no local, as informações, obrigatoriamente, chegavam-lhe. Depois de um longo período de atividade ininterrupta, Monteiro foi chamado à sala da sua instrutora:

– Chamei-o aqui para dizer que você foi admiravelmente bem no desempenho dos deveres assumidos, como parte do treinamento, durante todo o período que se finda, hoje, e que a sua colaboração foi muito útil a esta instituição. O despertar da fraternidade ensejou um novo sentimento pelo próximo, a ponto de se esquecer de si mesmo, na tentativa de amenizar o sofrimento de outrem.

Percebendo que Monteiro perguntaria se ele já se encontrava pronto para ajudar os seus desafetos a deixarem o ambiente de sofrimento do umbral, Elisa adiantou a explicação:

– Não posso, entretanto, informar se você está ou não apto para o que deseja fazer, porque isso é da competência do nosso querido irmão Aldo. Entretanto, posso garantir que você deu um grande passo para facilitar o encontro dos que esperam uma palavra amiga ou a mão fraterna que ajuda a levantar o caído.

Depois de palavras de agradecimento, Monteiro falou reticencioso:

– Eu... Eu tomei conhecimento que chegou a sua hora de retornar à vida material. Peço desculpas por me referir a assunto que diz respeito somente a você mesma... Me permita desejar mais uma vez, que seja venturosa, o que penso que acontecerá, graças a sua sincera bondade para com todos e, sobretudo, por causa do seu profundo amor a Jesus Cristo, como pude perceber.

Elisa estendeu a mão, falando:

– E eu expresso a minha sincera vontade de que você tenha êxito nas suas tarefas porvindouras e que você ame, Monteiro! Não perca as oportunidades que surgirem, de aprofundar o sentimento paterno, para com os que serão seus filhos. Isto certamente o levará a amenizar as futuras provas, as quais já são encaradas por você como esperança na superação dos desencontros e das fragilidades que ainda permeiam os caminhos a serem percorridos. E que Deus abençoe os novos pensamentos cultivados ultimamente por você! Adeus, Monteiro!

– Adeus, admirável servidora de Jesus!

Despediram-se. Embora satisfeito pelo êxito adquirido, Monteiro, ao deixar o Hospital dos Recém-Chegados, deixou-se abater pela tristeza e, enquanto caminhava, pensava:

– Elisa, para mim, é um anjo de bondade, e eu, mísero ser, para melhor me definir, comparo-me sem qualquer dúvida aos que crucificaram Jesus, condenando-o a uma morte tão cruel, quando era ainda jovem no corpo físico. Assim como eles, que na obscuridade da ignorância não imaginavam que se encontravam diante de um ser puro, grandioso... A estrela que clarearia os séculos de nossas vidas, como já o sinto, eu, por minha vez, também, na obscuridade do egoísmo e do ciúme, sacrifiquei impiedosamente Elisa, quando ainda jovem, guardava esperança numa vida alegre e feliz. Disse-me ela, há pouco, "adeus"! Sim, Elisa, esse adeus tem a conotação de uma verdadeira separação, pois eu acabei criando entre mim e você uma distância enorme! Adeus, sim, Elisa! Melhor para você é estar cada vez mais longe de mim!

Falava para si mesmo e chorava. Mas não havia lágrimas para suavizar a tristeza, por não haver, também, naquele momento, comportas abertas para externá-las em gotas. O choro era abafado, porque, ao mesmo tempo que ele o provocava com as emoções, relutava contra, pois havia decidido, desde o dia em que o instrutor Aldo lhe falara do sorriso, que este estado psíquico seria doravante o seu viver e a sua postura, fosse qual fosse a situação. Mas ali ele começou a entender que a alegria é cultivo que nasce da consciência tranquila pelo dever cumprido e do amor quando posto em ação. Neste mesmo estado emotivo, sem qualquer cuidado com a vigilância e nem com a oração, conforme indicação de Jesus, ele seguiu ao encontro do instrutor Aldo que, ao vê-lo se aproximando, falou com firmeza:

– O amor é indivisível, único e universal! As divisões imaginadas como maternal, conjugal, paternal, fraternal, dentre outras, são apenas denominações dadas para facilitar o entendimento e ensejar o seu uso, de acordo com o patamar evolutivo da criatura humana. Entretanto, todos, cada um em seu tempo, chegaremos ao amor na sua totalidade e pureza. Assim, não tente colocar Elisa no círculo de um sentimento pessoal, mas sim, universal. Irmãos, filhos do mesmo Pai da criação, somos todos. E por isso mesmo, nos encontramos ligados uns aos outros. Não há adeus definitivo, como também não há permanência eterna de situações que ainda vivenciamos, na busca da experiência e do crescimento moral. Vá em frente! Conserve o toque da alegria de servir, como o seu melhor sentimento.

Monteiro suspirou fundo e falou, mostrando-se mais aliviado:

– Creio que isso, só isso mesmo, poderá me conduzir às realizações que pretendo, por necessidade de ajustes e reajustes.

– Aproveito para parabenizá-lo pelo bom desempenho no Hospital dos Recém-Chegados, conforme relatório enviado por Elisa – disse satisfeito o instrutor Aldo.

– Agradeço pelo incentivo, mas a minha maior expectativa é saber se já posso fazer parte da caravana do amor, para ir ao encontro daqueles a quem eu devo cuidar como se já fossem meus filhos.

- Você concluiu a primeira e segunda etapas, mas ainda lhe faltam outros conhecimentos e treinamento para o êxito da tarefa. Conforme a nossa conversa antes do começo do curso, você sabe, por experiência própria, que o ambiente, que visitará, exige muito preparo, porque é bastante contagioso em se tratando do sentimento, e qualquer falha, por insignificante que pareça, pode pôr a perder toda preparação, e a equipe, quase sempre, quando isso ocorre, é obrigada a traçar novos planos, com observação acurada em todos os detalhes, pois cada oportunidade, que surge, pode ser considerada única, levando em conta o seu sentido.

- Cheguei a imaginar que já estaria preparado, quando Elisa expressou a sua impressão em relação ao meu desempenho.

- No plano material - respondeu o instrutor, - muitas vezes, agimos às cegas, sem prever os resultados das ações. Aqui, no entanto, que tudo se torna mais claro e compreensível, graças à percepção mais aguçada, não podemos agir em plena escuridão, sem nos darmos conta das surpresas que poderão ocorrer. Há necessidade de clarear para vermos com mais nitidez e compreendermos com mais eficiência, pois não se trata de uma simples ação, que, mesmo não dando certo, pode ser deixada para qualquer dia ou hora. Não! Trata-se de criaturas de Deus, que passam por sérios apuros e cuja dor, somente quem a experimenta consegue definir o valor do esperado socorro! Você, por exemplo, viveu essa experiência.

Fez uma pausa e em seguida explicou:

- Há necessidade de tempo, ainda sem previsão, para você aprender a não se deixar afetar pelo ambiente, isto é: manter-se equilibrado, independente das influências externas, notadamente as que ainda são emitidas por aqueles a quem você deseja tanto buscar, os quais se encontram psiquicamente ligados a você e vice-versa, situação que deve ser, seriamente levada em conta. Pois, assim como o amor une, o ódio estabelece ligação e, para desfazê-la, somente as doces vibrações do amor. Se realmente deseja superar, deverá acompanhar as nossas atividades, sempre que ocorram situações nas quais haja um bom proveito para a sua aprendizagem, até que se encontre realmente apto e com firmeza, sem se deixar afetar pelo lado negativo do que venha de fora, mas, sobretudo, poder receber essas manifestações como incentivo para responder com ações amorosas.

– Penso que ainda vai demorar muito para esse fim! – lamentou Monteiro, com demonstrações de abatimento. – E Stela? Não será prejudicada com todo esse tempo de espera, já que você, respeitável irmão, informou que ela se encontra disposta a dar um novo rumo à sua vida?

– Quando dizemos que algo já pode estar em condições de acontecer, não nos referimos à brevidade com que o tempo é compreendido, quando nos encontramos reencarnados, que o limitamos de acordo com a existência do corpo físico. Já que vivemos na eternidade do espírito é esse o nosso tempo. Stela vem dando sinais de saturação e procurando se lembrar de Deus. Mas isso não significa que já esteja em condições de ser resgatada, porque ainda se deixa dominar pela revolta, pelo ódio e quase sempre pela insatisfação. Precisa também de tempo, assim como o fruto que tem o tempo certo para ser colhido. Não crie ansiedade, nem alimente pressa. Antes, procure cultivar a serenidade, porque saberemos o melhor momento para ela, para os outros e também para você. Não devo precisar o tempo, se meses, anos, décadas... Conquanto você se encontre nas devidas condições, a sua vontade de retirá-los de lá nada valerá se eles ainda não se encontrarem nas condições desejadas.

capítulo sete

PROVEITOSA EXCURSÃO

A nossa capacidade de amar torna-se uma ação quando consentimos que Deus aja a partir da nossa intimidade.
Dizzi Akibah

DEDICADO À APRENDIZAGEM e acompanhando Aldo em todas as suas atividades, Monteiro foi superando, de maneira surpreendente, as dificuldades de entendimento com que se defrontava. Entretanto, ainda lhe afligia a situação que os seus desafetos apresentavam para a desejada mudança de pensamento, a ponto de serem retirados das zonas do umbral, onde, apesar de várias tentativas sem êxito, continuavam vivenciando os reclames da própria consciência.

Jamais imaginara que encontraria muitas dificuldades, mas, desde a primeira vez em que foi incluso na Caravana do Amor e não conseguiu o que tanto desejava, compreendeu que era preciso esperar a melhor oportunidade, como havia dito o instrutor Aldo.

Por isso mesmo, ele passou a desenvolver várias atividades, tornando-se um auxiliar exemplar, que desempenhava o seu papel com satisfação e alegria de servir. Assim, toda vez que saía para o encontro do instrutor a quem tinha como um mestre, sentia-se bastante alegre.

E foi com esse mesmo contentamento que ao se dirigir ao local onde Aldo se encontrava, ele voltou o pensamento há, aproximadamente, três décadas atrás, reviu a imagem de Clóvis quando, ao abraçá-lo despedindo-se para retornar ao plano material, disse-lhe que não havia deixado de gostar dele, do mesmo jeito de quando o tratava de filho, lembrou-se também do encontro que, na mesma época, tivera com Alba, para ele, inegável bondade personificada, fixou a mente nas lembranças e, apesar do tempo, passou a reviver os fatos conforme haviam ocorrido.

Depois de reviver emocionado as lembranças, Monteiro continuou pensando:

– Acho que reencarnar não é pior do que desencarnar, como eu pensava antes, porque o desencarnado pode ver, se lhe for conveniente, os entes queridos que deixou no mundo. Entretanto, os encarnados, com raras exceções, não veem os desencarnados. Bem que eu gostaria muito, antes de começar a minha nova existência, de rever seu Clóvis e dona Alba, mesmo sabendo que se encontram com nova aparência, já que se encontram reencarnados. Contudo, entendo que a minha atual condição não permite essa ventura.

Suspirou fundo e continuou absorvido pelos pensamentos que povoavam a sua mente:

– E Elisa, a essa altura, já deve estar adolescente. Será que reencarnou num corpo feminino, ou mudou a roupagem para o masculino? Ainda bem que ela está esquecida de mim, seu algoz. Sandro, do mesmo jeito, já deve estar um rapazinho se renasceu num corpo masculino. Sequer cogito de vê-los, nessa nova existência, pois sei da minha falta de merecimento! Pelo menos, eu já não os vejo como minhas vítimas, mas, sim, como irmãos queridos, de quem eu faço questão de guardar, intimamente, uma profunda gratidão e admiração.

Assim, enquanto caminhava revivendo as citadas lembranças e também absorvido por várias cogitações, se deu conta de que estava chegando ao local onde se encontrava o instrutor Aldo, por quem passara a manter um grande respeito e inegável consideração.

- A mudança de pensamento é prenúncio de um novo roteiro para traçar o próprio destino - disse o compreensivo instrutor, ao ver Monteiro se aproximando.

- Sim! - respondeu Monteiro, sorrindo, ao perceber a facilidade com que Aldo lia os seus pensamentos, cuja intenção era apenas ajudá-lo.

E continuou falando:

- Não mais me agrada pensá-los na qualidade de vítimas, mas como entes queridos - expressou o pensamento de instantes antes. E disse mais: - Não esqueço, porém, que isso não me libera do compromisso com as leis divinas, mas ajuda a suplantar a ideia de que sou originalmente pior que todos, a qual alimentei durante muitos anos, mesmo depois que aqui cheguei.

- Muito bem! Essa sua atitude pode ser considerada como uma maneira de comemorar o seu bom desempenho, durante todos estes anos, em proveitosas atividades. Para dar uma conotação de satisfação e alegria por essa nova disposição, convido-o para um passeio que, além de agradável, poderemos dele retirar algum proveito no campo da aprendizagem.

- Posso saber onde o meu merecimento me permite ir a título de passeio?

- À crosta da Terra.

Apesar de ter demonstrado interesse de rever Clóvis, Elba, Elisa e Sandro, conforme o seu pensamento, Monteiro ficou assustado com o convite, possibilidade que jamais imaginara ocorrer, a não ser quando fosse para reencarnar.

- Se por alguma razão particular não deseja me acompanhar, fique à vontade! - disse o instrutor Aldo, ao notar a sua hesitação.

- Ao seu lado, jamais temerei qualquer situação, pois só a sua presença é o suficiente para me animar e encorajar. Não perguntarei o que terei de fazer, pois sei que, sob a sua orientação, estarei agindo somente de acordo com minha habilidade, graças a sua percepção, pois, para mim, você não é apenas um irmão, filho de Deus. Mas, sim, o meu guia espiritual. Assim penso, assim o quero!

- Ora, ora, Monteiro! A sua emoção acaba levando-o a um certo exagero. Não deixamos de ser iguais, perante Deus, simplesmente por causa de pequenas diferenças em atividades desempenhadas. Estamos! Ainda não somos o que pleiteamos, pois estamos ainda a caminho.

Logo que deixou a Estância Espiritual, Monteiro, apesar de ter afirmado que ao lado do instrutor Aldo não temeria qualquer situação, demonstrou aflição, imaginando de que maneira reveria a cidade, local onde ocorreu a tragédia, motivo de tanto sofrimento para ele e para toda a família envolvida:

- Não gostaria de relembrar os fatos ocorridos, mas isso será inevitável, já que penso estarmos indo ao mesmo local onde tudo ocorreu - comentou ele.

- Busque tranquilizar o seu íntimo, porque não o colocaria numa situação prejudicial ao seu reequilíbrio. Tudo que fazemos, a bem da responsabilidade, tem de antes passar por uma acurada observação.

Monteiro acalmou-se, e, quando puseram os pés no chão, ele olhou em volta e quis logo saber onde se encontravam:

- Aqui, neste lugar - explicou o instrutor Aldo - você viverá grande parte da sua próxima existência.

- Imaginei que renasceria lá mesmo, onde ocorreram os fatos, por causa do dito popular de que "o criminoso volta sempre ao local do crime".

- Não significa que esse local, a que se refere o dito popular, se trate, apenas, do lugar material. Mas, sobretudo, da situação propícia ao reparo.

Era uma cidade, na época, de porte entre pequeno e médio, e naquele horário, às dez horas da manhã, as ruas onde se localizava o comércio estavam tomadas por pessoas que cuidavam dos seus interesses. Monteiro ficou observando alguns transeuntes, que passavam acompanhados por desencarnados, muitos deles demonstrando uma aparência agradável, enquanto um número bem maior de espíritos demonstrava presença desagradável. Ele olhou para o instrutor Aldo e perguntou:

- É assim mesmo?! O que eles querem com os encarnados?

- Para responder a sua pergunta, precisaríamos verificar cada caso e descobrir a natureza das intenções. Isso ocorre, Monteiro, pela afinidade de sentimento. Nenhum desencarnado consegue se ligar ao encarnado se não houver condição para a sintonia. E o primeiro passo para isso é o pensamento. Dá para notar que alguns desses espíritos são integrados à obscuridade e apenas as suas presenças já são motivo de danos à vida das pessoas, sem que elas identifiquem as causas, se ainda não têm conhecimento dessa possibilidade. Dentre estes, que vemos, há viciados, maldosos, vingativos, doentes... E aqueles que, sequer, têm noção de que já passaram pelo fenômeno da morte. Isso não se constitui numa verdadeira epidemia graças à doutrina espírita que, em centenas de centros espíritas por todo o país, vêm desenvolvendo um trabalho voltado à orientação, esclarecimento e encaminhamento desses espíritos. Não fosse esse valioso recurso, as casas de tratamento de doentes mentais, estariam sempre repletas. Quanto às pessoas que se encontram acompanhadas por espíritos de presença agradável, estas vibram notadamente, no bem. Mas esse assunto considerado de muita importância requer tempo e dedicação para estudá-lo. Caso deseje isso, o encaminharei para um novo curso lá mesmo na Estância. Se não, ficará para quando você estiver reencarnado, pois isso também vai compor o seu programa reencarnatório. Conhecer a doutrina dos espíritos será de grande importância para a sua nova existência, por causa dos compromissos já estabelecidos por você mesmo, perante a Justiça Divina.

Encerrou o instrutor, já deixando o local, e, depois de caminharem bastante, entraram numa avenida arborizada cujo aspecto era muito agradável. As moradias bem cuidadas demonstravam o bom gosto dos seus moradores. Nas áreas de quase todas elas havia sempre um jardim ostentando flores de vários tipos e cores. Antes do fim da avenida, Aldo parou em frente a uma casa e disse:

- Vamos entrar aqui para uma visita a amigos que muito prezo!

Logo que passaram pela área ajardinada, apareceu na varanda da moradia um espírito que, ao ver o instrutor, foi rapidamente ao seu encontro.

- Meu querido irmão Aldo! A sua presença é sempre um bem para mim e para a família que vive neste lar - exclamou - , demonstrando bastante alegria.

- Como estão as suas atividades junto aos nossos queridos irmãos?

- Até o presente momento tudo vem ocorrendo conforme as programações relativas a cada um deles. As minhas atividades têm sido, apenas, algumas sugestões, quando percebo que estão prestes a algum engano, o que felizmente tem sido raro. No mais, graças ao Onipotente e à ação de Jesus, o nosso amado Mestre, tudo está indo muito bem.

- Este é Monteiro, que vem, há tempo, preparando-se para a sua próxima existência - disse o instrutor, ao fazer a apresentação. E prosseguiu explicando: - Trouxe-o comigo a título de um merecido passeio, pois há muitos anos vem se dedicando ao trabalho sem interrupção, e muito além do que necessita para o seu preparo reencarnatório. Além disso, a sua próxima existência vai acontecer aqui neste município, e é sempre bom conhecer, por antecipação, a futura terra natal!

Entraram numa sala, onde a família se reunia para o almoço. Sentada numa poltrona encontrava-se uma menina cujas feições eram de admirável beleza. Os cabelos castanhos e longos caídos sobre os ombros, os olhos, também castanhos, revelavam um olhar suave e por demais agradável. Monteiro fixou o olhar na menina e, em seguida, passou a observar os donos da casa, que conversavam e sorriam animadamente, sem qualquer sinal de desagrado ou preocupação.

Aldo continuava conversando com o espírito protetor daquela família, mas prestava atenção às reações de Monteiro. Tão logo deixaram a casa, Monteiro puxou conversa:

- Eu tive impressão de que essas pessoas não me são estranhas, a não ser que eu tenha me enganado. Todavia, eu gostaria de saber por qual razão ao dirigir o olhar àquela linda menininha eu senti uma sensação de remorso. O senhor, que deve ser o pai dela, inspirou-me muita simpatia, mas ela, a mãe, logo que nela fixei o olhar lembrei-me de algo que ouvi de dona Alba, quando, gentilmente, fez-me uma visita antes de retornar para reencarnação: Meu filho, "o amor cobre a multidão de pecados", conforme instrução de Jesus. Cultive-o, tanto quanto lhe for possível. O que o senhor pode me dizer sobre essas impressões?

Aquele senhor, que é o pai da menina, inspirou-lhe simpatia porque se trata de Clóvis, reencarnado, que atende agora pelo nome de Augusto. Ela, a senhora, é Alba e agora se chama Catarina. Por isso mesmo, foi que você se lembrou do que ela havia lhe dito. A menina, que se encontrava sentada na poltrona, é Elisa, que agora se chama Cíntia. Trata-se de uma família realmente equilibrada, por causa dos melhores sentimentos presentes em todas as suas ações, inclusive, importantes atividades, usando o amor como expressão de caridade, tanto material quanto moral. Não é de admirar, por causa da formação moral já tão bem adiantada, conforme constatamos, lá mesmo, na Estância Espiritual.

- E Sandro? Não renasceu nesta família?! - perguntou, Monteiro, bastante curioso.

- Embora esteja intimamente ligado por afinidade a este grupo familiar, Sandro não integra a família, pelos laços do sangue, mas em alguns anos fará parte dela, na condição de genro de Augusto e Catarina.

– Ele não era irmão de Elisa e filho de Clóvis?

– Sim, mas na existência passada.

– Ele não nasceu na família de Clóvis, por livre vontade ou por outra razão?

– Espíritos reencarnantes só escolhem livremente com quem desejam conviver durante a existência material quando já bastante conscientizados dos direitos e deveres conforme as leis divinas, e também, quando há merecimento. Sandro e Elisa, além de bastante conscientizados e merecerem a livre escolha, cultivaram muita afinidade durante o tempo em que conviveram na Estância Espiritual.

Demonstrando não haver alcançado o desejável entendimento, Monteiro voltou a fazer nova pergunta:

– Como isso é possível, se eram irmãos?!

– Monteiro, você está esquecido de que o parentesco consanguíneo desaparece desde quando o espírito retorna à vida espiritual. É verdade que muitos desencarnados retornam para o plano espiritual, conservando os sentimentos que nutriram durante o tempo de convivência, na família, o que não ocorreu com Elisa e Sandro, já que não se conheciam naquela existência, e a convivência foi, apenas, de algumas horas, antes da desencarnação. Na verdade, foi na Estância Espiritual que eles conviveram e estabeleceram afinidade. Contudo, ser mãe, pai, irmão ou qualquer outro tipo de parentesco na vida material se trata apenas da representação real de um papel necessário ao crescimento espiritual, seja pela dor, ou pelo amor, a depender da colheita do que foi plantado no mundo dos sentimentos. Elisa e Sandro, provavelmente, serão exemplos vivos dos ensinamentos de Jesus e, juntos, farão um admirável trabalho no âmbito da doutrina espírita, que, certamente, abraçarão com dedicação e amor, conforme a conscientização e decisão próprias.

- Falou-me Sandro, naquele primeiro encontro que mantivemos, sobre um sério débito para com um espírito, o qual acompanhava-o na qualidade de obsessor, durante a sua última existência física; que na noite em que eu o encontrei ao lado de Elisa, esse mesmo espírito, aproveitando as vibrações de ciúme e profundo ódio em que eu me encontrava, colaborou decididamente para o desfecho da tragédia. E, finalmente, que nessa atual existência o receberia como filho. Já que ele vai se casar com Cíntia (Elisa), por que razão ela receberá este espírito como filho, se nada deve a ele?

- É verdade que, a ele, Cíntia, ou Elisa, nada deve. As famílias não são formadas tão somente por espíritos devedores entre si. Há os que se ligam através dos laços consanguíneos, tendo como motivação a afinidade e a simpatia. Entretanto, o fato do referido espírito ter colaborado com você, para interromper a vida física de Elisa, não deixa de ser um débito que, na qualidade de filho, ele será levado a quitá-lo, possivelmente, através do amor, "o amor que cobre as multidões de pecados", conforme orientação de Jesus. Mas, além disso, Monteiro, não devemos esquecer que os espíritos, ao atingir iluminação e consequentemente nobreza de caráter e retidão moral, como é o caso de Elisa, agem sempre em nome do amor. Também é verdade que o compromisso é dele, Sandro, mas ela aceitará de bom grado, não só ajudando ao citado espírito, mas também ajudará Sandro a quitar o seu débito.

- Gostaria de voltar à questão anterior referente ao merecimento. Bem, se Sandro tem um sério débito que possivelmente será quitado quando ainda receber o espírito com quem conviverá como filho, onde se encontra o merecimento da livre escolha, já que ele praticou um delito?

- O débito de Sandro não se refere à qualquer falta de responsabilidade conjugal ou familiar. Há de se considerar também, Monteiro, a viabilidade da quitação do débito. Se a escolha de Sandro fosse outra qualquer que pudesse criar obstáculo para o reajuste, certamente, seria aconselhado por orientadores espirituais, antes da presente reencarnação. Os mecanismos das leis divinas são bem mais profundos do que pode alcançar a nossa pobre imaginação. Até hoje, são muitos os que ainda não compreendem a história de Paulo de Tarso, que foi um perseguidor dos primeiros cristãos, mas é também um grande exemplo de conversão, já que de perseguidor passou a ser um dos mais notáveis apóstolos de Cristo. Entretanto, para o melhor entendimento, desta questão, basta analisarmos, novamente, a afirmação de Jesus, quando asseverou que "o amor cobre a multidão de pecados".

Depois de uma breve pausa, o candidato à reencarnação, aproveitando o ensejo, voltou a perguntar:

- Se não for inoportuno, gostaria de saber sobre aquele espírito com aparência de criança - uma menina - que vimos naquela visita que fizemos lá na Estância Espiritual. Ela renascerá como filha de Elisa?

- Aquele espírito, que na existência anterior a esta renasceria no sexo feminino, como sua filha, terá na próxima existência Elisa como mãe e Sandro como pai.

Observando o estado emocional demonstrado por Monteiro, que além de relutar contra a aceitação da verdade e tender muito mais para a simples curiosidade do que a aprendizagem propriamente dita, o instrutor Aldo tratou, imediatamente, de desviar a conversa:

- Esse mesmo espírito conviveu no pretérito, durante uma existência terrena, como irmã consanguínea de uma das suas futuras filhas. Não será surpresa se o amor fraterno, já estabelecido entre elas, voltar a unir seus corações na próxima reencarnação, na qualidade de amigas. E isto, se ocorrer da maneira que esperamos, será um elo entre a sua família e a de Elisa e Sandro, isto é, Cíntia e Maurício.

Monteiro, de tão surpreendido com os esclarecimentos de Aldo, parou de andar e ficou pensando, pensando... Aldo então tratou de despertá-lo:

- Vamos, Monteiro! A vida nos pede ação!

Caminharam e, antes do fim da avenida, entraram numa rua, também de aspecto agradável. Um pouco mais adiante, o instrutor Aldo apontou:

- Ali é a atual residência de Maurício, o mesmo espírito que conhecemos como Sandro. Vê lá aquele rapazola no jardim da casa? É ele mesmo. Só veste um traje diferente, que é o corpo físico.

- Oh! Como é difícil para o desencarnado não poder se apresentar aos seres que estima, já que, por estarem reencarnados, não conseguem normalmente ver os espíritos desencarnados, a não ser que sejam dotados de alguma faculdade mediúnica ou clarividência. Estou certo?

- Sim! Maurício, antes de findar o período de adolescência, despertará a mediunidade e outras faculdades anímicas, como a clarividência, e poderá ver não apenas os desencarnados como também ver fatos que ocorrem a grandes distâncias, no tempo presente, ou mesmo no futuro[7]. Entretanto, se agora isso já lhe fosse possível e nos visse aqui, neste momento, saberia sim se tratar de desencarnados. Entretanto, não nos identificaria, já que o esquecimento do passado é um dos atributos da reencarnação.

Caminhando e conversando, depois de um determinado tempo, deram conta de que se encontravam na periferia da cidade, por causa das casas simples, que davam entender que nelas residiam pessoas, cujas lições na presente reencarnação estariam ligadas à pobreza material ou que, simplesmente, colhiam o que haviam plantado. Entraram por uma rua estreita, sem pavimento, onde o chão ficara lamacento depois de uma forte chuva. Após alguns minutos de ob-

---

7 Vidência e clarividência são faculdades distintas. A primeira é decorrente da mediunidade. A segunda é anímica, ou seja, é uma faculdade da alma, capaz de enxergar a grandes distâncias. Num fenômeno de clarividência, Emmanuel Swedenborg, por exemplo, viu um incêndio em Estocolmo, a 700 quilômetros de distância, no exato momento em que ele ocorria. **N.R.**

servação, viram, na frente de uma casa de construção rústica, sem pintura, um menino com os pés descalços e brincando numa poça de água lamacenta, sem se dar conta da sujeira da lama na roupa.

- É possível que você não tenha percebido que ele é deficiente auditivo e, em consequência, também mudo!

- Gostaria muito de saber a causa ou as causas que levam um espírito a reencarnar com essas deficiências! Que teria feito, por exemplo, ele, para ter que experimentar situações assim tão sérias?

- O suicídio que ocorre por traumatismo craniano, seja através de queda, em que o causador é "vítima de si mesma" e também por projétil de arma de fogo que, em ambos os casos, tenha lesionado a parte do cérebro ligada ao sentido auditivo, já se constitui num motivo para que o espírito, que delinquiu, renasça deficiente auditivo e, sem poder ouvir, não consegue falar, tornando-se assim surdo-mudo. Quando o trauma causado é mais profundo, o resultado pode ser a imbecilidade. Mas, no caso particular deste menino, que vemos, foi ele mesmo quem pediu para renascer assim, por ter feito, na existência anterior, mau uso dos sentidos, cujas repercussões prejudicaram outras pessoas no âmbito moral.

"Segundo histórico da referida existência, quando ainda começava o período da adolescência, criara o hábito nada sadio de comentar e criticar os erros e enganos dos outros, para mais tarde, já adulto, adotar, como costume, a calúnia e a difamação em proveito próprio, isto é: descobrindo particularidades, principalmente da vida íntima das pessoas, para chantageá-las, e, logo em seguida, exigir o pagamento em dinheiro, quantia por ele mesmo estipulada. Com essa atitude, disseminou, durante muito tempo, o veneno da sua maldade, prejudicando a muitas pessoas, principalmente as que não dispunham de condições para pagá-lo, as quais, acabavam amarguradas em meio a escândalos provocados, como represália. Tanto fez, que chegou a ser expulso pela população da pequena cidade onde residia. Mas, ainda assim, pouco tempo depois que havia fixado morada em outra cidade, logo que passou a conhecer as pessoas do lugar, voltou ao mau costume. E uma das suas inaceitáveis ações acabou provocando uma tragédia. Contudo, sendo ele única testemunha, mesmo sofrendo ameaças, poderia denunciar o criminoso à justiça, mas se calou diante da possibilidade de ganhar, como recompensa, um automóvel, cujo objetivo era ocultar um crime que, por isso mesmo, se tornou, para a justiça da Terra, insolúvel."

Monteiro começou a tremer. E falou como se estivesse entalado:

- Belmiro?! Oh, Deus, que fiz?

O instrutor Aldo silenciou, deixando-o externar a sua dor moral. Mas, depois de instantes de silêncio, Monteiro voltou a falar:

- Se fui eu quem forçosamente o corrompeu, para silenciar o crime, não seria minha a responsabilidade de recebê-lo como um componente da minha futura família?

- A justiça dos homens é mutável e muitas vezes falível, mas a divina é imutável e absolutamente justa. Você não poderia ser responsabilizado pelos desatinos praticados anteriormente por ele. Mas, sim, por tê-lo corrompido, com a oferta do presente, forçando-o com ameaças a silenciar, para não assumir a responsabilidade da própria ação. Você terá tempo para encontrá-lo e ajudá-lo a partir do momento em que ele se encontrar na mesma idade que tinha no corpo físico, quando deliberou pela infeliz ação. Nessa época, carente de bons exemplos e do necessário para a sobrevivência, ele baterá à sua porta.

Monteiro silenciou. Instantes depois, aproximou-se e passou a mão, carinhosamente, sobre a cabeça de Belmiro reencarnado, de onde, pela primeira vez, desde desencarnado, viu fluir uma luminosidade provinda do amor fraterno, o que ele começava a cultivar com todo interesse e seriedade.

- Perdoe-me, Belmiro! Eu estarei a postos aguardando a sua presença para fazer tudo que me for possível para, além de suprir as suas necessidades mais urgentes, poder proporcionar, com o comportamento que desejo adotar, pelo menos, um bom exemplo.

Dali, seguiram caminhando por uma estrada margeada de árvores e arbustos. Monteiro, ansioso para fazer uma pergunta ao instrutor, puxou conversa:

- Se o momento não for inconveniente, gostaria muito que me explicasse a razão pela qual Clóvis, Alba, Elisa e Sandro não renasceram no mesmo local onde se deu a existência anterior!

- Tinham eles direito, por merecimento, à livre escolha. Mas o interesse que os levou, antes da reencarnação, a decidirem viver nesta cidade prendeu-se à possibilidade de servir através da doutrina espírita, uma vez que, onde você também viveu, até agora, o espiritismo lá ainda é pouquíssimo conhecido e ainda não é praticado.

- E Belmiro, por que renasceu aqui?

- Se na fase mais acirrada das suas provas, conforme nos referimos há pouco, ele deverá contar com você, a proximidade física vai facilitar o reencontro.

- E no meu caso, por que renascer neste lugar, que sequer havia conhecido antes da desencarnação?

- Há uma afirmação de que os filhos têm os pais que merecem, e os pais, por sua vez, os filhos que também merecem. E isto é verdade, porque o parentesco consanguíneo, com algumas exceções, diz respeito à educação ou reeducação do espírito, que se integra às particularidades do mundo que acaba criando para si mesmo. Em relação a você, dá para perceber que não se trata de livre escolha mas, sim, de uma decisão em seu próprio benefício, pois - mesmo quando constam expiações, provas e resgastes no programa daquele que retorna à vida corporal - a Justiça Divina não impede o empenho daqueles que desejam se recuperar de qualquer comprometimento. E no momento de colher os frutos da sementeira, cujas sementes não tenham sido bem selecionadas, oferece-lhes recursos para ultrapassar todas as dificuldades e retomar o desenvolvimento espiritual. E estes recursos já previstos para as suas futuras necessidades, podem ser, inicialmente, o apoio dos dois espíritos que renascerão em seu lar, no sexo feminino, que logo cedo apresentarão tendências muito mais para a vida espiritual do que para interesses materiais e, desta forma, a sua aproximação, juntamente com Stela, da doutrina espírita, onde estarão atuando Elisa e Sandro que, provavelmente, vão se dispor a ajudá-lo, facilitará a opção por um novo modo de viver e, consequentemente, a educação e orientação daqueles que serão seus filhos, dentro dos princípios espíritas.

Depois de mais de uma hora de caminhada, chegaram a uma pequena casa escondida entre árvores frutíferas. Pararam em frente à entrada e Monteiro, depois de observar em volta, onde tudo era silêncio, inspirou o ar do campo e falou, após longos haustos:

- Oh! O campo parece possuir uma doce energia, que acaba nos proporcionando bem-estar e paz interior, embora eu já entenda que a verdadeira paz não depende do que está fora de nós, mas, sim, da consciência tranquila, pelo bom proceder moral, no cumprimento dos deveres. Se me fosse possível escolher entre a cidade e um recanto tal como este, certamente eu optaria por este lugar, para viver entre as flores do campo e o bailar das borboletas, os cantos dos pássaros e ruído das águas que rolam no riacho ali ao lado.

- Fala com sinceridade ou impulsionado pela emoção momentânea? - perguntou, sorrindo, o instrutor.

- Sim, falo pela voz da minha sinceridade. Gosto muito do campo!

A conversa foi interrompida com um vozerio. Momentos depois, apontavam um casal ainda jovem, um menino de, presumivelmente, 5 anos, e uma criancinha de colo, nos braços da mãe.

- Aproximemo-nos mais um pouco - sugeriu o instrutor Aldo - e prestemos atenção às suas expressões:

- Eu estava pensando sobre o nascimento de uma criança - comentava a jovem senhora. - Embora eu já tenha sido mãe, não consigo entender como se forma um novo ser no útero, e esse embrião se desenvolve, vai crescendo, depois chega ao mundo. Aprende a falar e daí para frente cria a sua própria história... Acabei me lembrando de que pouco tempo antes de ficar grávida de Danuza - ela se referia à filha que carregava nos braços - , quando eu cheguei à casa de seu Augusto, para entregar as frutas para dona Catarina, a filhinha deles, que estava no jardim da casa, veio correndo me encontrar e, depois de parar em minha frente e ficar instantes olhando para mim, perguntou: "Essa menininha é sua filha?" Eu, que estava segurando a mão de Danilo, respondi: "Não é menina. Ele é um menino. Ela então insistiu: "Mas ela está aí, juntinho da senhora!" Eu fiquei assustada e disse: "Não estou vendo nenhuma menina!" Ela respondeu: "Então é porque ela ainda vai nascer".

A jovem senhora parou por instantes de falar e, em seguida, disse:

- Já se passaram dois anos. Mas só agora, eu juntei uma coisa à outra, porque, antes de um mês, depois que ela disse isso, eu fiquei grávida de Danuza. Será que Deus cria a alma para a criança, pouco antes de nascer, como algumas pessoas religiosas falam, ou ela já existia? Porque eu acho que a menina Cíntia, tão pura e bondosa, não inventaria essa conversa.

- E você acreditou nisso?

- Ora, Romualdo, a gente, quando não conhece muito as coisas, não deve desacreditar antes de verificar. De qualquer jeito, ela estava certa, porque aconteceu justamente como havia dito. E agora eu estou pressentindo que não vamos ter, apenas, dois filhos!

- Se for pela vontade de Deus, que venha - disse Romualdo. - É bom, Jandira, que, em vez de pressentimento, você passe a acreditar nessa possibilidade e não pense mais em tomar chá para evitar a gravidez, somente por medo de não termos como criar nossos filhos. Acho que isso é contra a vontade de Deus. Não há do que temer, porque enquanto meus braços estiverem fortes para o trabalho, nada nos faltará nesta casa.

- Esqueça, Romualdo! Aquilo foi só um mau pensamento, e já passou. Agora eu já sei que a ajuda de Deus não nos faltará.

Depois de ouvir o diálogo dos donos da casa, o instrutor voltou--se para Monteiro:

- Você disse ter gostado deste lugar. E deles? - perguntou, interessado.

- Acho-os bastante simples e muito simpáticos!

- Ficaria aqui com eles durante algum tempo?

- Sem dúvida!

- Isso terá que acontecer, brevemente, para você se familiarizar no seu futuro lar, junto a eles, que serão os seus pais...

Monteiro arregalou os olhos e, sem esperar o instrutor Aldo concluir o que pretendia dizer, foi logo perguntando:

- E quem são eles?

- Para responder a esta pergunta, precisaria contar toda a história de um passado longínquo. Mas somente para você se situar, são velhos conhecidos seus. Diria, entes queridos, que as circunstâncias separaram periodicamente, mas que, agora, eles terão oportunidade de pôr em ação a gratidão pelo bem que receberam de você. São eles, Monteiro, os pais que você merece e vice-versa.

Monteiro falou cheio de contentamento:

- Oh, como é bom ser informado de algo bom que fiz! - Deu alguns passos à frente, fez o gesto carinhoso para com o menino, que seria seu irmão, e depois, olhando para o casal, começou a falar:

- Tudo farei para ser um filho disciplinado, bondoso e reconhecido. E já que compreendi a lição de Jesus sobre honrar pai e mãe, serão por mim honrados e também amados! E que as bênçãos de Jesus cheguem sempre a este lar, para que vivamos em paz.

- Satisfeito, Monteiro?

- Oh, sem dúvida! respeitável instrutor... Pode me responder a uma pergunta agora?

- Não poderei se eu não souber a resposta. Ou se você não a fizer - contrapôs, sorrindo.

– Por que então eu não devo renascer no lar daqueles que foram meus pais na existência anterior?

– Estou certo que já falei um pouco sobre esse assunto com você. Contudo, alarguemos o assunto: o programa reencarnatório deles difere muito do seu. Desencarnaram muito antes de você, demoraram no mundo espiritual apenas o tempo suficiente para se prepararem para o retorno, e por isso, já se encontram fisicamente envelhecidos. Além disso, a principal prova que eles estão vivendo é a da riqueza material. E você precisa muito viver grande parte da sua próxima existência, com a prova da pobreza material.

Monteiro, de tão impressionado, parou de caminhar, pensando no que acabara de ouvir.

– Vamos, Monteiro! Os deveres nos aguardam na Estância. Sem cumpri-los, jamais chegaremos ao nosso ideal – alertou o instrutor.

Depois de caminhar durante alguns minutos em silêncio, o candidato à reencarnação perguntou ao instrutor Aldo:

– Posso saber como e por que tudo retorna de maneira tão perfeita e quem se ocupa desse particular, para que nada seja esquecido, mesmo quando se trata de algo ocorrido há muitos séculos?

– As leis divinas, Monteiro, são perfeitas, tanto quanto o seu Criador, que é Deus! Tudo se encontra registrado no plano energético, no plano mental... Esse corpo que usamos, denominado perispírito, é a roupagem que o espírito usa para a manifestação da mente, no plano espiritual, e a mente é um depósito de fatos e ocorrências vivenciados pelo espírito, tanto no mundo espiritual quanto no material. Assim, as nossas ações praticadas durante a existência física, repercutem sempre na reencarnação seguinte. Lembro, como simples exemplo, a situação de Belmiro reencarnado.

Parou de falar, mas, percebendo que Monteiro faria muitas outras perguntas, porque não se encontrava em condições de assimilar, por lhe faltar fundamentos, o instrutor Aldo obtemperou:

- Gostaria, sinceramente, de avançar nas explicações para clarear o seu entendimento. Entretanto, antes disso, você precisaria estar a par de outras informações, que lhe serviriam de embasamentos. Futuramente você obterá, com entendimento, esse conhecimento, pois o Pai da vida nos proporcionou inteligência para isso e muito mais! Mas, por enquanto, a sua necessidade de conhecimento está ligada à sua próxima existência. O avanço virá sempre que a sua mente for se despojando dos compromissos a serem quitados perante a divina lei.

capítulo oito

MOMENTO EMOTIVO

Bons sentimentos não são apenas aqueles
que guardamos para nós mesmos. Mas, sobretudo,
os que geram o bem em tantos quantos,
por eles, forem afetados.
Dizzi Akibah

NO DIA SEGUINTE, Monteiro foi ao encontro de Aldo. E ao chegar foi logo perguntando:

- Encontro-me a postos com disposição e muita vontade. Posso saber qual a minha tarefa de hoje?

- Nós obtivemos notícias animadoras referentes a Stela. A Caravana do Amor irá mais uma vez em busca dos que já se encontram em condições de socorro. Quem sabe não seja, hoje, a vez de Stela? Pensando nisso, inclui seu nome para mais uma tentativa. Nas outras vezes, ela não acreditou que se tratasse de você, por causa da sua aparência de idoso. É indispensável que você fixe a mente no tempo em que a conheceu, quando ambos se encontravam em corpos físicos jovens. É determinadamente improdutivo pensar nos problemas que surgiram depois. Mas sim, e somente nos primeiros encontros, quando tudo ainda parecia alegre e feliz. Compreendeu? Temos ainda um espaço de três horas para você exercitar mentalmente. Pois, qualquer falha poderá refletir no perispírito e você imprimir a aparência do ancião que acredita ser, apesar de ter desencarnado aos 60 anos. Você será, por alguns minutos, ante Stela, o jovem belo e atraente, imagem que ela ainda guarda na mente.

Na hora combinada, Monteiro e Aldo seguiram na direção do portão fluídico da Instituição. E quando se aproximaram, vendo Daniel a conversar com outros companheiros, Monteiro encheu-se de alegria e estendeu a mão para cumprimentá-lo, já falando:

- Daniel, mas que satisfação sinto em revê-lo!

- Também eu, Monteiro, em vê-lo novamente integrado ao nosso grupo, para mais uma tentativa de resgatar Stela. Isto é, para mim, não só satisfação, mas motivo de grande alegria, por causa da expectativa, hoje, favorável ao resgate de nossa irmã. Seria um prêmio não só pela amizade que continuo cultivando por ela, mas, sobretudo, por se tratar da última tarefa no plano espiritual, já que voltarei à vida corpórea em poucos dias.

Logo depois dessa conversa entre os dois amigos, o grupo que compunha a Caravana do Amor atravessou o portão fluídico e começou a penetrar na região do umbral[8].

A descrição do ambiente e da situação do lugar e dos que lá se encontravam, necessitando da dor como mecanismo de educação moral, apenas motivaria o leitor à criação mental de imagens que não se identificam com o equilíbrio emocional que é, por si mesmo, indispensável ao estabelecimento da paz interior. Por essa razão é

8 Umbral aqui designa uma área de vibrações baixas, próprias dos pensamentos dos espíritos que ali se encontram. Os umbrais são, portanto, zonas de sofrimento e dor, e muitas vezes ganham nomes próprios como Vale dos Suicidas. O Umbral, com inicial maiúscula, caracterizou a região vizinha à colônia Nosso Lar, conforme descrito na obra de André Luiz, psicografada por F. C. Xavier. **N.R.**

que nos limitamos, apenas, à simples narração da história dos personagens, como a seguir:

- Não se impressione nem se deixe atrair, conforme já se encontra informado, pelo que inevitavelmente verá e ouvirá - recomendava o instrutor Aldo ao seu assistido.

Depois de uma caminhada ainda um pouco difícil, para Monteiro, por causa da constante sensação de asfixia naquele ambiente deletério, eis que pararam num local, por orientação do instrutor Aldo, de onde, apesar da névoa escura, podia se ver um grande número de espíritos. Muitos deles, sequer se davam conta da presença dos componentes da Caravana do Amor, pois não conseguiam vê-los por causa da baixa vibração em que se movimentavam. Outros tantos, porém, ao perceber, passaram a pronunciar impropérios, na tentativa de agredir os caravaneiros. Só alguns deles clamavam por socorro, na tentativa de se livrarem do sofrimento. Mas, nem todos que assim agiam estavam dispostos à mudança. Em meio às vozes que formavam um alarido sem qualquer cadência, passou a se destacar uma voz feminina, a qual o instrutor Aldo, ao identificá-la, voltou-se para Monteiro e disse-lhe:

- Ouça com atenção e mantenha cuidadosamente o equilíbrio:

- Oh, Deus, por misericórdia! Liberta-me desse sofrimento, pois eu já compreendo e aceito os meus erros, sem mais impô-los aos outros como vinha antes fazendo. Dá-me, Senhor, uma oportunidade de me regenerar, assim como Jesus, diante de Madalena, prestou a sua colaboração amorosa, incentivando-a a mudar e não mais pecar. Oh, Senhor! Creia que eu também estou decidida a não mais praticar os mesmos erros, mas seguir, doravante, o ensinamento de Jesus, como minha mãe sempre me incentivava.

Conteve o soluço e a voz rouca, quando Aldo, voltando-se para Monteiro, orientou:

- Creio que você, a essa altura, já se encontra nas devidas condições.

- Penso que sim. Mas... Que Jesus nos ajude! - murmurou o caravaneiro, um pouco inseguro, e dirigiu-se a passos lentos em meio ao nevoeiro, na direção de Stela. Mas alguns habitantes das sombras tentavam lhe obstar os passos, quase que se arrastando à sua frente.

- Ela daqui não sai! Ela é nossa!

Apesar das ameaças, Monteiro continuou o passo, em meio ao vale de sombras. Aldo estendeu as mãos, emitindo jatos de luz, os quais agiam como dispersores. Amedrontados, eles se afastavam, com as mãos cobrindo o rosto, como se a luz lhes ofuscasse a visão. Mas, na verdade, o efeito produzido era repousante, induzindo-os ao sono magnético, provocado pela vontade de Aldo. Enquanto caminhava, Monteiro mantinha o pensamento em sintonia com os demais caravaneiros, todos em prece a Jesus, o médico das almas. Aproximou-se de Stela e, voltando a fronte para o Alto, orou:

> Senhor Jesus, amigo dos sofredores! Na qualidade de aluno da vida que fracassou no seu último curso, mas que agora deseja aplainar e retificar os caminhos a serem percorridos, embora convicto da falta de merecimento, clama por misericórdia. Ajuda-me, senhor, neste instante, a robustecer a minha vontade e ampliar a minha confiança em Deus, sobre todas as coisas. E, se tu, mestre amado, amorosamente continua através dos séculos a velar por todos nós, peço também pela nossa querida Stela, pois já demonstra interesse de seguir os teus ensinamentos redentores.

Terminada a prece, Stela, que se deixara tocar por aqueles fluidos restauradores, emocionada, perguntou com interesse:

- Quem é você? - sem reconhecê-lo, por causa da aparência de idoso, imprimida no perispírito, já que guardava a imagem do Monteiro jovem, do mesmo jeito de quando o conhecera e com ele se relacionara, lembranças que lhe despertavam sentimentos antagônicos. Às vezes, ódio, às vezes, saudades.

Monteiro, de acordo com o que fora antes estabelecido e sob inspiração de Daniel, falou com doçura.

- Stela! Eu sou alguém que, como você, sofreu muito e ainda sofre os resultados das próprias ações. Você se queixa, na qualidade de vítima, e por isso se entregou, revoltada, ao sofrimento. Não seria pior se fosse você a causadora, a culpada do abandono, da humilhação sofrida e se encontrasse agora experimentando arrependimento tardio? Não seria muito pior, em vez de se sentir vítima, estar no lugar do traidor? Que faria com esta vergonha de si mesma? Embora os motivos que contribuíram para a sua desdita, a carga de sofrimentos vem da revolta e do ódio que você carrega no peito. Imagine quanto sofre, ainda, aquele de quem você se queixa que, além de ter permanecido, também, muito tempo em inenarrável sofrimento, ainda agora se sente desditoso, por estar convicto de que, se prosseguisse vivendo junto ao seu coração, teria sido feliz.

Depois de rápida pausa, ele prosseguiu:

- Se você está mesmo disposta a seguir Jesus, perdoe aquele a quem acusa de traidor, porque ele, agora, está disposto e sinceramente desejoso de viver ao seu lado, sendo seu companheiro em todas as situações da vida!

- Você se refere a Monteiro! Então ele o mandou vir até mim, tentar me convencer com essas mentiras? Eu acreditaria se fosse ele mesmo que me dissesse tudo isso, olho no olho!

Enquanto Stela falava, Monteiro atuava sobre o próprio perispírito, plasmando à sua fisionomia as feições do jovem de outros tempos.

Stela ainda se referia a Monteiro, como o grande responsável por sua desdita.

- Pois diga-lhe que a desonra que me causou... A mim e a meus pais...

Stela não pôde continuar. A voz emudeceu. E só conseguiu murmurar:

- Monteiro? Monteiro, é você? Por que me abandonou?

- Eu errei... Contra ti e contra mim mesmo. Mas agora, Stela, peço que venha comigo! Eu também já estou tentando seguir Jesus. Venha Stela! Voltaremos a viver uma nova existência no corpo físico. Teremos um lar, receberemos nossos filhos, tantos quantos a Justiça Divina determinar.

Stela, já sem receio, caiu nos braços de Monteiro, como se fosse ele, naquele momento, todo o alívio da sua dor, toda a sua esperança! Monteiro, carregando-a nos braços, seguiu a passos firmes, ao local onde se encontravam os companheiros da Caravana do Amor, que, naquele dia, além de Stela, que fora acometida de profundo sono reparador, conduzia mais seis socorridos.

Depois de passarem pelo portão de entrada da Estância Espiritual, Monteiro parou de caminhar e se dirigiu ao instrutor Aldo:

- Respeitável orientador e querido irmão Aldo. Gostaria muito que aceitasse um presente de gratidão, que desejo lhe oferecer. O presente é a alegria que sinto neste momento! Entendo que sem a sua eficiente ajuda e inegável bondade, eu não teria conseguido êxito no desempenho de tão importante tarefa. Obrigado, meu mestre!

Aldo, sorrindo, respondeu:

- Mestre, reconhecidamente, é Jesus Cristo! Entretanto, a sua alegria não deixa de ser para mim um valioso presente, porque há muito venho guardando a expectativa de vê-lo nesse bom estado íntimo.

O instrutor observava cada um dos resgatados. Tocou-lhes a fronte, ofertando uma palavra de bom ânimo. Afagou as mãos de Stela, que ainda se sentia bastante debilitada. E então disse-lhe paternalmente, olhando também para Monteiro:

- Vamos, meus filhos! Jesus espera por nós!

A seguir, Daniel, cheio de satisfação se aproximou, pôs a mão no ombro de Monteiro e falou, sorrindo:

- Cuide bem dessa preciosidade, projeto divino fadado à iluminação e à felicidade plena, como todos nós! Felicito-o pelo êxito e aproveito para fazê-lo num tom de despedida, já que antes da minha volta à carne, certamente não nos veremos. Não digo "adeus", mas sim "até um dia", no porvir, quando possivelmente nos reencontraremos.

Monteiro sentia-se muito alegre, pois, para ele, o sentido da sua alegria era duplo, porque somente na companhia de Stela poderia ajudar a Nicolau, que fora seu pai, a modificar os seus pensamentos e retificar os sentimentos em relação a ele, que ainda continuavam sendo de ódio e vingança. Depois de expulsar a filha de casa, e convencido de que sua vingança contra Monteiro não poderia ser executada, porque era gente importante na cidade, represou sentimentos negativos e, sem conseguir livrar-se deles, desencarnou levando esses sentimentos de rancor para o além-túmulo.

Durante os primeiros meses, Monteiro ocupou-se todo o tempo em cuidados com Stela, que ficara internada no Hospital dos Recém-Chegados. Tratando-a com muito zelo, e pondo mais uma vez em prática os conhecimentos que foram passados por Elisa, Monteiro surpreendia-se com a repentina recuperação de Stela. Tanto que, dois meses depois, o instrutor Aldo chegava ao hospital para visitá-la e avaliar o modo com que o agora assistente Monteiro agia naquela situação. E falou, satisfeito:

- Vejo que nossa irmã se recupera muito bem sob os seus cuidados, Monteiro.

Foi a própria Stela quem lhe trouxe a certeza.

- Estou cada dia melhor. E já faço planos para o futuro. Desejo muito, quando estiver liberada do tratamento, fazer alguma coisa útil por aqueles que ainda continuam naquela mesma região de sofrimento e dor. Da mesma forma que fui socorrida, também quero socorrer a outros...

- Stela! - interrompeu Aldo, com delicadeza. - Esse gesto de boa vontade é muito importante na execução de qualquer atividade. E será levado em conta. Precisamos sim de muitos braços no socorro aos nossos irmãos infelizes. Mas boa vontade precisa estar aliada ao conhecimento, para que a ajuda seja efetiva. Você precisará, primeiro, capacitar-se para o trabalho de socorro. Você vai, sim, ser útil e, de acordo com o seu restabelecimento, que está sendo rápido, logo, logo estará contribuindo com a sua ajuda. Inclusive a primeira tarefa reservada para você será, ao lado de Monteiro, ajudar Nicolau, que foi seu pai na última existência.

Os olhos de Stela marejaram. Chorou ali mesmo, nos ombros de Monteiro.

- Sim... Quero muito encontrar papai... Sei o quanto sofreu por minha causa... E com a nossa separação. Ele era uma pessoa boa!

- Stela, minha filha! Os considerados bons também se enganam e sofrem os efeitos dos próprios erros. Mas sei que você poderá sim ajudar a resgatar Nicolau.

Terminou a explicação e, voltando-se para Monteiro:

- A Caravana do Amor estará novamente em ação e o seu nome encontra-se entre os demais componentes. Deveremos nos encontrar amanhã às 8 horas, em frente ao portão de saída.

Ao chegar no local e horário combinados, Monteiro demonstrou-se surpreso em saber que o retorno às zonas umbralinas, seria para mais uma tentativa de ajudar aos desencarnados que foram, quando encarnados, empregados da casa comercial, na época, da sua propriedade.

Depois da caminhada e do costumeiro cuidado que deveria ser repetido todas as vezes que ali iam, chegaram ao local. O instrutor Aldo passou a falar, explicando aos habitantes daquele vale de dor que eles não se encontravam naquela situação, por culpa exclusiva de Monteiro, mas, sobretudo, por causa da responsabilidade na morte de Osvaldo.

- E em relação a Monteiro - continuou explicando - , procurem lembrar de algo bom, uma gentileza, por exemplo, que ele tenha feito com algum de vocês e pensem em perdoá-lo por ele ter considerado a atitude de vocês exagerada e, por isso, não ter pago a gratificação e demitido-os do emprego. Mas ainda assim, ele nunca os esqueceu! Tanto que, agora, sabendo que vocês já se encontram desejosos de mudar os rumos da vida, na procura de algo melhor, aqui se encontra para dar todo apoio que vocês precisam para isso, já que desejam deixar este lugar de dor e sofrimento.

Logo que Aldo fez uma pausa, oportunidade para que eles decidissem por eles mesmos o que desejavam fazer, começaram a conversar:

- Ele não era ruim com a gente! - disse um deles. - Lembram quando ele conversava, brincava com a gente, e ríamos todos juntos?

- Eu me lembro da vez em que o meu menino adoeceu, e ele levou-o de automóvel para ser consultado pelo médico. Comprou os remédios e todos os dias perguntava por ele. Quem faz isso, não deve ser odiado, como vínhamos fazendo - falou um deles, que se chamava Joel.

Joel tomou coragem e ainda disse mais sobre o ex-patrão:

- Ora, ele não pagou a gratificação e ficou zangado a ponto de nos botar fora do emprego, porque nós exageramos, como acabamos de ouvir. Acho que a nossa maior culpa, que só Deus poderá nos perdoar, foi a gente ter espancado o homem até a morte. Por isso, somos, sim, criminosos! O que devemos fazer é pedir perdão a Deus e nunca mais fazer coisas assim ruins. Agora a gente já sabe no que dá fazer maldade com os outros!

- E tu está disposto mesmo a ir com ele? - perguntou outro, por nome Lázaro.

- Se não for com ele, com quem então? São muitos anos penando aqui nesse lugar de tanto sofrimento! Eu quero saber mais sobre Jesus, porque, pelo que eu ouvi o padre falar nele, nas poucas vezes em que a minha mulher insistia para eu ir com ela à igreja, posso dizer que na Terra nunca houve alguém com tanta bondade e sabedoria. Lembro que o padre um dia disse que devemos perdoar a quem nos ofende. E que foi Jesus quem ensinou isso. Assim sendo, eu quero ir com Monteiro. E vocês?

Eles silenciaram por instantes, mas um deles voltou a falar:

– Já que a gente não quer mais fazer coisa errada, e sim seguir o bem... Para que ficar aqui, neste lugar de tanto sofrimento?

Aldo, percebendo que aquele era o momento, disse-lhes:

– Monteiro deseja muito conversar com vocês. Aceitam?

– Que venha! – respondeu um deles, por todos.

Monteiro aproximou-se e, depois de cumprimentá-los, um a um pelo nome, disse-lhes:

– Eu não deixei de gostar de vocês, porque, quando trabalhavam comigo, eram leais e interessados no progresso da empresa. Eu os demiti, porque não gostei do que fizeram. Mas tempos depois, eu me arrependi.

Depois da fatalidade da morte de Elisa e Sandro, Monteiro se sentiu numa situação moral bem pior do que a dos ex-empregados. Realmente ele, arrependido, procurou-os, mas não encontrando, tentou esquecê-los, porém não conseguiu, porque a consciência não o permitiu.

Sob o olhar, ainda desconfiado de alguns deles, Monteiro continuou:

– Agora, aqui me encontro, para fazer um convite: que venham comigo! Quero dar a vocês todo apoio que estiver ao meu alcance para ajudá-los a seguir um novo caminho, como eu mesmo já estou fazendo. Todo erro, meus amigos, gera sofrimento. Assim sendo, menos erros, menos sofrimentos. Todavia, é preciso aprender como se comportar melhor, para encontrar o caminho que leva à paz e à alegria de viver. E isso nós vamos tentar fazer juntos! Que acham?

– Vamos, companheiros! – exclamou Joel, o mais afeiçoado a Monteiro e que, pelo fato de ter sido ajudado por ele, quando na enfermidade do seu filho, mostrou que, mesmo depois de tanto tempo, o seu sentimento de gratidão continuava inalterado. E esse sentimento agora era maior do que as mágoas e a amargura que experimentara.

Depois de tantas tentativas, ao longo do tempo, finalmente eles conseguiram compreender a verdadeira realidade, e resolveram acatar as sugestões do antigo patrão. Com essa nova disposição foi que adentraram a Estância Espiritual, imaginando que aquilo fosse o próprio paraíso das escrituras, conforme as tradições católicas.

Dois anos depois, eles já se encontravam conscientizados da responsabilidade que deveriam assumir pelos próprios atos e que não deveriam acusar os outros, tentando se isentar da culpa resultante das suas próprias ações. E ao saberem que voltariam ao mundo e que seriam filhos de Monteiro, não demonstraram insatisfação.

Na mesma época, Stela, a exemplo de Monteiro, demonstrava muito interesse no estudo referente aos assuntos que, certamente, a ajudariam a conviver na qualidade de mãe de todos aqueles irmãos na grande família humana. E motivada pela busca do pai, o que mais desejava naquele momento, não teve qualquer dificuldade nos treinamentos a que foi submetida. Assim foi que, incluída ao lado de Monteiro, na Caravana do Amor, seguiu para a tentativa de resgate do pai.

De início, Nicolau repudiou a presença de Monteiro, a quem acusava por todo sofrimento que passava, desde quando excluiu Stela da família, expulsando-a de casa, conforme já narrado. Ali, naquele ambiente de dor, sentia um grande pesar na consciência por ter agido desumanamente contra a filha a quem antes tratava com muito carinho e mimo.

A presença de Stela era para ele, na situação em que vivia, como um presente dos Céus, pois, se ela se encontrava ali à sua procura, era porque o havia perdoado. Mas, ainda assim, preferia que ela não estivesse ao lado de Monteiro, o suposto inimigo. Mas Stela, habilidosa, passou a usar os novos conhecimentos adquiridos naqueles últimos anos e pôs em ação os treinamentos feitos para aquela situação, falando sobre a importância de perdoar e o bem que havia sentido ao perdoar aquele que fora o seu príncipe encantado e com quem sonhara viver longos anos na Terra.

Stela então mostrou que tanto ela quanto Monteiro estavam agora amadurecidos pela dor e despojados das ilusões do mundo material. Afirmou que pretendia, doravante, seguir uma nova jornada ao lado de Monteiro, agora com novas propostas de vida.

Nicolau observava a filha, ainda com os olhos do pai que fora por muitos anos, até encher-se de ódio e revolta contra Stela e Monteiro. Viu que seu desafeto ali estava, diante dele, humilde, modificado nas disposições íntimas. Ele também mudara. Por que não aceitar o convite à reconciliação? Encarou o ex-genro e...

– Está disposto a ser leal com ela, sem enganá-la, como ocorreu?

– Baseado no que venho aprendendo e na condição íntima em que me encontro, garanto que adotarei com firmeza e lealdade, qualidades que serão parte ativa do meu comportamento! Mas que você venha conosco, pois, já não há mais razões que lhe prendam neste local, a não ser que mantenha ainda, contra mim, sentimento de vingança. É hora de nos voltarmos, todos, para Jesus e tentarmos estabelecer a paz que esteve tanto tempo afastada de nossas vidas.

Nicolau tocou nas próprias vestes, tentando entender a própria aparência, e assustou-se:

– Como ir a algum lugar assim?

– Pai, desperte bons sentimentos. E logo suas vestes serão outras. Vamos!

– Só depois que você me perdoar. Porque, se eu pensasse antes, o que penso agora, depois de tanto arrependimento, não teria agido daquela forma...

– Se eu não o houvesse perdoado estaria aqui à sua procura?

Nicolau deu-se por vencido. Seguiram ao encontro dos outros componentes da Caravana do Amor e retornaram à Estância. Mas ainda passando pelo portão, percebendo a diferença do ambiente para onde estava sendo levado, Nicolau olhou para si mesmo...

- Minha filha, como entrar na cidade vestido assim com estes trapos?

Monteiro, compreendendo a situação, sugeriu:

- Tente fazer uma oração agradecendo a Jesus pela oportunidade que você está recebendo de mudar o modo de viver. Expresse o seu sentimento de gratidão, do mesmo jeito que faria se ele estivesse aqui em nossa frente!

Quando reencarnado, Nicolau considerava-se católico e nas poucas vezes que rezou o Pai-Nosso fê-lo de joelhos. Lembrando-se desse hábito, ajoelhou-se e, de mãos postas em forma de oração, começou a pensar:

> Jesus! Eu antes nunca havia pensado no senhor com sentimento de gratidão. Mas agora, depois de tantos anos de desventura e sofrimento, por causa dos erros que cometi, arrependido e disposto a mudar de vida, embora saiba que não mereço, peço ajuda, senhor, para seguir um novo caminho e que aceite a minha gratidão pelo socorro que acabo de receber, por ter reencontrado a minha filha que tanto amo e, enfim, por eu ter conseguido perdoar Monteiro, a quem eu culpava de toda a minha desventura. Confio e aguardo, senhor, as vossas determinações. Sejam quais forem, serei obediente e farei tudo o que me for indicado, sem reclamar, pois só agora, depois do sofrimento, é que estou tentando compreender quando, um dia, na Terra, nos afirmou que era o Caminho, a Verdade e a Vida.

Quando ele abriu os olhos, percebeu que Stela e Monteiro, também ajoelhados, estavam abraçados a ele. Levantou-se e, bastante emocionado, notou que os trapos haviam desaparecido, dando lugar a uma roupa tal qual as que usava quando ainda encarnado. Chorou.

Monteiro abraçou-o e disse:

– Repito o que ouvi do nosso querido instrutor Aldo, quando Stela foi resgatada e se encontrava, ainda, adormecida em meus braços: Vamos, meus filhos, Jesus espera por nós!

Faltava ainda Osvaldo, mas ele se encontrava numa situação tão odienta, que sequer aceitava qualquer ajuda que pudesse mudar o seu pensamento. Consciente disso, Monteiro, vendo o instrutor Aldo do seu lado e demonstrando o contentamento que sentia, através de um alegre sorriso, e que Stela seguia a passos lentos abraçada a Nicolau, resolveu tocar no assunto:

– Penso que, agora, o grande obstáculo é a situação de Osvaldo. Terei que esperar a sua melhora até que possa ser resgatado?

– Necessariamente, não! O ideal seria que houvesse qualquer tipo de reconciliação, para amenizar as diferenças que se manifestarão em relação a você e os que serão seus filhos, já que foram eles os causadores da sua desencarnação precoce. Se até você retornar à vida corpórea ele não se encontrar acessível a uma mudança, continuaremos na tentativa de ajudá-lo. Todavia, mesmo que ele continue no estado de rebeldia e prossiga vibrando em vingança, não deixará de chegar à sua nova família na qualidade de filho. O único obstáculo seria Stela, que, sem qualquer tipo de ajuste com ele, poderia, se quisesse, rejeitar a possibilidade de vir a ser sua mãe. Mas, felizmente, concorda com essa possibilidade, simplesmente para ajudar a você mesmo e a ele.

– Mas se a situação piorar e se ele se deixar arrastar, ainda mais, pela decadência moral, contraindo débitos com a prática de ações impulsionadas pelo ódio?

– Ainda assim chegará ao seu futuro lar, através da reencarnação compulsória.

– Tem que ser tudo isso numa mesma existência? Será que Osvaldo não poderia ficar para outra?

– O tempo certo e a condição mais favorável encontram-se nas leis divinas, cuja interpretação é feita por espíritos sábios e iluminados, e nos chegam pela misericórdia do Divino Senhor do Universo.

- Penso que, se ele não houvesse criado provocações e insinuações, nada disso teria ocorrido. É verdade que eu não gostava do jeito dele. Mas, somente por isso, jamais faria qualquer coisa ruim contra ele - lamentou Monteiro.

- Monteiro, você se enganou ao imaginar que Osvaldo se encontrava interessado em Elisa!

- Agora eu já não devo contestar, como antes, a sua fala. Mas há evidências de que ele se sentia atraído por ela, por causa dos bilhetes que ele mesmo deixava no jardim da casa e, além disso, as insinuações que lhe fazia, mesmo estando ela por mim acompanhada. Esses sinais não poderiam ter outro sentido, a não ser...

- Eram apenas para causar aborrecimento e contrariedade. Pensava, sim, em afastar Elisa de você, apenas para lhe ver vencido e humilhado - reiterou o instrutor.

- Mas eu, até o momento da agressão, nada havia feito a ele que chegasse a desagradar-lhe!

- Não nesta última existência. Mas num passado distante você contraiu um débito para com ele, cujo motivo fora justamente ter prejudicado durante muito tempo a tranquilidade dele e da família. Monteiro, nada fica impune! Não como castigo, mas sobretudo para atingir a finalidade de toda convivência, que é harmonizar, para se chegar à indicação de Jesus: "Amar a Deus sobre todas as coisas, e ao próximo como a si mesmo", sem jamais esquecer que não se deve fazer aos outros o que não deseja que os outros nos façam.

Depois de refletir sobre o sentido da explicação de Aldo, Monteiro voltou ao assunto referente a sua reencarnação:

- Quando eu devo voltar à Terra?

- Conforme foi planejado, brevemente!

- E os meus futuros filhos... Com que idade eu estarei, ao recebê-los?

- Dependerá muito da sua vontade e também de Stela, pois isso não se trata de determinismo. O seu dever diante da lei de causa e efeito, por você mesmo já determinado, é recebê-los como filhos. Mas o ideal é que seja quando ainda se encontre jovem e com o corpo físico em pleno vigor, para o trabalho. Afinal, sua família será composta por um número considerável de filhos. Não se trata de previsão, mas talvez quando isso começar a ocorrer, você estará com 23 a 25 anos, e Stela com 20 a 22 anos de idade. A partir daí, não nos cabe prever, pois se trata de uma particularidade dos dois. Mas se tudo caminhar como prevemos, aos 26 anos de idade, no máximo, você já estará aconchegando ao coração o seu primeiro filho.

- Se me permite, gostaria ainda de saber: qual deles será o primeiro?

- Dentre todos, o único que sempre lhe demonstrou afeição. Ele será o mais velho, não somente para ajudá-lo nas atividades materiais, mas, sobretudo, para influenciar e servir de exemplo aos outros, já que se trata, tomando como base as suas tendências, do mais acessível ao comportamento moral desejável. Por isso mesmo, será programado para, ainda na adolescência, surgirem nele os primeiros sinais da mediunidade ostensiva, com que deverá servir em nome do amor.

Monteiro entendeu que se tratava de Joel, e prosseguiu perguntando cheio de curiosidade.

- Como servir com amor se teve ele participação na morte de Osvaldo?

- Todo espírito, sendo um projeto divino, carrega consigo potencialidades em estado latente, aguardando as condições necessárias para seu despertar. Assim como a semente que encerra em si a árvore que será a partir das condições favoráveis para a germinação. Você também, Monteiro, está, ou não, esperançoso em poder servir com amor, no plano material?

- Compreendi e agradeço pela importante lição. Mas, se me permite, eu ainda gostaria de saber se eles renascerão no sexo masculino ou haverá alguma mudança, já que todos eles viveram a última existência nesse sexo?

- Sim, todos os que você já conhece. Mas além deles, você receberá mais dois espíritos que renascerão no sexo feminino, conforme já me referi a este assunto.

Porque Monteiro ficasse calado, mas demonstrando no semblante sinais de curiosidade, Aldo explicou:

- Ambos farão parte da sua família, de livre e espontânea vontade, impulsionados pelo desejo de servir em nome da gratidão, tanto a você, quanto a Stela.

- Oh! Que bom saber que nem tudo foi mal no meu caminho! - exclamou contente.

- Assim como há mínimos detalhes para corrigir, há também para contribuir. Elas, suas futuras filhas, serão para você e Stela como o símbolo da paz em forma de seta apontando o caminho, sempre para o melhor.

O instrutor Aldo, percebendo que Monteiro, cheio de curiosidade, prosseguiria formulando mais e mais perguntas, falou:

- Não devemos desperdiçar o tempo, alongando-nos em detalhes que, no momento seriam desnecessários. Em vez disso, é bom saber para se firmar sem qualquer tipo de temor, já que tudo se encontra bem pensado e muito bem preparado para o êxito desejado. Dependerá de você, que vai ter oportunidade de conhecer Jesus sob outra ótica, a que é adotada pela doutrina espírita, o Consolador Prometido. Se for da sua vontade aceitar, certamente facilitará a educação e orientação dos seus filhos, pois a referida doutrina que se baseia nas lições luminosas de Jesus e nas revelações trazidas pelos espíritos superiores, por ele mesmo encarregados dessa tarefa, enseja os principais conhecimentos, que visam promover o crescimento moral do homem.

Depois de instantes de silêncio, asseverou:

- Quem porventura procurar conhecer Jesus, através do seu exemplo e das suas lições luminosas, jamais o esquecerá!

- Eu venho, há algum tempo, pensando nisso! - exclamou Monteiro, e prosseguiu se expressando: creio que um dia, não sei quando, se na próxima reencarnação ou pelo tempo afora, no porvir... Certamente isso me ocorrerá, pois, apesar da minha atual obscuridade, quando penso nele sinto a vida mais leve e mais alegre.

- Continue pensando assim. O bom pensamento é, também, uma prece!

Não obstante a advertência do instrutor Aldo, sobre o desperdício de tempo, Monteiro voltou a perguntar:

- Gostaria ainda de fazer uma pergunta, se não for inconveniente: Que será do meu sério compromisso referente a Elisa e Sandro? Tenho convicção de que jamais ficarei impune!

- Certamente que não, pois, não há impunidade na Justiça Divina. Por isso mesmo, você deverá responder pelo seu ato. Quando e como, isso não podemos prever, embora saibamos que a misericórdia do Pai enseja a melhor oportunidade, no tempo e local certos, em prol da educação moral do espírito. Sendo a sua próxima existência permeada de provas, desejamos muito que esse resgate fique para outra existência no porvir. Já que Elisa e Sandro não se permitiram nodoar o íntimo pelo ódio ou sentimento de vingança, a reparação da sua falta não dependerá da presença deles na sua próxima experiência no corpo físico, no mesmo círculo da parentela. Elisa e Sandro não estão na mesma condição de outros desafetos seus, que guardam sentimento de vingança contra você, por muitos anos. Seu compromisso para com esses irmãos tem sim caráter de urgência, porque ainda persistem resquícios do ódio e do ressentimento, que não foram por inteiro eliminados. O retorno de todos no seio da mesma família consanguínea facilitará a conciliação, ainda que isso não constitua, por si, garantia de êxito e superação.

capítulo nove

DESPEDIDA

A ausência não separa quem se une por amor. Entretanto, a presença do ente amado gera sempre uma doce ventura!

Dizzi Akibah

ALGUNS ANOS DEPOIS que fora levado ao plano físico, para conhecer o local onde reencarnaria e os seus futuros pais, Monteiro convidou todos os que iriam compor a sua futura família, além do instrutor Aldo, para fazer sua despedida, em simples reunião, pois, tendo superado os principais obstáculos e vencido o medo, situação psíquica que antes atrapalhava muito o seu desempenho nas primeiras atividades, chegara a hora, segundo seu programa reencarnatório, de voltar ao campo de lutas terrenas.

Mas chegando ao local da reunião, um salão de médias proporções, foi surpreendido, pois o mesmo se encontrava repleto. Ele não imaginava que, mesmo tendo se dedicado por inteiro para com aqueles com quem convivera durante as suas atividades naquela Colônia, teria despertado simpatia e cultivado, por isso, novas amizades.

Embora se encontrasse bastante alegre, ao perceber a expectativa de todos que ali se encontravam, valeu-se do instrutor Aldo, pedindo que este dissesse alguma coisa, pois estava ávido para ouvi-lo, antes de deixar a Estância.

- Queridos irmãos, - iniciou Aldo, - aqui nos encontramos, não simplesmente para um adeus ao irmão e companheiro Monteiro, por sabermos que não há separação entre aqueles que já estabeleceram a união pelos laços da fraternidade, mas simplesmente para ajudá-lo com o nosso apoio.

Fez rápida pausa e prosseguiu:

- Poderia dizer que já nos encontramos acostumados a este processo, pois são muitos irmãos nossos que aqui chegam e, depois do tempo necessário, retornam ao plano material para o devido renascimento. Isto poderia ser considerado uma rotina, se a situação fosse única para todos, isto é: se demonstrasse a mesma conotação. Entretanto, as referidas situações não poderiam ser comparadas entre si, porque cada uma delas é única! A reencarnação é sempre uma experiência única para cada espírito que retorna à carne, mesmo se tratando de uma coletividade que tenha que experimentar uma única situação gerada pelo efeito da mesma causa, já que depende de vários fatores como patamar evolutivo, situação moral, capacidade, conhecimento e conscientização, dentre outros, que cada um leva consigo. No caso do nosso irmão Monteiro, levando em conta a situação íntima em que aqui chegou e o que conseguiu realizar até este momento de despedida, o seu despertar pela conscientização, pela força de vontade, pelo encorajamento e pelo seu profundo desejo de reparar as arestas - efeitos de causas perpetradas na sua mais recente existência, no plano físico - causa-nos satisfação. Ao tomar conhecimento dos importantes compromissos, a título de reparo, convenceu-se de que o caminho certo era a ação pelo amor e não hesitou. Além de se entregar por inteiro ao estudo e, mesmo sabendo que se tratava, apenas, de um treinamento para fixação da teoria, prestou um serviço de considerável relevância.

Depois de uma pequena pausa, dirigiu o olhar na direção de Monteiro e prosseguiu:

- Vá, Monteiro! E guarde a certeza da nossa frequente colaboração. Leve como principal bagagem o amor que conseguiu cultivar para com aqueles que, esperam de você, na condição de pai, a orientação, o amparo, a tolerância e a necessária disciplina, tomando como base as lições luminosas de Jesus - a luz que brilha e clareia os caminhos que devem ser percorridos ao longo dos séculos ou milênios, para alcançarmos a iluminação e a felicidade plena, finalidade para a qual Deus criou o espírito, princípio inteligente do Universo.

Fez pequena pausa e concluiu:

- Que a vida na matéria não seja, jamais, interpretada por você e por todos que comporão a sua família consanguínea como castigo, mas sim como oportunidade cedida pela misericórdia divina, perdão de Deus, o divino criador. Sentiremos no dia a dia, a falta da sua companhia, da sua colaboração e do seu companheirismo, mas estamos cientes de que não haveria para você e nem para nós algo em que pudéssemos vislumbrar esperanças melhores do que a conscientização e firme decisão com que você chegará ao mundo dos encarnados. Por isso mesmo, o nosso sentimento, neste momento, é de regozijo e de júbilo.

Visivelmente emocionado, Monteiro levantou-se, a fim de pronunciar algumas palavras de agradecimento, mas acabou indo um pouco mais longe:

- Eu desejo, de público, com toda sinceridade e seriedade, agradecer ao instrutor Aldo, não só pelo incentivo das suas palavras, mas também pela inegável bondade e admirável dedicação, na tentativa paciente e tolerante para vencer a minha rudeza e a obscuridade da minha ignorância, como faz o pai a um filho que muito ama, na esperança de vê-lo dentro dos princípios das leis divinas, sem mais repetir erros e enganos, cujos resultados constituem sofrimento não somente para si mesmo, mas para tantos quantos se encontrem enlaçados por qualquer tipo de relacionamento. Não fosse toda essa dedicação, certamente eu não teria ultrapassado as dificuldades que, inicialmente, me retinham para enfrentar a realidade. Recebo esse sentimento paterno, como exemplo, o qual gostaria de despertá-lo na Terra e usá-lo no relacionamento com todos vocês, que estão programados para serem meus filhos. Creio que, com propósitos sinceros de cada um de nós que comporemos uma família numerosa, poderemos realinhar as nossas vidas dentro dos desígnios das leis do Divino Senhor. E no final dessa jornada, ao retornar à vida espiritual, teremos dado um passo no adiantamento espiritual, ensejado pela educação moral.

Parou de falar por instantes e, em seguida, disse com a fisionomia serena:

> Ampara-nos, senhor Jesus, frágeis que nos sentimos, excepcionalmente, quando revestidos da indumentária carnal, com objetivo de quitar sérios débitos para com a justiça divina. Abençoa, Senhor, com o teu santo amor, a nossa querida Stela, que se fará mãe de todos estes nossos irmãos, por vontade de servir, pois o seu dever inicialmente seria apenas com um, entretanto, aceita de bom grado ser mãe de todos os outros, sem haver qualquer reajuste ou quitação de débito.
>
> Aqui, neste momento, comprometo-me perante as leis do divino Senhor: se preciso for, sacrificarei a minha vida física, na sua integridade, para cumprir e honrar esta oportunidade que o Pai da vida nos concede, pois estou consciente de que devo restituir o que deles, um dia, na obscuridade da ignorância, retirei.
>
> Não deixe, Senhor, que nos percamos pelos caminhos tortuosos do mundo, os quais levam sempre às portas largas

das facilidades. Mas mesmo sendo ásperos os caminhos que transitaremos, que possamos através deles ultrapassar a porta estreita.

Rogo-te ainda, Jesus, uma fagulha da energia do teu santo amor, como fortaleza e sustentação para todos os nossos irmãos que laboram nesta estância do espaço. E que a tua paz seja sempre sentida em nossos corações!

Fez uma pausa e, olhando na direção de todos, que ali se encontravam, solidários, disse:

- Irmãos queridos! Desejo dizer adeus, não com a conotação de separação, como disse o nosso querido Aldo, mas simplesmente na qualidade de uma simples despedida de alguém que sai para uma viagem, mas sabe que um dia retornará.

Não conseguiu continuar. Aldo abraçou-o e falou, sorrindo:

- Bravo! A sua disposição acabou superando a aflição que sentem quase todos os reencarnantes que saem daqui para esse mesmo fim.

Vendo Stela demonstrando abatimento, por não saber de que maneira eles se encontrariam na Terra, Monteiro se aproximou e disse:

- Nós nos reencontraremos, sim, Stela! Porque, além da ligação psíquica já estabelecida, conforme esclarecimento do nosso querido instrutor, os amigos que aqui deixarmos, inclusive ele mesmo, intuirão nossas mentes no momento certo.

Voltou-se para os que seriam seus filhos e disse-lhes:

- Confiem na misericórdia de Deus, nosso Pai, e na assistência amorosa dos que laboram, em nome do amor, na seara do divino mestre Jesus.

Depois de abraçá-los, um a um, deixou o salão e, satisfeito por ter cumprido a sua tarefa de contribuição, no resgate de todos aqueles espíritos, com exceção de Osvaldo, que continuava odiento e cheio de sentimento de vingança, seguiu, conduzido pelo instrutor Aldo, rumo àquela mesma casinha simples, sob a constante sombra das árvores frutíferas, onde os pássaros entoavam o seu canto harmonioso, em paralelo com o ruído do sopro do vento nas folhagens. Ao chegarem, Aldo recomendou:

- Durante esse período de convivência e de observação para conhecê-los melhor, você poderá, se surgir oportunidade e souber o que fazer, ajudá-los em qualquer situação. Se não souber ou não entender, chame-me pelo pensamento e logo eu estarei aqui. A sua ligação com a nova forma de vida será dentro de 45 a 60 dias.

Logo depois que Aldo deixou o lugar, Monteiro passou a observar o jeito de viver da sua futura família, ainda pequena, composta dos pais, uma linda menininha e o garoto em quem Monteiro direcionou mais a sua observação e não demorou a ser acometido de uma surpresa.

Ele se encontrava em pé na porta de entrada, e o menino, que vinha correndo atrás de um cão, com quem costumava brincar, parou de vez na sua frente, ficou olhando, olhando... Depois de instantes perguntou:

- Quem, é você?

- Sou seu amigo - respondeu Monteiro, satisfeito por estar sendo visto pelo menino e aproveitou para conversar. - Como é o seu nome?

- Eu me chamo Danilo. E você, o que quer aqui, na minha casa?

- Eu acho que nós seremos bons amigos, durante muito tempo, porque eu vou ser seu irmão.

- Vou contar para mamãe! - falou e saiu correndo até o quarto, onde a mãe se encontrava com a filha.

- Mamãe, aí tem um homem dizendo que vai ser meu irmão e vai morar aqui!

- Que conversa é essa, menino? Vá brincar!

- Mamãe, venha ver! Ele ficou na sala, sentado no banco - insistiu.

Ela foi até a sala e, não vendo ninguém, pegou um vaso, pôs nele grãos de milho e disse:

- Vá dar comida às galinhas!

Mais tarde, ao ver o esposo chegando do campo, ela foi logo contando a ele:

- Danilo apareceu com uma história de que havia alguém lá na sala. Disse que era um homem e que iria ser irmãozinho dele.

- E você ficou preocupada com isso? Nem ligue! É coisa de criança.

Mas no dia seguinte, logo ao acordarem, ela disse ao esposo:

- Tive um sonho estranho... Via um homem aqui em casa. Assustada, perguntei o que queria. E ele então respondeu:

- Aqui me encontro para me familiarizar, pois farei parte deste grupo. Serei o seu terceiro filho. Peço que me receba, do mesmo jeito que recebeu os dois primeiros.

- Mas que sonho sem sentido! Você sabe, Jandira, que isso não vai acontecer por causa do seu problema no ovário. Tanto é verdade que além do médico ter afirmado isso mesmo, nestes últimos dois anos você não engravidou.

- Sim! Mas além de Danilo dizer que estava vendo alguém, o sonho parecia algo muito real.

- Isto mesmo. Você deve ter sonhado, porque ficou pensando no que Danilo disse. Esqueça isso e vamos tomar o nosso café!

Ouvindo isso, Monteiro se encheu de aflição e começou a pensar em Aldo. Momentos depois, para a sua surpresa, viu-o entrando na casa.

- Desculpe a minha preocupação - quis justificar-se Monteiro.

- Monteiro... Não deve afligir-se de tal maneira, porque esta atitude poderá mudar os rumos traçados. É verdade que ela tem um problema no ovário, mas nós já estamos cuidando disso, com aplicação fluídica. Mas você também pode ajudar. A partir de agora atue, psiquicamente, junto a nossa irmã, a fim de que ela volte ao tratamento e, no momento da consulta médica, vá junto e colabore com o médico, intuindo-o no tratamento. Você será auxiliado nesse momento, porque um companheiro nosso, especializado na medicina, estará com você.

Logo que Aldo deixou o lugar, Monteiro passou a observar o menino, que, ao vê-lo, disse:

- Vamos brincar de correr para ver quem chega primeiro?

- Vamos! Mas lá fora!

Momentos depois, Jandira foi até a porta ver o que o filho estava fazendo e viu-o correndo e gritando:

- Cheguei primeiro! Você é grande, mas não tem força para correr! Eu acho que é porque você está velho!

Monteiro, nos últimos anos dedicando-se com satisfação em atividades ao bem de muitos, ao lado do instrutor Aldo, havia imprimido no perispírito um certo rejuvenescimento, e não mais demonstrava as feições decrépitas de antes. Contudo, o rosto expunha rugas e os cabelos demonstravam um tom grisalho. Por isso que o menino Danilo expressou-se daquele jeito.

- Meu Deus, o que é isso?! Será que Danilo está vendo, realmente, alguém? Uma alma? Que Jesus me livre disso! - disse Jandira, amedrontada.

Com todo esse medo ela saiu imediatamente com os filhos e seguiu na direção do campo, onde o esposo estava trabalhando. Logo que ele a viu chegando, perguntou surpreso:

- Jandira, o que você está fazendo aqui, neste sol tão quente, com estas crianças?

- Eu fiquei com medo, porque acho que Danilo está vendo, realmente, a alma de um homem velho!

Romualdo deu uma gargalhada e falou do mesmo jeito de alguém, ao se sentir vencedor:

- Bem que eu te disse, que isso era só coisa de criança! Se fosse verdade, ele não o estaria vendo como se fosse uma pessoa adulta. Um homem, como ele fala, e ainda mais... velho! Se Danilo dissesse que está vendo uma criança, eu até que poderia acreditar. Mas como uma pessoa... Alma de tamanho adulto, poderia entrar no útero e nascer pequenininha?

- Eu li no Evangelho algumas páginas onde está escrito que um homem, chamado Nicodemos, perguntou a Jesus o que deveria fazer, para alcançar a salvação e, Jesus disse que, na verdade, ele teria de nascer de novo! Ele, Nicodemos, não compreendeu, ou não acreditou no que Jesus disse e fez uma pergunta igual a sua. Você também, Romualdo, está duvidando de Jesus?

- Deve ser uma questão de interpretação. Se nada sabemos sobre isso, melhor é cuidar da vida e esquecer.

Monteiro, que seguiu Jandira, aproximou-se de Danilo e, percebendo que ele o via naquele momento, sugeriu:

- Diga ao papai que eu estou aqui e que, quando eu nascer, quero que me chamem de Albério, porque gosto desse nome.

- Papai, ele está dizendo...

Repetiu o que ouvira de Monteiro, mas Romualdo, imaginando, ainda, tratar-se de criação da mente infantil do filho, resolveu pôr um ponto final no assunto:

- Diga a ele, que vá embora! E você, Danilo, esqueça e não fale mais nada sobre isso!

- Mas ele é meu amigo!

- Ele é muito grande para ser seu amigo. Amigo de criança deve ser outra criança!

Só aí Monteiro percebeu que deveria parar de conversar com a criança, principalmente falar sobre o seu renascimento, para não perturbar a tranquilidade da família, já que os seus componentes não tinham conhecimento sobre a reencarnação.

Os dias foram passando, e Monteiro afeiçoava-se cada vez mais ao lugar e à nova família. O médico espiritual fez uma visita, examinou Jandira e informou a Monteiro o nome do medicamento que ela deveria tomar para resolver o problema e reforçou a recomendação do instrutor Aldo, incentivando-o a acompanhar a futura mãe até o consultório, onde deveria intuir o médico encarnado a indicar o citado medicamento. Logo depois do tratamento, que ocorreu conforme o desejado, Jandira percebeu que os sintomas haviam desaparecido. Sem qualquer dificuldade, 63 dias depois, com a indispensável ajuda do instrutor Aldo, Monteiro foi ligado à minúscula forma de vida, gerada pela agregação dos gametas masculino e feminino, que seria o seu corpo físico, para mais uma jornada no plano físico, conforme constava na sua programação.

Jandira, logo que percebeu os primeiros sintomas da gravidez, falou para Romualdo:

– Penso que Danilo estava certo. Vou ser mãe de novo!

Depois disso, passou a observar Danilo. Mas não o vendo conversar ou brincar com alguém, como vinha ocorrendo, perguntou-lhe:

– Danilo, cadê o seu amigo? Ele foi embora no dia que papai mandou?

– Não, mamãe! Ele ficou, mas não conversava e nem brincava comigo, porque papai não queria.

– Ele ainda está aqui, em casa?

– Não, porque parece que ele ficou muito triste e disse que ia desaparecer por algum tempo e depois ia nascer com o nome de Albério.

Jandira, apesar de nada saber sobre reencarnação, conforme narração anterior, passou a acreditar no que o filho falava. Não entendia como isso poderia ocorrer, mas tanto acreditou que, nove meses depois, quando a criança nasceu, ela pôs o nome de Albério, conforme era a vontade de Monteiro. Mas ficou só nisso. Se os pais buscassem outros conhecimentos relativos à vida espiritual, certamente Monteiro poderia ter acrescentado bem cedo à sua formação conhecimentos sobre a vida espiritual e, mais tarde, encontraria, com mais facilidades, saídas para as situações sérias que ele estava fadado a conviver.

parte dois

capítulo dez

TEMPO DE COLHEITA

Vivemos, hoje, o que fizemos ontem de nós mesmos.
Dizzi Akibah

QUATRO DÉCADAS DEPOIS, numa casa na zona rural, cujo aspecto denotava a falta de condições dos seus moradores, via-se uma mulher ainda jovem, mas sobrecarregada com os deveres do lar, inclusive o de cuidar de sete filhos, todos ainda crianças, exceto os dois mais velhos, na faixa etária entre 15 e 17 anos de idade. O mais novo, com 3 anos, ainda não andava. Lisandra, a mãe, embora tão atarefada, tinha que carregá-lo no colo.

Um homem com 40 anos de idade, mas já demonstrando sinais de envelhecimento precoce, por causa do contínuo esforço a que se submetia, trabalhando duramente, no campo, sob o sol causticante, para não faltar o alimento básico à família. Além disso, quando retornava à casa, com a roupa sempre encharcada de suor por causa do esforço empreendido, Albério não tinha tranquilidade. O comportamento de alguns dos seus filhos, embora na fase infantil, demonstrava tendência para a rebeldia, o que não deixava de causar preocupação e muita aflição aos pais. Brigavam entre si, e as agressões constantes tinham, como consequências, ferimentos provocados por pedradas, queimaduras por objetos aquecidos no fogo e tantas outras perversidades, consideradas incomuns a crianças na faixa de 6 a 12 anos de idade.

Num dia quente, Albério chegava do campo acompanhado de Marconi, primeiro filho do casal, ambos carregando na cabeça cestos pesados contendo frutas e mantimentos colhidos naquela jornada. Antes mesmo de retirar o cesto para aliviar o peso, ouviu a voz da esposa, Lisandra, que, cheia de aflição, veio ao seu encontro:

– Albério, põe o cesto no chão e vem ver a situação de Leandro!

O menino estava com um ferimento, na cabeça, de onde o sangue escorria descendo rosto abaixo.

– O que foi isso? Ele bateu a cabeça em algum lugar? – perguntou, assustado.

– Não, Albério... Foi Álvaro. Seu irmão atirou-lhe uma pedra!

– Oh, Deus! Eles são ainda crianças e já chegaram a este ponto?! Temos realmente que chamar por Deus! Por que será que temos filhos assim? As meninas não nos dão trabalho e, felizmente, Marconi além do bom comportamento, colabora comigo nas duras tarefas... – ponderou o pai, desalentado.

– Os outros se encontram tão rebeldes que sequer me atendem! – queixou-se Lisandra. – Não sei, Albério, o que será de todos nós! Além de tudo, não vão à escola, porque não temos condições para isso. Serão todos adultos analfabetos!

– Se os levasse comigo para a roça, eu teria que ficar o tempo todo com a atenção voltada para eles, apartando brigas, sem nada poder fazer! – reclamou Albério. – A escola seria o ideal, porque, além do ensino, eles ocupariam o tempo, aprendendo algo útil! Infelizmente, não há condições! – lamentou Albério, desalentado.

– É verdade! Escola só há na cidade, mas é muito longe para irem até lá, caminhando. Se pelo menos tivéssemos uma carroça...

– Mas não temos o animal para puxá-la – interrompeu. – Marconi, por exemplo, já com 17 anos, só sabe ler algumas palavras e muito mal assina o próprio nome. Ana Mara já aprendeu mais um pouquinho: consegue ler mais ou menos, e a sua escrita não faz vergonha. Cássia está começando a ler. Ana Mara está ensinando a ela o pouco que aprendeu. Os outros, porém, sequer conhecem as letras do alfabeto.

- Pensamos que é difícil, pai, enquanto não damos o primeiro passo, para tentar resolver- interveio Ana Mara. - No nosso caso, é só vender este sítio, comprar uma casa na cidade, para morar, e o senhor, que sabe ler, escrever, e conhece as quatro operações, arranja um emprego. Lá seria mais fácil ter acesso à escola. Acho que aqui na roça não é o seu lugar! Penso que o senhor progrediria muito se fosse negociante!

Albério perguntou, surpreendido:

- Como você sabe disso? Ser comerciante foi sempre o meu sonho!

- Então, pai... É só fazer isso!

- Ana Mara, não é assim tão fácil como você imagina, porque não tenho condições financeiras. O dinheiro da venda desta roça, como você sugere, sequer daria para a compra de uma casa na cidade. Imagine montar um negócio!

- Pai, quem já dispõe de boa situação financeira, salvo os que recebem herança, não precisa mudar, porque, provavelmente, o que escolheu para fazer deu certo. Quem deve mudar é, justamente, quem está experimentando situações difíceis, como nós mesmos! Eu não pretendo continuar vivendo assim. Logo que completar 18 anos, vou para a cidade trabalhar e estudar.

- Minha filha... Trabalhar em quê, se você não tem qualquer preparo?

- Como doméstica! Não quero a minha vida como a da minha mãe, que, ainda nova, já anda morrendo de cansaço. Imagine quando a idade avançar?

Ouvindo isso, Albério e Lisandra entreolharam-se surpresos com os planos da filha. Não podiam se lembrar, por estarem reencarnados, da afirmação do instrutor Aldo, quando eles se encontravam ainda no mundo espiritual, sobre as filhas Ana Mara e Cássia, que renasceriam no seu lar e, por gratidão, desejavam apoiá-los e dar bons exemplos aos irmãos. Jovens, ainda no corpo físico, mas portadoras de experiências adquiridas em existências pretéritas, as quais já começavam, àquela altura, a produzir efeitos.

Mas, apesar da aparente seriedade com que Ana Mara se expressara, ela não deixaria os pais, enquanto não cumprisse os planos traçados antes de reencarnar, em relação a eles e também aos irmãos. O tom da conversa foi o recurso momentâneo que ela usou, tentando acordá-los para entender que, por difícil que seja a situação, há sempre um novo caminho ou uma porta que se abre. Tanto que, na sua mente permeavam pensamentos dando conta de que aquela situação era, apenas, uma passagem, assim como passa a sombra de uma nuvem e logo devolve à Terra o beijo quente dos raios solares.

Albério, sem querer prosseguir no assunto, tratou de desviar a conversa para outro tema:

- Bem. Sei que tudo isso é importante, mas o mais urgente é a educação doméstica desses meninos, que se encontram muito rebeldes. Acho que não conhecemos nossos filhos! E para educar, é preciso conhecer melhor um a um. E já que ninguém é perfeitamente igual, o modo de educar deve ser individual.

Terminou de falar e saiu rapidamente. Lá fora, começou a chamar os filhos um a um e, depois de mandá-los sentar-se ali mesmo no chão, perguntou:

- Vamos fazer uma brincadeira... Quem é o mais valente da turma?

- Eu! - respondeu Leandro.

- Quem gosta de vencer na briga?

- Eu, aqui! - respondeu o mais agitado.

- Alguém aí gosta de ajudar?

Ninguém respondeu, e ele, com um lápis, ia anotando as respostas.

- Quem, entre vocês, perdoa, quando apanha do outro?

Nenhuma resposta.

Depois de fazer nova anotação, aproveitou a oportunidade para comprovar se era ou não verdade algo que já vinha notando no comportamento dos filhos, para com ele, com a seguinte pergunta:

- Quem ama o pai?

O silêncio, como resposta, deixou Albério entristecido, mas sem perder o ânimo, continuou perguntando:

- E amam a mamãe?

- Sim! - responderam todos, de vez.

"Ainda bem", pensou Albério, consigo mesmo. E continuou:

- Quem aí, de vocês, gosta dos irmãos?

Ficaram todos calados.

- E quem não gosta?

- Eu! - responderam todos ao mesmo tempo.

Lisandra, ouvindo lá de dentro da casa, aproximou-se do esposo, já falando:

- Não consigo entender essa sua atitude! Esses meninos agem com tanta ferocidade, uns contra os outros, e você, em vez de agir com energia, a fim de que sintam a autoridade do pai, fica brincando com eles?!

- Oh, Lisandra! Você não prestou bem atenção ou não entendeu a minha intenção. Estou apenas conhecendo meus filhos, um a um. Percebeu que eles não gostam de mim? Terei de conquistá-los, e isso se faz na camaradagem. Por isso, vou inventar muitas outras brincadeiras. Além de me aproximar deles, poderei educá-los, segundo a necessidade de cada um.

- Espero que dê certo, porque eu já me encontro esgotada!

* * *

A PARTIR DAQUELE dia, duas vezes na semana, Albério reunia os filhos, brincava com eles, inventava histórias, cujo assunto tocava no jeito de ser de cada um deles. O tempo foi passando e, meses depois, para admiração de Lisandra, à tardinha quando Albério retornava do campo, os meninos iam todos correndo encontrá-lo no caminho! As brigas haviam diminuído.

Contente com a nova situação, logo que Albério chegou do trabalho, ela começou a expressar a sua satisfação.

– Parabéns! A lição serviu até para mim. Eu imaginava que eles precisavam de um pai rigoroso, por causa da rebeldia. Agora eu estou convencida de que o caminho é realmente a camaradagem... O amor... Que, no final, é sempre o vencedor!

– Afinal, Lisandra, foi Jesus, o mais sábio que passou por este mundo, quem disse que deveríamos amar uns aos outros. Se a gente não conseguir fazer isso com os de casa, imagine lá fora? A nossa próxima luta daqui por diante será colocá-los na escola. Farei isso, mesmo que o sacrifício diminua os meus anos de vida!

À noite, embora bastante satisfeito, por causa do reconhecimento da esposa em relação ao seu método de educar os filhos, Albério deitou-se ainda cedo e, em vez de fazer uma prece antes de dormir, como lhe era habitual, passou a pensar nas dificuldades para sobreviver. Embora o corpo cansado por causa do esforço no trabalho pesado pedisse repouso, ele não conseguia dormir, porque focalizava a mente na falta de expectativa em relação ao problema da escola para os filhos, situação que lhe causava muita preocupação.

Mas foi a conversa de Ana Mara que, apesar de ocorrida havia pouco mais de três meses, deixava-lhe sobressaltado, porque, para ele, a filha era a expressão da paz, do carinho e da bondade. Como poderia viver sem a sua presença? Com esses pensamentos desordenados povoando a sua mente, adormeceu, já alta madrugada. Mas ainda assim, logo que foi se afastando do corpo físico – através do desdobramento natural, como ocorre comumente com toda criatura humana ao dormir - ele percebeu que um vulto se aproximava. Na fisionomia, notou sinais de ódio. Tentou retornar ao corpo físico, mas o visitante, odiento, segurou-o pelo braço e começou a falar:

- Monteiro! Até que, enfim, você está longe dos que te protegiam... Pensa que pode se esconder de mim? Está disfarçado nesse corpo, mas é o mesmo criminoso que mandou me espancar até a morte.

Parou de falar, por instantes, aguardando uma reação. Mas percebendo que Monteiro demonstrava alheamento e pavor, passou a ameaçá-lo:

- Você sabe quem sou. Osvaldo! E finge que não me conhece! Mas não adianta fingir, porque, aqui me encontro para acabar com você e seus filhinhos perversos e criminosos, que interromperam a minha vida, quando eu era jovem e cheio de esperanças. Vou iniciar o meu trabalho, aqui, dentro desta casa, logo que o dia amanhecer! Pouparei, apenas, as duas meninas, sua esposa e o menininho de colo, os quais sequer imagino quem são. Mas aqueles quatro perversos não terão oportunidade sequer de crescer e chegar à mocidade. Eles mesmos vão se matar entre si! Lembra-se da pedrada que furou a cabeça de um deles? Foi só o começo. Você pensa que está educando essas víboras... Não perca tempo e nem crie esperança, porque, a partir de hoje, as coisas vão mudar. E o primeiro a perder aquele corpo, que está lá dormindo - falou, apontando - , é você, criminoso insensível! Depois, eles pagarão, um a um. Vou transformá-los em pequenos bandidos, até que se matem uns aos outros. Se não der certo, como desejo, um incêndio na casa resolve em poucos minutos, já que parte do teto é de palha. O fogo será ateado por um dos seus filhos, sob o meu comando, mente a mente!

Depois de mais uma pausa, ele voltou a vociferar, odiento:

- Você não diz nada? Está com medo, covarde? Oh! Onde está o Monteiro rico, orgulhoso... Onde? Agora, quem é você? Quem o conhece? Onde está a mulher, por quem você mandou tirar a minha vida? Sabe dela? Você não quer falar sobre isso, porque é tão mal, que acabou matando a própria esposa!

Depois do desabafo odiento, o visitante soltou o braço de Albério, mas, para aumentar ainda mais o pavor que infundia na mente do seu desafeto e algoz do passado, ameaçou:

– São muitos os que gostam de mim e me atendem. Vou trazer mais de uma dezena deles, para transformar esta casa num verdadeiro inferno! Inferno! Prepare-se, criminoso desalmado!

Albério acordou sentindo-se mal. Levantou-se da cama e passou o resto da noite sentado numa cadeira, na sala da casa, com receio de dormir. Logo que Lisandra acordou, ele contou com detalhes o que denominou de pesadelo, E ela, amedrontada, perguntou:

– Você acha que isso pode acontecer? Ou foi apenas um pesadelo?

– Parecia muito real... E enquanto ele falava, veio-me à mente umas lembranças de coisas que, naquele momento, me davam certeza de que haviam acontecido. É muito estranho para mim!

Meia hora depois, eles ainda estavam conversando sobre o assunto, mas interromperam a conversa, por causa de Marconi, que saiu do quarto com o cenho fechado. E passou pela sala sem cumprimentá-los:

– Marconi! – falou Albério, espantado com a cena. – Você nos viu aqui? Bom dia! Pelo menos, dê um "bom dia"...

– Marconi?! Meu nome não é esse. E você sabe muito bem quem sou! Osvaldo! Mas continua fingindo que não sabe! Hipócrita! Mentiroso! Perverso! Já disse que vou acabar com você e esses criminosos!

Logo que terminou de falar, pegou uma das ferramentas de trabalho no campo e avançou na direção de Albério. Ana Mara que acordara com o movimento e os gritos apavorados da mãe, chegou à sala e, vendo o irmão prestes a agredir o próprio pai, o que jamais imaginava acontecer, pois era ele, dentre os irmãos, o mais ligado a Albério, percebeu que havia algo mais. E falou a toda voz:

- Saia daqui, pai. Marconi não está sozinho!

Albério pulou a janela e se escondeu por trás de um tronco de árvore, enquanto Ana Mara posicionou-se à frente de Marconi. E disse, resoluta!

- Em nome de Deus-Pai, a quem devemos respeitar, largue essa ferramenta e nos deixe em paz!

Osvaldo jogou a peça de ferro no chão e falou, embolando as palavras:

- Só por você, que parece ter errado o caminho, quando saiu do céu e caiu aqui, neste inferno!

Depois disso, Marconi voltou as suas feições normais, mas ainda atordoado, sem saber o que lhe ocorrera, perguntou aflito:

- Mãe, eu passei mal? Acho que perdi a memória... Estou ficando louco?

- Não, meu irmão - interveio Ana Mara. - Eu acho que isso é algo parecido com o que Alice me disse, na última vez que fui à cidade.

- E o que ela disse, filha? - perguntou Lisandra, interessada.

- Disse-me que ninguém morre de verdade. E que a morte aniquila apenas o corpo físico, mas a pessoa continua sendo a mesma que era antes, isto é, se era boa, prossegue sendo assim. Se era má, segue com a maldade. Se ao morrer, encontrava-se cheia de ódio ou sentimento de vingança contra alguém, pode voltar e procurar o seu desafeto para prejudicá-lo. Mas, se em vez de ódio, leva no íntimo amor pelas pessoas com quem conviveu, pode também retornar, simplesmente para fazer uma visita ou ajudá-los quando há condições e merecimento.

- E você acredita nisso, filha?

- Acreditando ou não, mãe, nós acabamos de ver algo que não deixa de ser um exemplo do que ela disse. Vai ver que nosso pai tinha um inimigo que já morreu e agora voltou para se vingar.

- Que conversa é essa, Ana Mara? - falou Albério. - Você pode até gostar dessa sua amiga, mas ela com essas conversas não pode ser uma boa companhia para você! Não se deixe influenciar, minha filha, porque ela deve ser ligada ao espiritismo. E já que nada sabemos sobre essa doutrina, é melhor não nos envolvermos - rebateu ele, sob influência do espírito vingativo.

- Mas não podemos deixar de acreditar no que acabamos de ver, pai! Em vez de evitar a amizade com uma boa pessoa, acho que devemos justamente ir à cidade e procurar orientação dela. Não é bom deixar para depois, sem saber o que poderá acontecer.

Marconi, que estava calado e demonstrando constrangimento, perguntou:

- A sua amiga falou alguma coisa parecida com o que acabou de acontecer comigo?

- Disse-me ela que algumas pessoas podem servir de instrumento para os espíritos se comunicarem. Também, que estas pessoas são conhecidas como médiuns. E pelo que eu vi, você pode ser uma delas.

- Eu?! Deus me livre de ser isso! Credo, cruz! Louvado seja Deus! - exclamou cheio de medo.

- Ora, Marconi! Alice, segundo ela mesma afirmou, é médium, e, pelo que pude perceber, é uma pessoa normal, como outra qualquer.

- Nem fale isso! Comigo, nunca!

- Filha, volto a repetir. Não se deixe envolver por coisas que não conhecemos!

- Ora, pai! Se a gente não se envolve, nunca aprende nada! É justamente quem ainda não sabe, quem mais precisa saber, para não continuar ignorando. Por isso, reafirmo que deveríamos ir à cidade procurar orientação com ela. O que não podemos é deixar para depois, sem saber o que virá pela frente, porque Marconi ficou inconsciente, sem saber o que estava fazendo. Se ninguém quiser ir, vou sozinha!

- Ana Mara! Não é você que decide e nem manda em você mesma. Está proibida de sair daqui e também de conversar com aquela moça. Assunto encerrado! - bradou Albério, já visivelmente zangado.

Ana Mara, que não desconfiava que o pai se encontrava sob a influência do espírito perseguidor, entristecida com a atitude do pai, pois nunca antes fora tratada por ele nesse tom, ia saindo da sala, quando um dos irmãos entrou, chorando.

- O que foi agora? - perguntou ela.

- Leandro me queimou com um ferro quente. E disse que vai botar fogo na minha cama quando eu estiver dormindo... Para me matar!

- Ninguém vai matar ninguém aqui, porque Jesus, que é o nosso guia maior, não permitirá. Estou falando com você, a quem não posso ver, mas sei que está aqui, só para fazer maldade.

Dito isso, Marconi levantou-se, de repente, com feições estranhas. Os traços fisionômicos denotavam expressão de ódio, deixando-o com outra aparência,

- Menina... Não sei quem é você, mas até que gosto do seu gesto de bondade. Mas não me desafie, porque você não conhece a história que é cheia de horror! Para não me alongar, basta dizer que você reside nesta casa com criminosos, que são o seu pai e os seus irmãos, exceto o pequeno, que nada me deve. Eles interromperam a minha vida, perversamente, e agora fingem que não me conhecem e que nada sabem! Já que a justiça dos homens não determinou que eles pagassem pelo crime bárbaro, eu, que perdi o corpo mas continuo vivo, vou fazer o mesmo que eles fizeram comigo! E logo que estiverem sob o meu jugo, aí é que vão ranger os dentes! Já estão para chegar mais de uma dezena de companheiros, lá do lugar onde eu fico, para começarmos a bagunçar tudo! É só aguardar - repetiu o espírito, ameaçador.

Estatelados e tremendo de medo, ninguém ousou dizer qualquer coisa, a não ser Ana Mara, que, apesar de também se encontrar atemorizada, disse:

– Você afirma chamar-se Osvaldo. Então vou lhe tratar pelo nome, porque, apesar do ódio que carrega dentro de si, você também foi criado por Deus. Se toda criatura de Deus é capaz de sentir compaixão, peço a você que pense direito, porque o que planeja pôr em prática é um ato de pura vingança, contra crianças! E não devemos esquecer do que disse Jesus, sobre aqueles que vivem ainda a fase infantil: "Deixai vir a mim as criancinhas!" Ele se referiu a todas as crianças. E quanto ao meu pai, ele vive para sustentar a todos nós. Acha que Deus concorda com o que você quer fazer? Ninguém consegue esconder o que faz, porque não há segredo para Deus. Se eles interromperam a sua existência, mas agora você quer se vingar fazendo o mesmo, não está nada melhor do que eles!

– Não me compare com víboras, se não quiser perder a minha consideração!

– Tudo bem. Mas peço apenas que pense no que eu disse e, agora, deixe Marconi, por favor!

Na noite daquele dia, enquanto Albério não conseguia dormir, Cássia se deliciava com um sonho, para ela tão belo, que, logo ao despertar pela manhã, saiu rapidamente da cama, ávida para contá-lo:

– Sonhei que algumas pessoas com luz sobre as cabeças se aproximaram de mim. Uma delas disse: "Quer passear conosco?" Antes de responder, ela segurou as minhas mãos e, de repente, senti que estava voando, como os passarinhos. A diferença é que eles têm asas, e eu não! Mas, assim mesmo, sem asas, eu me sentia leve e muito alegre! Depois, sem eu saber como, notei que estava num lugar muito bonito! Para todos os lados que eu olhava, via flores, cada uma mais bela que a outra. Mas uma dessas pessoas disse gostar muito do nosso pai. "Minha filha, quando você acordar, não se esqueça de dizer ao seu pai que ele deve ir à casa de uma senhora, por nome Cíntia, na cidade. Ela mora na rua... Na rua..." Oh, esqueci o endereço!

- Não tem importância, Cássia, porque eu acho que já sei de quem se trata. A mãe de Alice chama-se Cíntia! Deve ser ela! - interveio Ana Mara.

- E você a conhece? - perguntou Lisandra, supondo que a filha estaria muito mais envolvida do que demonstrava.

- Sim, mãe! Ela, além de muito agradável, é uma senhora muito bonita e simpaticíssima!

- O que você vai fazer, Albério? - perguntou Lisandra, interessada em saber a posição do esposo em relação ao assunto.

- Eu?! Como procurar uma pessoa que nem imagino quem é, para dizer que a minha filha sonhou com ela? Nem vai querer me ouvir! Ainda mais se tratando desse povo bem posicionado na cidade! Isso eu não faria nunca! Ora, filha! Eu não passo de um matuto malvestido, pés cheios de rachaduras, mãos ásperas cheias de calos... Na cidade, ninguém dá atenção a quem vive assim como eu! Não se trata de qualquer lamento, porque sei que o que vale na criatura humana é o seu proceder! Mas sei, também, que ninguém dá qualquer atenção a quem vive assim como nós! Atenção, só mesmo de Jesus, que é justo e bondoso!

- Pai - interveio Ana Mara. - Acho que o senhor não deveria prejulgar, afirmando coisas sem nenhuma base. Ora, pai! A gente não deve achar nada, enquanto não conhecer a pessoa.

Albério, que não estava no momento acompanhado pelo espírito obsessor, ficou por instantes calado, refletindo o que Ana Mara dissera. Em seguida, abraçou carinhosamente a filha e falou com a voz de puro amor:

- Ana Mara, você está certa. Se não devemos julgar, conforme disse Jesus, imagine prejulgar? Agradeço, filha, por ter me alertado. Mas mesmo que eu tentasse... Este meu jeito de matuto iria até assustá-la! - falou, rindo a gosto.

- Eu posso fazer isso, já que o senhor não quer!

Ele ficou, por instantes olhando para a filha, e depois começou a falar:

– Ao sair durante a noite escura, precisamos de uma luz, mesmo que seja a chama de uma vela, para clarear, pois na escuridão tudo parece desconhecido. Na vida, a escuridão é a falta de conhecimento. Ora, filha! Se não conhecemos essas coisas, para que nos valer delas sem saber onde estamos pisando? Não gosto de proibir. Mas, se quiser ouvir um conselho de pai, fique fora disso!

Ana Mara aquiesceu, mas intimamente não concordou com o pai.

À noite parecia tranquila e, quando todos já dormiam, Albério acordou ouvindo ruídos. Sem precisar de onde vinham, levantou-se e percebeu que era da cozinha. Mas chegando ao local, os ruídos, que iam se ampliando cada vez mais, começaram a vir da sala. Chegando na sala, ouviu no telhado da casa. O ruído parecia ser provocado por pequenas pedras atiradas ao telhado[9]. Ele abriu a porta, olhou, olhou e, não vendo ninguém, voltou para o interior da casa e percebeu que não só ele ouvia, porque todos, até as crianças, estavam acordadas e chorando com medo dos efeitos físicos causados pelos espíritos, sob a liderança de Osvaldo.

Ana Mara era quem se mantinha mais equilibrada. Mas Cássia, apesar de tudo, dormia tranquilamente, enquanto, para os demais, a noite fora pavorosa!

Logo que o dia amanheceu, os ruídos desapareceram, mas não o medo estampado na fisionomia da maioria, inclusive de Albério, que estava calado e de fisionomia carrancuda. Mesmo assim, começou a preparar a ferramenta, para o trabalho. Lisandra aproximou-se:

– Você vai sair e nos deixar aqui nesta situação?

---

9 Fenômeno de aporte, ou telecinesia, que foi explicado à luz do espiritismo em *O Livro dos Médiuns*, de Allan Kardec. Esses fenômenos, movimentação de objetos, fogo em colchões, pedras caindo sobre o telhado, etc., estão classificados na categoria de fenômenos mediúnicos de efeito físico (em contraposição aos fenômenos de efeito inteligente). Para que eles ocorram, há necessidade de médium de efeitos físicos, capaz de fornecer considerável quantidade de ectoplasma. Ao que parece, Marconi seria esse médium. **N.R.**

- Tenho que trabalhar! Imagine se, além de tudo isso, faltar alimento?!

- Eu, a essa altura, já concordo com Ana Mara. Não é possível continuar vivendo neste tormento, sem nada fazer! - exclamou Lisandra.

- Eu não posso fazer mais do que rezar e pedir a Jesus que nos ajude! E fique sabendo, Lisandra, que eu não vou procurar quem quer que seja, lá na cidade! Compreendeu?

Sem sequer imaginar que ele se encontrava sob a influência do espírito perseguidor, Lisandra, que era tratada por ele com muita atenção e carinho, estranhou a resposta brusca e nervosa:

- Você está sendo incompreensivo, caprichoso...

Iniciariam uma discussão, o que raramente ocorria entre eles. Neste momento, Cássia se aproximou, falando:

- Pai, não saia agora, porque eu quero contar mais um sonho!

- De novo, Cássia? - falou demonstrando impaciência, mas, ainda assim, não deixaria de ouvi-la, porque mantinha pela filha, verdadeira afeição.

Cássia, diante da família reunida, ali mesmo na área externa da casa, passou a narrar o sonho:

- Logo que adormeci, vi um homem se aproximando com algo na mão, parecendo um facho de fogo. Olhou para mim e disse:

- Menina, você é boazinha demais para continuar aqui e morrer queimada. Porque eu vou incendiar essa casa e matar queimados os perversos que me tiraram a vida. Avise a sua irmã, para ela se afastar daqui. E a sua mãe, contra quem não tenho nada, faça o mesmo, levando o menor de todos, que também não merece sofrer assim. Você e a sua irmã têm oito dias para fazer isso! Não teimem e não voltem atrás, pensando em salvar alguém, porque podem acabar sendo sacrificadas sem merecer. Não quero ser injusto a esse ponto!

Albério estava lívido... Sem reação. A menina continuou.

– Então eu perguntei por que ele queria fazer aquilo... Provocar um incêndio na casa... Ele respondeu que desejava vingar-se daqueles que foram maus e cruéis para com ele. Eu então ponderei com ele, dizendo que aquela atitude não agradava a Deus. "Por que não pensa em Jesus que é puro amor e pede a ele para aliviar a sua dor?", falei eu. Mas o homem, em vez de responder, voltou a ameaçar: "Dou oito dias! Não esqueça! Só oito dias!"

– E você não ficou com medo dele? – perguntou Lisandra, visivelmente aflita.

– Não, porque logo que ele saiu, chegou o mesmo homem que disse gostar de papai. E falou, sorrindo: "Filha, embora ele seja capaz de cumprir as ameaças, não se impressione, porque isso só ocorrerá se o seu pai não aceitar as sugestões que Ana Mara recebeu por nossa intuição. Diga a ele que este recado é de um amigo espiritual, por nome Aldo, que quer ajudá-lo. Entendo que ele não tem condições de se lembrar de mim, porque está reencarnado. Mas a pessoa que ele deve procurar, essa pessoa sabe quem sou, porque mantemos contato mediúnico. Embora ela e o esposo, na atual existência não conheçam o seu pai, já sabem do que está acontecendo na sua casa." Ele parou de falar por instantes e depois deu a seguinte explicação: "Toda vez que os seus irmãos começarem a brigar, chame Ana Mara e façam juntas uma prece a Jesus, pedindo por aquele irmão nosso, que acabou de sair daqui, porque ele é o mais necessitado e sofredor de todos." Ele terminou de falar, estendeu a mão na minha frente e ela foi ficando tão luminosa, que parecia um raio do sol. Momentos depois foram surgindo muitas cores e ele, sorrindo, passou a movimentar a mão, formar bolotas de luz e atirá-las na minha direção. Eu tentava pegá-las, mas elas desapareciam na minha mão! Gostei tanto, que acordei, sorrindo!

Albério olhou na direção da esposa Lisandra. E esta, por sua vez, dirigiu um olhar interrogativo a Ana Mara, que, notando a intenção da mãe, disse:

- Não, mãe! Nada a dizer, já que o pai não concorda! Aliás, apenas conversa não resolve. É preciso agir confiante em Deus e na constante assistência de Jesus.

Albério pensou em mudar a sua postura e permitir que a filha fosse à cidade à procura de ajuda, conforme lhe propusera, mas, sob influência do espírito vingativo, preferiu agir pelo receio e não voltar atrás da decisão que havia tomado. Pegou a ferramenta de trabalho, pôs sobre o ombro e falou, olhando na direção de Marconi:

- Você está dispensado de trabalhar, hoje, comigo. Melhor ficar em casa, para apartar as brigas dos seus irmãos indisciplinados.

Logo que ele saiu, os meninos começaram a brigar. Atirando objetos uns contra os outros, em instantes a casa se tornara ambiente de violência. Marconi, nervoso, e sem saber o que fazer, saiu dando tapas em quem conseguia alcançar, piorando ainda mais a situação. Lisandra, a mãe, falava, reclamava, mas eles sequer lhe davam atenção. Ana Mara chamou Marconi e falou:

- Pare! Não se corrige violência com atitudes violentas!

Foi quando Cássia se lembrou da recomendação do espírito Aldo e convidou Ana Mara para se recolherem em prece. Momentos depois da prece, elas perceberam que eles haviam parado. Ouviam, apenas, o choro de alguns deles, por causa dos ferimentos causados por cacos de objetos que foram quebrados e atirados entre si. Elas foram cuidar de limpar os ferimentos, enquanto Lisandra, a mãe, com as mãos trêmulas, chorava horrorizada com o que estava acontecendo. Entretanto, momentos depois, tomou uma surpreendente decisão:

- Vocês, filhas, estão certas! Não podemos prosseguir nesta difícil situação, sem qualquer providência! Desse jeito, a qualquer momento poderá ocorrer até uma morte!

- É verdade, mãe! Mas o que podemos fazer se o pai não quer que eu vá procurar ajuda, mesmo sendo esta a única saída que temos?

- Eu não gostaria de fazer nada contra o gosto dele. Mas terei de assumir isto!

Decidida, mandou Marconi pedir um cavalo emprestado ao vizinho, para levar Ana Mara à cidade. O filho, surpreendido com a atitude inesperada da mãe, perguntou-lhe:

- Mãe, a senhora está mandando que eu desobedeça a nosso pai?

- Não! Eu quero, apenas, que você me obedeça, porque sou a sua mãe. E com a mesma responsabilidade que tem ele, para com todos vocês. Vá rápido, meu filho, porque terão que estar aqui, antes do seu pai voltar. Felizmente, hoje, ele levou comida e só retornará à tardinha.

Marconi acatou a orientação da mãe e logo retornou com o cavalo. A viagem começou bem. Mas depois de ter percorrido pouco mais de dois quilômetros, o animal parou de vez o galope. Marconi aplicou algumas chicotadas, mas, em vez de seguir em frente, o animal suspendeu as patas dianteiras e eles foram ao chão.

- O que está acontecendo com ele? - perguntou Ana Mara.

- Não faço ideia, porque este animal é muito manso! Até as crianças montam nele, sem qualquer problema! Ele empacou e não quer mesmo passar por este lugar.

Ana Mara teve a ideia de fazer um atalho, por dentro do mato e acabou dando certo. Montaram novamente e seguiam tranquilamente a viagem, cantando alegremente em dupla, uma música do estilo nordestino. Mas, de repente, para surpresa de Ana Mara, Marconi começou a chicotear o animal, que, depois de aumentar a velocidade, disparou sem mais obedecer às rédeas. Ana Mara, assustada, falou, quase gritando:

- Marconi, o que você está fazendo?!

- Não sou Marconi! E não pergunte mais nada, porque você me traiu! Mesmo sabendo das minhas razões, quer fazer algo contra o meu plano!

Percebendo que a situação era séria, Ana Mara começou a fazer uma prece a Jesus, pedindo socorro, enquanto o cavalo continuava correndo, dando saltos nos obstáculos que encontrava pela frente. Todavia, depois da prece, ela se acalmou, guardando a certeza de que tudo iria acabar bem. Quando já se aproximavam da cidade, que se tratava de Campina Grande, no estado da Paraíba, apareceram alguns homens a cavalo, cavalgando no sentido contrário e, logo que perceberam, tomaram a frente, bloqueando a estrada. O cavalo parou de vez, mas caiu com eles. Marconi ficou com o pé preso embaixo do corpo do animal que, ofegante, deu bastante trabalho para se levantar.

Sentindo muita dor no pé, falou bastante contrariado:

- Não vou montar neste cavalo, nem que você me pague por isso! Mãe só tomou essa decisão, por causa da sua insistência, Ana Mara! Não fosse isso, eu não estaria aqui agora, com tanta dor! Se você quiser e tiver coragem, vá sozinha!

- Respeito a sua decisão. Mas como você vai ficar aqui, sem poder andar? Ora, Marconi! Você sabe por que isso aconteceu e precisa colaborar, se não quiser que a situação se torne ainda pior. Quanto ao cavalo, pode montá-lo sem qualquer receio, porque sinto que vai acabar tudo bem, com essa inesperada aventura! - falou tão convicta, que acabou convencendo o irmão a prosseguir a viagem.

Logo que chegaram à cidade, Marconi foi a um posto médico enquanto Ana Mara seguia diretamente à residência de Alice, onde foi informada que a amiga se encontrava no colégio e que só retornaria depois do meio-dia. Ela deixou um recado, informando onde iria esperá-la. Chegou à praça, local indicado para o encontro, sentou-se num banco e ficou aguardando, ansiosa, com receio de retornar sem ter conseguido o objetivo, pelo qual, ali se encontrava, ou de não chegar em casa, antes do pai, conforme o pedido da mãe.

Mas, felizmente, antes das 3 horas da tarde, a amiga apareceu e, sorridente, tratou de pedir desculpas pela demora.

- Eu já me encontrava aflita, imaginando que você não viria ao meu encontro - falou Ana Mara.

- Alguma coisa séria?

- Muito séria! Vim escondida de meu pai só para ter uma conversa com você.

- Se acalme e fale! - incentivou Alice.

- A vida da minha família e do ambiente da casa vem sofrendo surpreendentes mudanças...

Narrou tudo, com mínimos detalhes, e concluiu a conversa com um pedido, visto por Alice, como surpreendente:

- Oh, Alice! Precisamos de ajuda urgentemente. Peço-lhe, se possível, um socorro da casa espírita em que você atua, porque as ameaças que estamos recebendo de um espírito vingativo são muito sérias! E o pior é que meu pai, embora tenha presenciado tudo, parece não estar acreditando no que vê.

- É possível que o seu pai esteja sob a influência desse mesmo espírito. Você fez muito bem em desobedecer a ele. Porque se você não insistisse, o espírito poderia passar a comandar tudo e a todos, por induções, através dele mesmo, o seu pai. Eu preciso apenas do seu endereço, porque isso facilita a visita dos espíritos trabalhadores da casa.

- Eu resido num sítio, onde não há rua e número nas casas. O nome do lugar basta?

- Sim, de qualquer maneira ajuda!

- Rancho da Amendoeira. Não é difícil de chegar. Segue a estrada e, quando encontrar, à margem esquerda, uma enorme amendoeira, entra por um caminho que passa por baixo dos seus galhos e, logo adiante, já dá para ver a casinha. Será que eles vão acertar? Tomara que não errem o caminho.

Alice respondeu sorrindo:

- Fique tranquila, porque eles não errarão.

Depois de se despedir de Alice, Ana Mara foi ao encontro de Marconi, que a esperava no posto médico onde enfaixara o pé, que apresentava uma distensão muscular, apenas.

Apesar de toda a dificuldade durante a viagem, denominada

por Ana Mara de "uma aventura", conseguiram chegar ao lar antes do pai.

Ao vê-los de volta, Lisandra saiu porta afora, ansiosa para saber. Mas antes de explicar o que havia ocorrido, Ana Mara perguntou se havia acontecido alguma briga entre os meninos, ao que ela respondeu:

- Graças a Deus, está tudo em paz.

Ana Mara, referindo-se aos embaraços da viagem, falou, sorrindo:

- Sei... Não me admira que tudo tenha ficado em paz.

- Sabe? Então diga por quê!

- Ele, o espírito que vinha perturbando a paz do lar, ocupou-se comigo e Marconi, durante a viagem. Mas em relação ao que fomos fazer, Alice prometeu pedir ajuda aos espíritos que prestam assistência no Centro Espírita de Campina Grande.

- E isso é certo, minha filha? Depois que você saiu, eu fiquei aqui matutando, e acabei acreditando que Jesus sabe o que está acontecendo aqui em casa. Se não tivéssemos que passar por isso, ele já teria nos ajudado!

- A ajuda de Jesus, conforme Alice explicou, chega através dos bons espíritos e dos próprios homens de bem. Sossega, mãe!

Veio a noite. Notando que todos estavam amedrontados, Cássia, apesar da idade, demonstrava uma admirável percepção. Nada passava sem que ela notasse e tirasse conclusões. Assim é que ela pediu a todos que se reunissem na sala, para juntos fazerem uma prece que, sob a luz fosca de um candeeiro, foi por ela iniciada:

> Senhor Jesus! Aqui nos encontramos reunidos para pedir a tua ajuda, pois, acreditamos e confiamos na tua divina bondade. Permita, senhor, que os teus auxiliares tragam para nós, um consolo, neste momento que passamos por sérias ameaças, que podem se confirmar em tragédia, se não contarmos com a tua ajuda. Mas, que a tua ajuda seja dirigida muito mais para

aquele que nos ameaça, porque ele não é tão ruim como se pode imaginar, uma vez que está apenas doente por causa do ódio que guarda em seu íntimo.

Por isso, além de ter perdido os rumos da vida, ele já não sabe sorrir e, mesmo que olhe para uma flor, por bela que ela seja, ele não consegue admirá-la; se ouvir o canto dos pássaros, ele não conta com a sensibilidade de registrar a beleza de que esse canto é possuidor; se ele se aproximar de um riacho, não ouvirá com a mesma atenção o ruído das águas rolando e nem os peixinhos coloridos que nelas se movimentam. Sendo ele, como nós, filho de Deus, precisa ser tratado com urgência, já que é muito grande o seu sofrimento.

Pedimos isto, senhor, porque, tu mesmo, nos recomendou amar ao próximo e não querer para os outros, o que não desejamos para nós.

A voz infantil, mas cheia de sentimentos de Cássia ou Cassinha, como era tratada na intimidade da família, silenciou. Perplexos com o que acabavam de ouvir daquela menina de apenas 14 anos, todos se entreolhavam no silêncio, que prosseguia sem que ninguém ousasse interromper. Mas, passados alguns minutos, ela voltou a falar:

– Rezemos o Pai-Nosso, vibrando em favor desse nosso irmão, que se encontra olhando para nós, pela janela. Não devem sentir medo, porque ele é nosso irmão.

– Pai nosso, que estais nos céus...

Ela falava, e todos, até os meninos, repetiam. Momento raro naquela família, que foi formada por desafetos, salvo ela mesma e Ana Mara, que, como já foi dito na primeira parte da história, integraram-se ao grupo familiar, com único propósito de apoiá-lo nos piores momentos.

Ao terminar a prece, Cássia olhou na direção da janela. Com os olhos nessa direção, falou:

- Não fique triste! Deus não vai deixar de amar a você, só porque está doente e precisa se tratar.

Logo que ela terminou de falar, o pai perguntou, cheio de espanto:

- Minha filha, o que você está fazendo?

- Estou agindo contra a sua vontade, pai?

- Não, Cassinha. Eu não estou entendendo! Você falava com quem à janela?

- Com ele, que se diz inimigo do senhor... E de todos os meninos.

- Como você sabe que ele está ou estava lá?

- Eu o vi debruçado na janela e muito triste! Mas eu vi, também, o outro que diz se chamar Aldo, que aparece rodeado de intensa luz... Ele sugeriu que, na prece, pedíssemos a Jesus por ele, o espírito que está moralmente doente, sofrendo muito e prestes a contrair sérios débitos para com a Justiça Divina, porque perdeu o equilíbrio emocional e não se dá conta do que está fazendo.

- Você... Vendo espíritos?! - perguntou a mãe, denotando surpresa.

- Sim, mãe. Às vezes passam por mim, sorrindo, entram aqui em casa, olham, olham, e depois vão embora. Ontem uma mulher muito bonita entrou, ficou olhando para todos os lados, e falou: "Minha filha, diga aos seus pais que esta casa está precisando de amor e muita prece".

- Oh! Por que não nos falou nada sobre isso?

- Eu não falei antes porque fiquei com receio de nosso pai não gostar.

Albério então resolveu assumir posição.

- Eu não tenho que gostar, nem desgostar, porque, para saber se alguma coisa é ou não verdadeira, boa ou ruim, tem que ter conhecimento. E eu não tenho. Entendo apenas até onde a minha inteligência me permite. E reconheço que sou muito rude. Sobre este assunto lembro somente o que o padre disse na última vez que fui à igreja: disse ele que, quando morre alguém, se era bom, vai para o céu. Praticou erro, mas não cometeu nenhum crime, vai para o purgatório, lá permanecendo até se arrepender. E quando isso ocorre, segue para o céu. E os que praticam crimes e agem com maldade, vão direto para o inferno e lá ficam eternamente.

Apesar de se afirmar rude, Albério, sempre aos domingos, descansava no turno da tarde e, por hábito, ia até um velho armário, único existente na casa, pegava cuidadosamente a Bíblia, que a tinha como uma relíquia, por ter pertencido aos seus pais, abria o Evangelho, escolhia um capítulo, lia, relia até compreender, de acordo com as suas possibilidades, o sentido do que Jesus quis transmitir. Acreditava que a vida continuava após a morte do corpo físico, mas não formava ideia sobre o verdadeiro sentido da vida, perante Deus, apesar de ter tomado conhecimento disso, durante o período que permaneceu no mundo dos espíritos, mas não relembrava, já que o esquecimento do passado é um dos principais atributos da reencarnação.

– Talvez isso tenha outra interpretação, pai – disse Ana Mara, referindo-se ao que o padre dissera. – Porque, se assim fosse, não estaríamos passando por este vexame. Isso está acontecendo porque o espírito pôde voltar depois da morte do corpo. E, na minha maneira de pensar, Deus não criaria um lugar de suplício eterno, como descrevem o inferno, para castigar um filho seu, por enganos ou erros cometidos. Se fosse assim, pai, quem iria para o céu, se todos nós erramos muito? O inferno e o purgatório juntos teriam que ser tão grandes, quase que o mesmo tamanho de toda a Terra, para caber tanto espírito! O céu é que não precisaria ser tão grande, porque seriam poucos os que iriam direto para lá.

Terminou de falar, sorrindo, e o seu sorriso acabou contagiando a todos, que acharam graça das definições que, aparentemente, pareciam brincadeira, mas com certa lógica.

Ana Mara, então, aproveitou o ambiente descontraído e ressaltou:

- Agora, falando sério, eu acho que temos muito o que aprender. E por isso, é que precisamos estudar. Além de sair do analfabetismo ou semianalfabetismo, que é meu caso, podermos buscar outros conhecimentos sobre a vida depois da morte... A vida espiritual, que é eterna.

* * *

O DIA SEGUINTE, desde o amanhecer, estava tranquilo. Os meninos brincavam sossegados na área da casa. Marconi, com o pé enfaixado, não podia ajudar o pai nos trabalhos da roça. Albério preparou a ferramenta e, antes de sair, parou em frente à casa, espreguiçou e falou:

- Está tão bom aqui, que nem dá vontade de sair de casa hoje!

Lisandra, que estava perto, ouviu e apoiou o esposo.

- Sim! E por que não fica?

- Menos um dia de trabalho, menos, também, alguns pratos de comida!

- Albério, você fala isso a vida toda, mas, graças a Deus, se não temos um bom alimento, também nunca dormimos com fome! Descansa, hoje, homem! Temos muito que conversar. E você, ultimamente, não tem dado a mesma atenção de antes aos meninos!

- É... Você tem razão. Eu devo dar mais atenção a eles.

E assim o dia seguia na tranquilidade, que nem eles mesmos esperavam. Mas, aproximadamente, por volta das 4 horas da tarde, um ruído chamou-lhes a atenção.

- Parece zoada de carro - disse Albério.

E de fato, ao sair à varanda, viu um veículo parado em frente à cancela que dava acesso à casa.

- Quem será?! Talvez alguém que errou o caminho. Ou vem beber água...

Falou e se dirigiu, desconfiado, para o local. Mas Ana Mara, que sabia do que se tratava, foi atrás dele. Chegou ao local, no momento em que Alice descia do carro, já perguntando a Albério se era ali mesmo que residia Ana Mara. Mas, antes que este respondesse, Ana Mara exclamou a toda voz e cheia de alegria:

– Alice, você veio! Estou feliz com a sua presença.

Albério abriu a cancela, e o veículo estacionou à frente da casa. Os visitantes entraram, e Lisandra, embora envergonhada por causa da roupa velha e descolorida que usava, aproximou-se e falou, demonstrando satisfação:

– Sejam bem-vindos! Não reparem a pobreza da casa e da gente!

– Mãe, pai... – atalhou Ana Mara. – Esta é Alice...

Alice então tomou a palavra e fez a apresentação dos familiares, nominando cada um dos seus acompanhantes, Maurício e Cíntia, seus pais, e o irmão, Gustavo.

Ao ouvir o nome de Cíntia, Albério entendeu que se tratava da mesma pessoa que a filha falara. E ficou cismado. Mas ainda assim, procurou, embora sem saber como tratá-los, ser educado e gentil para com eles.

– Preferem entrar ou ficar aqui mesmo, à sombra do abacateiro? Lá dentro faz muito calor!

– Aqui mesmo, em contato com a natureza – respondeu Cíntia.

Albério foi até a sala, pegou algumas cadeiras rústicas, um velho banco de madeira, e falou, enquanto arrumava os assentos.

– Sentem-se. E não reparem a falta de conforto!

– Nem se importe com isso – falou Maurício, sorrindo.

Logo que se sentou, Albério olhou na direção de Cíntia e baixou as vistas, porque sentiu, sem entender, primeiro uma sensação de remorso e, em seguida, um sentimento de saudade. Passou a perguntar a si mesmo: "Mas o que será isso?"

Albério não imaginava que se encontrava ante Elisa, que, embora sem também se lembrar desse particular, ali chegara para atender o pedido que ele mesmo fizera, quando ambos ainda se encontravam na Estância Espiritual, conforme narrado na primeira parte da história, o que transcrevemos a seguir, para facilitar o entendimento: "Assim, peço, por misericórdia, mesmo sabendo que não mereço e que nada me dá a certeza de que poderei reconhecê-la no novo corpo físico, que, se alguma vez, antes de retornar, novamente, ao mundo espiritual, encontrar um pai de família com muitos filhos, também muito pobre e sobrecarregado de problemas com eles, por favor, não lhe negue uma palavra de conforto, pois esse pai poderá ser eu mesmo!"

Embora não se lembrasse de detalhes, Elisa, por sua vez, sabia que se encontrava diante de um homem que fora seu esposo, na existência anterior, e que havia tido a própria vida subtraída por um crime praticado por Albério, quando ela, Elisa, era ainda muito jovem. Atuando como médium, na casa espírita, recebia as mensagens e orientações do instrutor Aldo.

Logo que Ana Mara fez o pedido de socorro a Alice, o caso foi levado às atividades espirituais e Aldo achou por bem deixar Cíntia ciente: Assim, através da comunicação mediúnica, falou sobre as causas das perseguições do espírito Osvaldo e prestou as orientações necessárias para tentar resolver ou amenizar, de certa forma, aquele conflito que se aproximava de um século de duração.

Consciente disso, ela pôs rapidamente o olhar naquele homem, embora ainda novo em relação ao corpo físico, mas com a aparência envelhecida pelo duro trabalho de sol a sol no campo, para sustentar aqueles mesmos que, na existência anterior, insensível e arrogante, contraíra, com todos eles, sérios compromissos. Em seguida, fixou olhar na casa, cujas paredes eram feitas de taipa, e o teto, em parte, era uma cobertura de palha, conforme descrito anteriormente. Prestou bem atenção às crianças que, além das roupas com rasgões e remendos, apresentavam rachaduras nos calcanhares provocadas pela quentura da terra, já que andavam, forçosamente, descalças, pois não tinham sequer uma sandália para protegerem os pés.

Discretamente, Elisa passou o olhar em Lisandra, que, apesar de mais nova do que Albério, demonstrava na aparência envelhecimento precoce. Os olhos fundos encravados num rosto magro, cujo olhar expressava tristeza. Sentindo que as lágrimas teimavam fluir, Cíntia, para disfarçar, pegou um lenço e fingiu estar enxugando suor. Mas, por dentro, era só pranto.

Percebendo os sentimentos da esposa, Maurício puxou conversa com Albério, tentando disfarçar.

- Está bonito esse plantio! - falou, apontando para o lado.

- É verdade - confirmou Albério. - A folhagem está verde, por causa das chuvas que caíram recentemente. Dentro de um mês, mais ou menos, já dá para colher. O senhor gosta de aipim?

- Gosto, sim! Mas pensei que isso aí fosse mandioca para fazer farinha!

- É tudo parecido. A diferença é que a mandioca serve apenas para fazer farinha e beiju. Não pode ser comida cozida, como o aipim, porque na água da mandioca tem um produto... Dizem que é um tipo de álcool, que pode até matar, se alguém beber dessa água.

- Muito trabalho, não é mesmo, Albério?

- Ah! Meu senhor! São muitos estômagos para saciar. Hoje, fiquei em casa, só mesmo por causa do incentivo de Lisandra. Mas sei que lá pela frente, isso pode refletir, porque o trabalho, de hoje, é o alimento de amanhã! Mas se fosse só o trabalho... Além do menino mais novo que já passou dos 3 anos e ainda não anda, tendo por isso que ser carregado o tempo todo, agora estamos passando por uns problemas, que sequer sei como explicar. Apesar da idade, Ana Mara e Cássia parece que entendem alguma coisa sobre isso.

Depois de fazer uma pausa, ele continuou a conversa:

- Eu queria fazer uma pergunta, mas peço que não repare a minha curiosidade: O senhor e dona Cíntia são espíritas?

- Somos seguidores de Jesus e praticamos a doutrina espírita, que se baseia nos ensinamentos do Mestre e em muitos outros conhecimentos revelados pelos espíritos.

Maurício olhou para Címtia e, percebendo que ela já havia amenizado a emoção, deu-lhe a entender que gostaria que fosse dela a explicação dos fatos que estavam ocorrendo e quais seriam as providências a serem tomadas. Cíntia tomou a palavra e começou a falar:

- É justamente por isso que aqui nos encontramos. Embora não desejemos forçá-los a absolutamente nada que não queiram aceitar. Mas sinto-me no dever de explicar os fatos que estão ocorrendo, por recomendação de um espírito amigo que se chama Aldo. As suas meninas estão certas ao afirmar que se trata de um espírito que está agindo, impulsionado pelo sentimento de vingança. Em outra existência, anterior a esta...

Narrou os fatos, conforme ouvira do instrutor Aldo, e, ao concluir, explicou:

- Imagino que vocês achem estranho ouvir falar de outra existência. Entretanto, sabemos que não estamos aqui pela primeira vez. Já viemos muitas outras, com intervalos de permanência no mundo dos espíritos, entre uma e outra reencarnação. Este assunto, se for do interesse de vocês, poderemos esclarecer melhor em outra oportunidade. Preciso deixar claro que não viemos aqui para livrá-los do sofrimento que vêm passando, por causa das perseguições do espírito. Viemos apontar caminhos, para que vocês mesmos possam contribuir para melhorar, não apenas essa situação, mas tantas outras que estão ocorrendo apenas na qualidade de consequência, mas não se incluem nas provas que precisam passar. Nada poderemos fazer, se não contar com a boa vontade de vocês, no sentido de colaborarem com as atividades que serão postas em ação, com a sua presença, apenas um dia na semana. O mais indicado para isso é você mesmo, Albério, porque os outros são crianças. Mas, ainda assim, nós pretendemos sugerir novos rumos em prol da educação moral e espiritual de todos da sua família, através do Evangelho.

Parou de falar e aguardou Albério dizer alguma coisa, mas ele, depois de alguns minutos calado e pensativo, perguntou:

- Desculpe a minha ignorância... Mas isto é mesmo da parte de Deus e de Jesus?

- A doutrina espírita foi enviada por Jesus. Conforme está no Evangelho, o Mestre prometeu que, depois de sua passagem pela Terra, enviaria o Consolador[10], que era o Espírito de Verdade. Como pode perceber, estamos fazendo algo sob a recomendação de Jesus. Entendo a sua dúvida. É lógico e natural que queira perguntar muitas coisas, porque ainda não conhece a doutrina.

Albério, depois de permanecer pensativo por alguns minutos, disse, demonstrando satisfação:

- Gostei desse assunto e desejo, de acordo com a minha pouca capacidade de entender determinadas coisas, conhecê-lo melhor. Tenho impressão que eu já ouvi alguém me falar sobre isso... Pode ser apenas uma impressão.

Satisfeita com a reação de Albério, Cíntia quis saber:

- Você está disposto a estar conosco em nossa casa de atividades doutrinárias, uma vez por semana?

Ele dirigiu o olhar para Lisandra, e ela meneou a cabeça, positivamente. Depois dirigiu o olhar às filhas, e Cássia adiantou-se:

- Pai, não hesite! Este é o caminho.

- Elas estão de acordo e, mesmo que eu não quisesse, iria assim mesmo, porque são elas o alento do meu coração e, assim sendo, eu não desejo que continuem sofrendo por um problema que é muito mais meu mesmo. Não é isso?

Sem esperar resposta, continuou falando:

---

10 Vide Evangelho de João. O consolador, no grego *parakleto*, que significa "advogado", no sentido de defensor. "Eu não vos deixarei órfãos, mas enviarei o Consolador, para que vos faça lembrar de tudo quanto tenho dito, mas que ainda não tendes condição de compreender. O Espírito Verdade (ou "da Verdade") é, conforme entende a maioria dos espíritas, o próprio Jesus conosco outra vez. **N. R.**

– Tenho certeza de que eu vou me sentir muito envergonhado no meio de pessoas que, além de esclarecidas, andam bem vestidas... As roupas que tenho, bem, nem chamo isso de roupa, porque já parece trapo! Quando consigo uns trocados, em vez de adquirir para mim, prefiro comprar para elas e os meninos. Não quero que pensem que estou querendo dificultar, porque entendi que não é apenas em meu próprio benefício, mas de todos da minha família. Mas, talvez tenha dado para perceber que, apesar de terem vindo de carro, é bem longe, daqui para a cidade. É uma caminhada exaustiva e eu, sequer, tenho um animal... Um jegue ou um cavalo, que seja, para montar.

– O dia da semana em que você precisa estar lá é quinta-feira. Será muito bom que já na próxima contemos com a sua presença. Quanto à roupa, nós vamos resolver. O transporte...

Maurício tomou a palavra e disse:

– Procure um animal, seja jegue, cavalo ou burro, que esteja à venda, que eu lhe darei de presente. Mas faça isso logo, porque, dentro de três dias, eu volto aqui para esta finalidade.

– Quanto ao dia de trabalho na roça, que lhe será prejudicado, nós vamos providenciar uma cesta básica toda semana para cooperar – acentuou Cíntia.

– Oh! Que Deus ilumine cada vez mais os seus corações e as suas vidas! – agradeceu Albério.

Retomando a palavra, Cíntia sugeriu:

– Lisandra poderia ir com você, para adquirir novos conhecimentos.

– Se ela quiser, vai na garupa do animal – respondeu Albério.

Concluído o assunto, Cíntia quis saber quem era Marconi, e Albério respondeu, apontando para o filho:

– Ele, ali, com o pé enfaixado! Ficou um dia de folga e acabou caindo do cavalo do vizinho.

Ana Mara ficou sorrindo, pois, o pai ainda não sabia de toda a aventura que eles experimentaram até chegarem à cidade. Em seguida, Cíntia se dirigiu a Marconi, sentou-se junto a ele e começou a conversar:

– Fui informada pelo mesmo espírito Aldo que você precisa muito cuidar da sua mediunidade, que está aflorando. Compreendo que isso é estranho para você e que vai relutar para não aceitar. Mas você já nasceu com ela e não se trata de nada ruim. Ao contrário! Isso lhe foi dado para ajudar as pessoas e, ao mesmo tempo, ser ajudado. Porque, quem faz o bem aos outros, faz também a si mesmo. Eu sou médium; Maurício é médium, e, agora, também Alice! Somos pessoas normais e usamos essa faculdade para servir em nome do amor. Pense nisso, mas não se preocupe, porque há tempo para compreender. Você sabe ler?

– Não, senhora! Só as palavras mais fáceis... E assino o meu nome, mas a minha letra parece garrancho, como diz o povo por aqui.

– Tenha certeza que isso não continuará assim. Muita coisa poderá ser mudada, sem desobedecer à lei divina de causa e efeito.

Albério, que antes relutava contar com ajuda de alguém que fosse seguidor da doutrina espírita, naquele momento apresentava-se esperançoso, por causa da nova perspectiva que surgia para a vida de todos da família. Não conseguia esconder a satisfação, por causa do jeito atencioso com que os visitantes tratavam a todos, principalmente Cíntia, vista por ele como uma senhora de fino trato, presença por demais agradável, cuja simpatia conquistara até as crianças. Mas a sua admiração se prendia muito mais ao fato de considerá-la gente de alto nível social, conforme lhe dissera a filha, Ana Mara, suposição que nada tinha a ver com a verdade.

Mas, indiferente a estes ou quaisquer outros atributos, ela ali se encontrava impulsionada pelo amor ao próximo, conforme indicação de Jesus. Essa ação, de tamanha grandeza, leva-nos a perceber a eficácia do amor que, por onde passa, deixa a sua benéfica ação em forma de perdão, consolo, bom ânimo, esperança e alegria, anulando os malefícios gerados pela ação do mal.

Ali, naquele momento, vicejava o bem em forma de perdão, conforme exemplificou Jesus, quando, na cruz, voltou-se ao Criador e clamou: *Pai, perdoa-os, eles não sabem o que fazem.* Eles, Maurício (Sandro) e Cíntia (Elisa), confirmavam e exemplificavam o perdão, de uma forma puramente amorosa: socorrendo Albério, (Monteiro) que, na existência passada, interrompera-lhes a vida física. Eles foram cientificados disso pelo instrutor Aldo, através de comunicação mediúnica.

Mas a decisão de servir pelo amor suplantava qualquer outra situação, pois, quando são abertas as comportas do coração, o amor passa a jorrar em todas as direções, transformando-se em palavras que animam, mãos que salvam vidas, braços que abraçam, sorrisos que alegram, amizade que une, paciência na espera, tolerância na adversidade, perdão para quem erra, compaixão para quem sofre e doação em nome da caridade que, na essência, é pura expressão do amor universal.

Se perguntassem: que és tu, amor? Certamente seria esta a resposta: eu sou, além do remédio para todos os males da alma, o todo de toda expressão do Divino Criador do Universo.

capítulo onze

MUDANDO RUMOS

A fé divina é luz que aponta e ilumina caminhos.
Dizzi Akibah

NA QUINTA-FEIRA, CONFORME fora combinado, Albério e Lisandra chegaram ao centro espírita, cheios de receio e interrogação, por causa da impressão causada pela comunicação do espírito perseguidor, através de Marconi, que lhes provocara muito temor.

Cíntia, dirigente dos trabalhos, foi recebê-los à porta. E, percebendo o constrangimento do casal, levou-os a uma sala e, durante alguns minutos, esclareceu a razão pela qual eles se encontravam ali e tranquilizou-os informando que iriam, apenas, assistir a uma palestra e que se tratava de esclarecimentos que eles precisavam, para uma possível mudança de pensamento e, consequentemente, de comportamento.

Notando-os inseguros, ela esclareceu:

– Sem isso, dificulta o trabalho de desobsessão, porque o espírito perseguidor vem encontrando fragilidade em vocês e se valendo disso para apavorá-los, fazendo terror. Enquanto vocês forem se instruindo, tentaremos modificar as predisposições do espírito, esclarecendo-o e, ao mesmo tempo, criando motivações, que poderão ajudá-lo a seguir um novo rumo, onde possa vislumbrar a paz pelo perdão. São estas as nossas intenções. Contudo, só conseguiremos se ele se encontrar acessível.

Momentos depois que os visitantes se acomodaram no salão de palestras doutrinárias, a reunião teve início, e eles se sentiram tranquilos, ao perceber que o palestrante era Maurício. Durante a explanação do assunto, "Não querer para os outros o que não se deseja para si mesmo", sedentos de esclarecimento, eles bebiam palavra por palavra das explicações claras do expositor.

Ao terminar a palestra, eles foram convidados a entrar numa outra sala, onde, cheios de interrogação, receberam passes. Entretanto, antes mesmo de saírem do interior do centro espírita, já comentavam:

- Lisandra, você sentiu alguma coisa quando dona Cíntia ficou na sua frente fazendo movimentos com as mãos?

- Posso afirmar que nunca antes experimentei tamanho bem-estar! Até alegria, coisa que nem mais sabia o que era, eu senti. E você?

- Eu? Ah! Logo que eu vi aqueles movimentos com as mãos para lá, para cá... Deu-me uma vontade rir! Mas uma pessoa que estava do lado, deve ter notado, porque tocou em meu braço e disse bem junto ao meu ouvido: "Feche os olhos e pense em uma coisa muita boa que tenha ocorrido em sua vida!" Deu-me vontade de dizer: "Minha senhora, coisa muito boa ainda não aconteceu." Mas calei, comecei a pensar em Jesus e logo o meu corpo foi relaxando... Os pensamentos mudando, mudando, e. quando ela terminou, eu falei: "Oh! Que pena ter sido assim tão rápido!"

- Então, se você gostou e eu também, vamos continuar. Eu fiquei pensando: onde se faz o bem, não pode haver coisa errada. Porque...

Parou de falar, ao ver Cíntia e Maurício aproximando-se.

- Como estão se sentindo?

- Muito bem! - responderam simultaneamente.

- Seria de bom proveito uma conversa sobre o assunto, mas vocês têm que ir para não chegar muito tarde - falou Cíntia, estendendo a mão com um livro na direção deles. Em seguida, aproximou-se mais um pouco e prosseguiu falando: - É *O Evangelho segundo o Espiritismo*. Abram as primeiras páginas e leiam alguma coisa, para começar a conhecê-lo, porque eu acho que vocês vão usá-lo durante toda essa existência. Mesmo porque, na próxima semana, nós iremos lá, para sugerir uma importante atividade para toda a família.

- Desculpe, dona Cíntia, se eu for inconveniente com a pergunta que vou fazer: Este Evangelho do espiritismo é diferente do de Jesus Cristo?

- Não, Albério! Aí se encontram as lições de Jesus que se referem ao comportamento moral, isto é: os ensinamentos de Jesus nos mostrando de que maneira devemos viver, direcionando os nossos sentimentos sempre para o bem. Como exemplo, cito o perdão, o amor ao próximo, a humildade, a caridade, dentre tantas outras lições luminosas. Vocês começarão a conhecer melhor e entender de uma maneira mais clara na próxima vez que formos a sua casa.

Albério e Lisandra despediram-se, montaram no cavalo e, durante a viagem de retorno, a conversa dos dois não foi outra senão a impressão positiva que tiveram com aquela primeira experiência.

Por outro lado, no primeiro contato que Cíntia tivera, ainda, naquela mesma semana com o espírito Osvaldo, através da comunicação mediúnica, pôde compreender que se tratava de um caso dentre os mais difíceis que ela já havia conhecido. O espírito formara um grupo com mais de uma dezena de desencarnados viciados, raivosos, vingativos, brincalhões e sem qualquer indício de responsabilidade pelos atos, pois adotavam, nas suas ações, a libertinagem.

Para ajudar o espírito Osvaldo, seria importante afastá-lo do grupo, mas já que ele era, dentre os outros componentes, o líder respeitado como se fosse um chefe, restava a tentativa de doutrinar todos eles, tarefa que demandaria muito tempo! Tinha consciência de que qualquer outra medida mais drástica, para afastá-lo, estaria desrespeitando seu livre-arbítrio, o que jamais faria, dado o seu conhecimento e a sua responsabilidade assumida ante a espiritualidade.

Mas, apesar disso, não desanimou. Tanto que, na quarta-feira, da semana seguinte, conforme havia prometido, ela chegou acompanhada de Maurício:

– Aqui nos encontramos – falou, sorrindo, como sempre – para fazer uma proposta que, se aceita, será a abertura de um novo caminho a ser trilhado, conforme Jesus nos propôs.

– A senhora e seu Maurício não precisam propor! Basta nos dizer o que devemos fazer e será feito.

– Albério, entendo a sua lealdade e a total confiança que você deposita em nós. Entretanto, apesar do seu acatamento, não devemos esquecer que todos nós temos direito ao uso da lei do livre-arbítrio, e que, assim sendo, a sinceridade deve estar sempre presente em nossas decisões. Se por qualquer razão, não aceitarem o que vou propor, desconsiderem a proposta, porque não se deve fazer algo que não se deseja, simplesmente por consideração a quem propõe.

Fez uma pausa. Mas percebendo que todos se encontravam na expectativa, prosseguiu:

– Trouxe alguns livros contendo contos infantis, que poderão ser lidos para as crianças ouvirem. Minha proposta é que, um dia na semana, a família seja reunida, aqui mesmo na sala, para estudar o Evangelho. Que acham?

– Eu acho muito bom e estou de pleno acordo. Mas será que nós saberíamos fazer isso, já que apenas aprendemos a ler e escrever? – perguntou Lisandra, visivelmente interessada.

– Isso não prejudicará a aprendizagem. Aos poucos, vocês começarão a compreender. Se assim não fosse, Lisandra, as pessoas que não tiveram acesso ao estudo e que sequer sabem assinar o nome nada aprenderiam. Mas eu conheço algumas pessoas assim, que aprenderam a fazer coisas admiráveis, mesmo sem conhecer as letras do alfabeto.

Aproveitando a pausa, Albério, que não havia esquecido dos movimentos das mãos (o passe), feitos por Cíntia na sua direção, e que lhe trouxeram muito bem-estar, quis saber:

- Em relação a mim, estou também de pleno acordo e agradeço em nome de toda a minha família por essa dedicação. Mas, saindo um pouco do assunto, eu gostaria de saber se tem nome aquilo que a senhora fez com as mãos na minha direção e também na de Lisandra! Não se trata de uma simples curiosidade, porque eu me senti tão bem, que me deu a certeza de que nunca antes havia ocorrido isso comigo.

Cíntia, rindo a gosto, respondeu:

- Aquilo, como você fala, é o passe! Uma transfusão de energia, que faz muito bem a quem doa e a quem recebe, como você mesmo acabou de afirmar.

- Viva a Deus! Como tem coisa boa neste mundo, que a gente nunca imagina! Mas, voltando ao assunto do estudo do Evangelho, eu penso que hoje mesmo, quarta-feira, é um bom dia, porque é véspera do dia da reunião. Um dia depois do outro. O que você acha, Lisandra?

- Está bem.

- E vocês, aí? Cássia, Marconi, Ana Mara...

- Bem... - iniciou Cíntia, depois de dirigir o olhar em volta. - Já que todos estão de acordo, vamos, então, aproveitar e fazer a abertura do estudo do Evangelho, aqui, no lar de vocês. Acho tão importante, que deve ser anotada a data de hoje para nunca ser esquecida. Mais à frente, vocês entenderão por que eu estou falando assim. Bem, vamos, então, à primeira providência: Lisandra, por favor, encha uma jarra com água e ponha aqui, em cima da mesa.

- Dona Cíntia, aqui em casa, não tem jarra ou vaso! Temos uma moringa... Serve?

- Muito bom.

Em seguida, ela foi, novamente, passando o olhar por todos, parou-o onde se encontravam, sentadas, Cássia e Ana Mara, e pediu que uma das duas fizesse uma prece a Jesus, para dar início ao estudo.

Elas se entreolharam, e Ana Mara sugeriu a Cássia que fizesse a prece e que, na próxima oportunidade, ela faria.

Cássia levantou-se, fechou os olhos e, depois de alguns instantes, começou:

> Senhor Jesus! Mestre amado por todos nós! Neste momento que somos chamados a uma mudança para um novo direcionamento das nossas vidas, até então sem ter alcançado o rumo certo, desejamos muito agradecer por esta oportunidade que, para mim, no meu modo de pensar, é tu mesmo, Senhor, chamando-nos através desses corações bondosos e amáveis que daqui se aproximaram, somente para trazer o bem.
>
> E o bem maior são os teus ensinamentos redentores que, se levados a sério, certamente mudarão os nossos destinos, distanciando-nos dos caminhos tortuosos do mundo.
>
> Abençoa, Senhor, este momento, que poderá ser visto mais tarde como um marco em nossas vidas: antes, na escuridão da ignorância, e, depois, na claridade da verdade.
>
> Protege, Senhor, com o teu amor, todos os lares e todas as criaturas que se esquecem de si mesmas, para servir em teu nome.
>
> Por fim, abençoa, Senhor, o nosso estudo do Evangelho, que começa, hoje, aqui em nosso lar.

Terminou a prece, sentou-se ainda de olhos fechados, mas acabou se assustando quando o pai, emocionado, falou:

- Minha filha, você fez uma bonita prece!

- Pai, não me elogie, porque as palavras que pronunciei não foram minhas.

Maurício sorriu, muito contente, ao constatar a possibilidade de ter havido ali um traço de mediunidade na jovem. Sabia que era verdadeira a informação da adolescente, porque registrava pela vidência a presença de um espírito, dentre os que atuavam nos trabalhos do centro espírita, tendo, ao lado dele, o iluminado instrutor Aldo, que sugeriu fosse o perdão o tema inicial do estudo do Evangelho.

Demonstrando satisfação por tão importante apoio espiritual, ele dirigiu a seguinte pergunta ao grupo familiar:

- Eu gostaria que alguém fizesse a leitura em voz alta. Quem se habilita?

Ana Mara levantou-se e foi pegar o Evangelho das mãos de Maurício.

- Peço desculpas se eu gaguejar em alguma palavra mais difícil de ser pronunciada, porque não sei ler fluentemente.

Ele, então, pediu a Ana Mara que fizesse a leitura lenta, sem pressa e sem receio de errar, porque o que levava em conta não era a maneira de ler a lição, mas sim o conteúdo.

Feita a leitura, Cíntia, buscando a melhor forma possível de simplificar o assunto, para facilitar o entendimento, colocou-o na prática do dia a dia, na convivência da família e também fora dela, no dia a dia da vida. Em seguida, Maurício sugeriu:

- Este assunto deve ser tratado por vocês todos. Até as crianças, se quiserem falar alguma coisa, peço que falem. Não tenham receio ou vergonha de falar, porque não estão diante de ninguém mais importante do que vocês. Somos todos iguais perante Deus.

Depois de alguns instantes de silêncio, Marconi levantou a mão e disse:

- Pelo que eu pude entender da lição... Já que, como disse dona Cíntia, o perdão é uma ação impulsionada pelo amor, se alguém recusa a amar, não consegue perdoar, porque, sem amor, acho que não pode haver perdão.

– Concordo – disse Lisandra. – Porque, se alguém me ofender, e se, em vez de usar o amor e o perdão, eu revidar a ofensa, é porque eu não aprendi a amar. Ou me nego a isso.

Em seguida, Albério quis dar a sua opinião.

– Eu dou um exemplo: esse caso que estamos vivendo em nossa casa. Sabemos que se trata de um irmão em busca de justiça, reparação do mal que fiz a ele. Que eu fiz algo ruim, creio que sim, porque sinto isso como um pesar na consciência. O que e quando, isso eu não sei. Não só eu, mas também os meninos, já que ele se queixa de todos nós. Ora, se eu levasse essas coisas a desaforo e quisesse revidar, certamente, eu estaria cometendo um segundo erro. Mas mesmo que eu não acreditasse que havia prejudicado a ele, o meu dever, de acordo com a lição, seria perdoar. Por isso, eu aproveito a oportunidade para pedir a ele que...

Depois de breve pausa, ele falou, mudando o tom da voz:

– Osvaldo, se você estiver aqui por perto e me escutando, eu quero lhe pedir que, em nome de Deus, se não deseja me perdoar, que não perdoe. Mas que não faça coisas erradas, porque vai acabar perdendo a razão e se complicando. Somos filhos de Deus e, por isso mesmo, irmãos! Já que eu estou aqui, tentando me melhorar, convido você para fazer o mesmo, pelo menos, seguindo essa lição de Jesus.

Em seguida, Ana Mara e Cássia fizeram uma surpreendente explanação do assunto, dispensando qualquer aparte ou complemento de Cíntia e Maurício, que ficaram em silêncio, bastante contentes.

– Acho que, doravante, não dependerão da nossa presença. Já sabem como estudar o Evangelho – falou Cíntia, bastante alegre. E, em seguida, pediu aos amigos espirituais a energização[11] da água.

Assim, aquele primeiro encontro de estudo do Evangelho no Lar de Albério e Lisandra, terminou com uma prece de agradecimento a Jesus, feita por Maurício.

---

11 Fluidificação.

Depois de servida a água energizada pelos espíritos, via-se as fisionomias alegres. O ambiente mudara de uma forma impressionante. Era a esperança que começava a vicejar naqueles corações sofridos. As primeiras estrelas cintilavam, anunciando que a noite chegava.

Mas aquela noite para a família de Albério não seria esquecida, porque, embora sendo a primeira do Evangelho no Lar, era também o começo de uma nova perspectiva de vida e se tornaria, sim, inesquecível, principalmente no porvir, por causa das mudanças positivas a que aquelas vidas seriam levadas, doravante.

Cíntia e Maurício, baseados naquela reação positiva, acharam por bem deixá-los agir por algum tempo, sem a sua influência, para avaliar a disposição de continuidade, pois sabiam que muitos agem, inicialmente, pela empolgação, e quando os efeitos do momento passam, acabam desanimando.

Dois meses depois, o casal decidiu fazer uma visita à família, no dia do estudo do Evangelho, para avaliar os resultados. E o que viram, logo ao chegar, era realmente animador. A casa, antes, sem qualquer atrativo visual, demonstrava outro aspecto. Um vaso com flores silvestres sobre a mesa, outros com plantas ornamentais pendurados nas paredes da sala, que havia recebido reboco e uma pintura a cal. Do lado direito da chegada, onde antes era mato, via-se um jardim, onde as flores atraíam beija-flores e insetos, como a abelha, em busca do néctar, uma representação festiva da natureza.

O novo ambiente da casa era reflexo da mudança de pensamentos dos que nela habitavam. Os visitantes sorriram cheios de contentamento. Recebidos com demonstrações de alegria, depois de cumprimentar a todos, Cíntia externou, assim, a satisfação que sentia:

– Pensei que havia errado o endereço e chegado a outra casa. Mas agora constato que a casa, em que pese o novo aspecto, é a mesma. Mas o ambiente é, sem dúvida, outro. A mudança de pensamentos e sentimentos para melhor foi e continua sendo a proposta feita por

Jesus, para todos nós. Creio que a sua influência amorosa começa a chegar em seus corações, e, pelo que eu pude notar, estão sendo bem recebidas. Pois a luz, que parecia apagada nesta casa, onde se vivia muito mais aflições, falta de expectativas e constante medo do porvir, já pode ser notada, pois se irradia nas fisionomias de cada um de vocês, expressando, em forma de alegria, uma nova esperança.

– Acho que perdemos muito tempo agindo como se fôssemos predestinados ao sofrimento. Graças a Deus, à senhora e ao seu Maurício, que sugeriram o estudo do Evangelho, as coisas começaram a mudar aqui em casa. Porque, antes, os nossos sentimentos estavam ligados somente às dificuldades de sobrevivência. Mas agora já entendemos que "nem só de pão vive o homem", pois descobrimos que o amor é a maior força e o maior sentido de vida. A senhora não acha?

– Oh, Lisandra! Certíssimo o seu pensamento.

Depois do estudo do Evangelho, Albério falou, cheio de satisfação:

– Eu queria muito oferecer uma xícara de café, bem quentinho. Foi torrado hoje e moído no pilão. Antes não oferecíamos, porque não havia xícara em casa. Agora, depois que passamos a guardar algumas moedas, deu para comprá-las, justamente para servir um cafezinho à senhora e ao seu Maurício. Aceitam?

– Oh, Albério! Você adivinhou o nosso gosto, porque há muito não encontramos um café, assim, torrado e moído em casa. Agora, o café já é encontrado em algumas casas comerciais, pronto para o consumo, mas não contém o mesmo sabor e nem o mesmo aroma.

Depois de saborear o cafezinho, preparado artesanalmente, eles se despediram, impressionados com as mudanças benéficas resultantes do estudo do Evangelho no Lar.

Apesar de tudo isso, o espírito Osvaldo, que ainda se encontrava resistente a toda forma de ajuda que poderia estar recebendo nas reuniões de desobsessão, apoiado pelos seus comandados, rondava frequentemente a casa, em busca de oportunidade de pôr em prática os seus planos vingativos. Mas, para isso, ele precisava de Marconi, como instrumento mediúnico, para atear fogo na casa, conforme havia ameaçado. Mas àquela altura, já não conseguia, porque o rapaz se encontrava cuidando da mediunidade, no mesmo centro espírita que os pais frequentavam. Por várias vezes, o referido espírito tentava entrar na casa, como fazia antes, mas não conseguia, porque encontrava uma barreira fluídica, proveniente das novas vibrações mentais dos seus habitantes.

Assim, o tempo foi passando e, dois anos depois, Albério, Lisandra, Marconi, Ana Mara e Cássia já se encontravam totalmente integrados aos trabalhos do centro espírita, prestando, uma vez por semana, a colaboração que lhes era possível. Para isso, Albério lembrou-se da sugestão de Ana Mara e passou a guardar, de pouco em pouco, o dinheiro que às vezes sobrava, fruto da venda de algum produto da roça e, principalmente, da venda de alguns animais que ultimamente passara a criar.

Em pouco tempo, comprou uma carroça que, puxada pelo cavalo, levava-os a cidade, duas vezes por semana. Embora toda essa melhoria, os filhos continuavam analfabetos, exceção de Ana Mara, Cássia e Marconi, que aproveitavam o dia que iam a cidade para uma rápida aula com Alice. Os demais continuavam ainda do mesmo jeito, sem conhecer as letras do alfabeto.

capítulo doze

PROPOSTA SURPREENDENTE

O que damos à vida é o que dela recebemos.
Dizzi Akibah

LEVANDO EM CONTA o sentimento de caridade e a sugestão da doutrina dos espíritos, "amai-vos e instruí-vos", Cíntia e Maurício voltaram à casa de Albério e Lisandra:

- Nós - disse ela - tivemos uma conversa com o meu pai, sobre a situação de todas essas crianças, as quais, se não houver uma mudança de rumos, serão adultos analfabetos. Mas felizmente, apesar da idade que já está avançada, ele está decidido a instalar uma casa comercial, bem no centro da cidade, cujo objetivo será, simplesmente, uma mudança de vida para todos vocês. Por isso, aqui nos encontramos para saber se vocês deixariam o sítio para morar na cidade, com emprego garantido para Albério, e a possibilidade de escola para todos.

Depois de dirigir o olhar a Albério, visivelmente surpreendido, Lisandra quis saber se o emprego do marido daria para sustentar toda a família, que era numerosa, e concluiu, acentuando:

– Apesar de não ser o ideal, aqui, na roça, quase todo alimento é produzido. Mas lá, tem que haver dinheiro para comprar tudo! E, por enquanto, só Albério trabalharia. Eu, além de tomar conta da casa, tenho que cuidar de Francisco que já completou 5 anos, mas, ainda não consegue, sequer, dar um passo.

– Francisco – falou Cíntia – em pouco tempo começará a caminhar. Segundo o espírito Aldo, na existência anterior a esta, ele praticou o suicídio por enforcamento e acabou, dentre outras lesões traumáticas, deslocando uma vértebra. Depois desse tipo de suicídio, o espírito, ao renascer, trouxe no novo corpo físico a citada vértebra bastante fraca, a ponto de uma simples queda torná-lo paraplégico. O fato de ele não andar, até agora, não é proveniente de qualquer doença, como pode se imaginar. Foi e continua sendo uma ajuda dos amigos espirituais, para evitar as quedas que normalmente ocorrem com crianças. Ao completar os 7 anos, o corpo já dispõe de firmeza e mais equilíbrio, e as quedas passam a ser raras, pois é também a época em que completa a reencarnação e tem início a sua individualidade. Embora não seja isso uma regra geral, já que há espíritos que completam o seu processo reencarnatório antes de atingir essa idade.

Depois de ouvir com bastante interesse a explicação de Cíntia, Albério voltou ao assunto do emprego:

– Dona Cíntia, eu sou um homem rude. Embora eu tenha facilidade de fazer contas ou qualquer outro cálculo, mal aprendi a ler e assinar o nome. Penso que nunca aprenderei a fazer outra coisa, senão trabalhar na roça, porque eu sou mesmo um matuto! – expressou-se o homem simples, rindo a gosto.

– Obtive informações de que, na existência material anterior a esta, você, Albério, foi um comerciante muito bem-sucedido nos negócios. E, geralmente, o espírito traz a tendência de experiências adquiridas no passado. Por isso, creio que você logo se readaptará.

Depois de pedir licença, Ana Mara dirigiu-se ao genitor:

- Já percebeu, pai, como tudo está ocorrendo? O senhor achava que era difícil adquirir uma carroça; já adquiriu. Falava que precisava melhorar a casa, mas afirmava que não conseguiria, por falta de condições; e isso já foi feito. O senhor nem alimentava a esperança de residir na cidade, para que pudéssemos estudar, conforme eu sugeria. Aí está a oportunidade! Lembra quando eu disse que, quem não tem, mas precisa ter, era quem deveria mudar?

Albério estava admirado em ver tanta lógica e sensatez nas palavras da filha, ainda tão jovem. A menina continuou, sem perder o fôlego:

- Não creio que agora o senhor duvide das possibilidades que a vida nos traz, sejam elas criadas por nós mesmos, ou oferecidas por pessoas caridosas, assim como dona Cíntia e seu Maurício. Tudo isso me enche de alegria e esperança de recuperar o tempo perdido no estudo. E quero dizer que, só vou parar, quando fizer o curso que eu desejo.

- Qual é a sua aspiração, Ana Mara? - perguntou Cíntia

- Eu pretendo estudar agronomia. Embora até agora não tenha ouvido falar de uma mulher agrônoma. Se não houver, serei a primeira, pelo menos aqui, por esta redondeza!

- E você, Cássia?

- Eu desejo muito ser professora.

- Eu queria muito conhecer e me especializar em algo ligado a eletricidade - emendou Marconi. - Essa força que me causa muita admiração, porque, ao mesmo tempo que acende uma lâmpada, faz funcionar um motor... Mas não há possibilidade financeira e também sentimental, porque eu não me distanciaria dos meus pais. Por isso, espero o que o futuro me reserva.

Albério olhou na direção de Alberto e perguntou:

- E você, Alberto, pensa em estudar para qual profissão?

- Primeiro, para não ficar burro! - riram todos. - Depois, para trabalhar numa fábrica. Eu acho muito bonito ver pessoas fazendo coisas que servem para todos.

Alberto contava 13 anos de idade, mas já demonstrava a sua preferência. Os outros três, menores, sequer pensavam em trabalho, mas demonstravam vontade de estudar.

Ao tomar conhecimento dos pensamentos dos filhos em relação ao futuro, Albério levantou-se da cadeira, repentinamente, e falou decidido:

- Dona Cíntia! Sei que vai ser um grande desafio e que vai me exigir muito esforço! Mas pode dizer ao seu pai que eu não só aceito, mas agradeço, de coração, pelo emprego!

Lisandra e os filhos bateram palmas, dando vivas, mas a reação de Cássia foi bem diferente. Levantou-se, fechou os olhos e falou:

- Oh, Deus! Pai Amado de todos nós! Te agradecemos por essa ajuda que nos chega, através daqueles que se fazem instrumentos da tua paz. Que dona Cíntia, "seu" Maurício e o "seu" Augusto sejam sempre abençoados pelo teu santo amor.

- Bem, logo que eu começar a trabalhar na cidade, vou botar isso aqui à venda, para comprar a casa onde vamos morar - falou, animado, Albério, depois de ouvir a prece de gratidão da filha.

- Não é preciso vender o sítio! O casarão, onde vai ser instalado o comércio, é muito espaçoso, e uma parte dele será reformada, para servir de residência à família.

* * *

UM MÊS DEPOIS, Albério era avisado de que a casa comercial estava pronta para ser inaugurada e que a parte do casarão, onde iriam residir, completamente reformada, já poderia ser ocupada. A notícia foi motivo de muita euforia para Lisandra e todos os filhos. Albério, no entanto, não participou da mesma alegria. Saiu do local onde todos se encontravam e isolou-se. Lisandra, não o vendo, saiu à sua procura e foi encontrá-lo sentado numa pedra embaixo de uma árvore, calado e pensativo.

- Albério, você está triste? - perguntou, preocupada.

- Oh, Lisandra! Para falar a verdade, sim! Entendo que tudo isso poderia ser comparado a um presente do céu, para a vida de todos nós. Eu decidi aceitar, por causa do futuro dos nossos filhos e da consideração a estas pessoas tão bondosas, que chega a ser difícil de acreditar. Entretanto, este lugar, aqui, faz parte da minha vida. Aqui nasci, convivi com os meus pais e meus irmãos.

Com o olhar ainda fixo num ponto distante do passado, continuou:

- Estava aqui me lembrando que eu era tão jovem quando os meus pais morreram e eu fiquei sozinho, porque Danilo foi residir no Estado do Paraná e durante todo esse tempo recebi dele apenas uma carta. Danuza, do mesmo jeito, nunca mais deu notícia, desde que se casou e foi morar em Santa Catarina. Como você pode perceber, aqui está parte da história da minha vida! Não é tão fácil deixar para trás! É como arrancar uma planta para fazer uma muda, mas deixar a principal raiz, onde estava concentrada a essência da sua vida.

Parou de falar, e Lisandra, então, sentou-se junto a ele, na mesma pedra, e começou a falar:

- Compreendo os seus sentimentos. Entretanto, apesar de nos ficar a experiência, não devemos reviver o passado, como se fosse o presente, conforme li no livro que dona Cíntia me deu. A vida continua, Albério, e pede passagem para a melhoria. No nosso caso, mesmo que deixar esse lugar para trás, nos custasse algumas lágrimas, valeria a pena, porque não devemos pensar tão somente em nós mesmos, mas naqueles que Deus nos mandou como filhos. Não é nosso dever, apenas, encaminhá-los para a vida material, mas sobretudo para a espiritual e, é lá na cidade, que está a oportunidade, a qual não devemos de forma alguma perder.

Albério levantou-se, segurou as mãos da esposa, ajudando-a carinhosamente a se levantar, e falou, já sorrindo:

- Ainda bem que minha esposa se chama Lisandra! Não conheço ninguém mais com esse nome. Mas se conhecesse, não seria nada igual. Para mim você é única!

Chegando em casa, ele foi logo falando com animação:

- Vamos tratar de arrumar a nossa bagagem para a mudança.

- Como? Se não temos quase nada para levar? - brincou Ana Mara, sorrindo.

- O meu Evangelho e os livros que dona Cíntia nos deu... A moringa vai, porque é onde pomos a água para ser energizada no culto do Evangelho ... E mais o quê, Lisandra?

- Somente as roupas e os cobertores que seu Maurício nos deu!

- Oh, Deus! Como chegar numa casa para morar, lá na cidade, sem cama para dormir, sem mesa, sem cadeira... Difícil! - exclamou Albério.

Ana Mara, que estava atenta à conversa, interveio:

- Ora, pai! Na cidade não vamos mais precisar das galinhas, da carroça, nem do cavalo. É só vender... E com o dinheiro, comprar alguns colchões. Dormiremos todos juntos. Já que nada temos para levar, dá para ir andando. Nada de desânimo. E nem de tristeza, mas sim de alegria! - falou a mocinha, já pegando um velho cavaquinho.

Deslizando os dedos nas cordas, começou a cantar, o que contagiou a todos que, em instantes, cantavam e dançavam juntos, fazendo da despedida do sítio, uma festa alegre e cheia de esperança no porvir.

Naquela mesma semana, pegaram as peças de roupa e pequenos objetos de estimação, fizeram algumas trouxas. Antes de sair, Albério reuniu a família na frente da casinha e sugeriu:

- Vamos agradecer a Deus por tudo o que nos aconteceu aqui nesse lugar, onde vivemos muitas dificuldades, mas ganhamos muita experiência.

Depois de instantes em silêncio, ele começou a falar:

> Meu Deus, acima de tudo te agradecemos por tudo que vivenciamos neste lugar. Mas permita-me, Senhor, agradecer, também, aos meus pais, Jandira e Romualdo, os quais, além de nos ter deixado essa pequena propriedade, proporcionaram-me algo muito mais valoroso, que foram os seus bons exemplos, os quais, faço questão de vivê-los no dia a dia; aos nossos vizinhos, aos poucos amigos que estamos deixando, as plantas e os animais que nos ajudaram a viver, porque nos serviram de alimento. E por último, desejamos agradecer à dona Cíntia e seu Maurício, que aqui chegaram com o objetivo único de nos ajudar.
>
> Obrigado, Jesus, por nos ter permitido conhecê-lo melhor, através do estudo do Evangelho, o que nos despertou o amor, o respeito ao próximo e, sobretudo, nos motivou a aceitar a vida sem queixa e sem revolta. Doravante, Mestre amado, pretendo melhorar-me, cada vez mais, vivendo sempre alegre. E com essa alegria de viver, desejo alegrar a tantos quantos de mim se aproximarem. E essa alegria, senhor Jesus, será, também, o modo pelo qual eu estarei sempre agradecendo pela tua divina bondade.

Terminou a prece feita com aquele mesmo sotaque que ele denominava de matuto, mas com a exata expressão dos seus sentimentos.

Depois de mais de duas horas de caminhada, chegaram. Ana Mara foi buscar a chave da casa e, junto com ela, veio Cíntia, que abriu a porta de entrada da casa, exclamando em bom tom:

- Sejam bem-vindos!

Eles foram entrando um a um, e a última foi Lisandra, que, ao ver onde iria residir a partir daquele momento, ficou sem voz, e as lágrimas começaram a banhar o rosto magro e sofrido por causa das lutas e das dificuldades vividas até ali.

A casa, espaçosa, estava toda mobiliada com todos os utensílios necessários. A emoção era tamanha, que até as crianças estranhavam o ambiente, por demais diferente do que até ali tinham vivido. E para completar a emoção, ao chegarem à cozinha, Cíntia apontou para a despensa. Lisandra, percebendo que estava repleta de alimentos, de um só pulo segurou Cíntia num abraço afetuoso, beijou o seu rosto e, antes de terminar o abraço, todos se aproximaram e deram um abraço coletivo àquela benfeitora, que, mesmo sabendo da história do seu passado em relação a Albério, ali provava mais uma vez que havia compreendido, perfeitamente, a explicação dada por Jesus sobre o perdão.

capítulo treze

RETORNO DE OSVALDO

Sem amor, não há perdão; sem perdão, a paz e a harmonia permanecerão, sempre, no porvir.
Dizzi Akibah

PODER-SE-IA IMAGINAR QUE as decisões tomadas por Cíntia e Maurício, no sentido de ajudar Albério a mudar os rumos, deixando para trás o esforço do trabalho no campo, para se tornar um comerciante na cidade, estariam interrompendo uma prova, que ele, Albério, teria de passar. Realmente, ele passava por uma prova, pondo em prática o que conhecera teoricamente, enquanto na Estância Espiritual, sobre a simplicidade e a humildade.

Mas àquela altura, ele já havia adquirido, na prática, as citadas virtudes. Além disso, sendo o objetivo essencial da sua reencarnação a reconciliação e o encaminhamento daqueles que vieram como filhos, mas que, na existência anterior, haviam se tornado seus desafetos, necessitava, sim, de um apoio, e essa ajuda, que poderia vir de outras pessoas, acabou chegando-lhe por Cíntia e Maurício, que, na existência anterior, foram por ele assassinados, mas que, antes de renascer, quando ainda se encontravam na Estância Espiritual, perdoaram-no, conforme narrado na primeira parte da história.

Entretanto, o apoio, a dedicação e a cooperação de Cíntia e Maurício, para com Albério, podem ser entendidos como o ato de perdoar, irrestritamente, em nome do amor. Afinal, é através da prática, no esforço do corpo físico, que o espírito segue a rota da evolução, a que todos estamos fadados.

Assim, passados alguns anos, conforme a previsão de Cíntia, a eficiência de Albério, comprovada na função de gerente da casa comercial, acabou chamando a atenção de Augusto, que decidiu torná-lo seu sócio. Na época, todos os filhos já estavam estudando, inclusive Francisco, que já caminhava com desenvoltura, mas sempre vigiado de perto pela mãe, com receio dele levar alguma queda. Sem dificuldades para sobrevivência, Lisandra não mais demonstrava os olhos encravados num rosto magro, o olhar triste como antes. Apresentava uma aparência saudável. As lágrimas, que eram frequentemente derramadas, cederam lugar a uma fisionomia alegre e agradável. Mais rejuvenescida, a beleza do seu rosto ganhou destaque. Nas suas atividades do dia a dia, estavam incluídas as obras sociais da casa espírita, onde ocupava todo o tempo que lhe sobrava dos trabalhos domésticos.

Albério, entretanto, apesar do bom andamento das suas responsabilidades, perante a família, e da alegria com que passara a tratar as pessoas, em determinadas oportunidades não conseguia ocultar sinais frequentes de tristeza e irritabilidade. Lisandra, surpreendia-o calado, retraído e isolado, escondido num local qualquer da casa.

Os filhos, exceto Francisco, também apresentavam sintomas parecidos. Leandro, que era o penúltimo dos irmãos por ordem de renascimento, acordava, frequentemente, altas horas da noite, gritando, o que assustava a todos. Era o espírito Osvaldo, que não recuava e não desejava mudar os rumos obscuros que escolhera para fazer justiça por si mesmo.

Mas uma situação, que pode ser considerada séria e difícil de ser resolvida, segundo o entendimento humano, não tem a mesma conotação ante aqueles que laboram sob a orientação do divino Mestre, como demonstra a conversa a seguir:

- Durante todo esse tempo - disse Cíntia, que conversava com Albério e Lisandra - temos nos dedicado com atenção especial ao caso de Osvaldo, que vem se comportando como perseguidor impiedoso. Vibrando no ódio, ele não consegue ou não deseja modificar o seu modo de viver. Essa situação vem sendo acompanhada pelo espírito Aldo, desde antes da reencarnação de Albério, segundo afirmação do próprio espírito vingativo. Agora, perdidas as esperanças de uma mudança, Osvaldo terá que ser submetido a uma reencarnação compulsória.

- Posso saber como ocorre essa modalidade de renascimento? - perguntou Lisandra.

- Um exemplo bem comum: quando um encarnado se deixa arrastar pelo mau comportamento a ponto de ser considerado perigoso para as pessoas, acaba sendo detido, medida que o retira da sociedade, onde está sendo nocivo, pelo mau uso da liberdade. O espírito, a exemplo de Osvaldo e os demais que o acompanham, estão disseminando conflitos diversos nos lares, desunião de casais e desequilíbrio emocional, em tantos quantos se deixam afetar pela onda impetuosa da sensualidade, que parte dele e daqueles que se tornaram seus companheiros de desdita.

- Mas, mesmo essas pessoas não tendo quaisquer débitos com eles?

- Mesmo assim. Basta emitir uma vibração qualquer, que coincida com a deles, para estabelecer a sintonia. Nos lares onde há desunião e falta de respeito; onde o comportamento do casal ou dos membros da família estão distantes dos princípios cristãos, e onde o nome de Deus nem sequer é lembrado...

Cíntia passeou o olhar pela sala, encarou o casal e retomou:

- Osvaldo só poderá retornar à vida corporal, se contar com a cooperação de vocês dois.

- Nossa?! - exclamou Lisandra, assustada.

- Temos conhecimento de que os débitos foram contraídos por Albério e os seus filhos, o que você também já deve saber. Mas você, Lisandra, está isenta de qualquer culpa, porque não consta qualquer compromisso com ele. Que, em contrapartida, parece ter simpatia por você, porque um dia, numa das comunicações através da mediunidade, ele disse que não achava justo uma pessoa de tão bom coração conviver com gente tão má. Falou referindo-se aos supostos inimigos.

O casal se entreolhou, com ar de preocupação. E Cíntia prosseguiu:

- Ninguém pode obrigar você, Lisandra, a ser mãe dele! Entretanto, no momento em que você decidiu formar uma família com Albério, acabou assumindo, pelo sentimento, as situações que pesam sobre ele e, consequentemente, sobre os seus filhos. Você tem o direito de não aceitar. Todavia, até onde eu já consegui perceber a sua sensibilidade como esposa leal e mãe amorosa, só você poderá saber o que é melhor: receber Osvaldo como filho, no próprio lar, preso a um corpo físico, sob o cuidado de vocês, ou deixá-lo usando a liberdade para continuar na prática de desatinos, como vem agindo...

- Eu estou ciente de que o único compromisso que eu trouxe do passado foi com Francisco e, graças a Deus, venho fazendo tudo que está ao meu alcance por ele, como também por todos. Mas o que me preocupa é que, depois de tanto tempo, com mais de 40 anos de idade, como poderei ser mãe outra vez? Eu já me sinto cansada de tanta labuta! Imagine o trabalho que esse espírito vai exigir de mim?

- Compreendo e gostaria muito que isso não fosse necessário. Mas o sacrifício poderá converter-se em bem espiritual para você. E em relação a sua idade, fique certa de que os espíritos que estão cuidando disso, com orientação de Aldo, benfeitor de alta elevação, darão todo apoio e afastarão qualquer complicação em relação à gestação e ao parto.

Lisandra ficou calada e pensativa. Estava em suas mãos a decisão. Depois de minutos de silêncio, Albério falou carinhosamente com ela:

- Eu peço que me perdoe por causa desses problemas todos. Eu não sei se tinha conhecimento disso. Se o tinha, esqueci quando renasci. Porque, se eu soubesse, não a teria envolvido nisso.

Nem ele e tampouco ela se davam conta de que isso fora esclarecido pelo instrutor Aldo, antes da presente reencarnação, quando ainda se encontravam na Estância, e que ambos haviam aceitado, conforme narrado na primeira parte da história.

- Mas, Lisandra... - prosseguiu Albério no mesmo assunto. - Eu acho que o seu esforço seria, não só uma grande virtude, mas um modo de agradecer a Deus por tudo que temos recebido, inclusive a oportunidade de conhecer a doutrina dos espíritos, que nos facilitou a compreensão dos ensinamentos de Jesus; a mudança total no modo de viver e as preciosas amizades que nos têm chegado, com tanta prova de sinceridade... Tudo isso mudou tanto a nossa maneira de viver, que, olhando para trás, parece até que não somos mais as mesmas pessoas. Se esse espírito renascer em nossa família, crescerá dentro desses princípios, o que contribuirá para as mudanças morais de que tanto necessita, assim como nós mesmos.

Lisandra mostrava-se mais propensa a aceitar a ideia da maternidade... E o esposo continuou, mais encorajado:

- E, de qualquer maneira, o amor que pudermos cultivar, no meu caso, como pai, e no caso dele, como filho, certamente vai sobrepujar o ódio, não só a mim, mas também aos meninos, que serão seus irmãos. Assim estaria também oferecendo a ele as mesmas oportunidades que recebemos, quando nos encontrávamos cheios de sofrimento e pavor. Compreendo que filhos exigem muito mais das mães. Afinal, elas começam carregando-os nove meses no útero e prosseguem vigilantes até mesmo quando já são adultos. Por muito dedicado que seja o pai, jamais se aproximará da mãe, nesse particular. Mas em relação ao trabalho de tomar conta dele, felizmente a nossa situação atual permite manter uma pessoa aqui, em casa, para se ocupar o tempo todo, somente com ele.

Lisandra ouvia atenta o que o esposo dizia, e logo que ele parou de falar, ela, que ainda se mostrava reflexiva, disse:

- Bem, se eu venho recebendo muito mais do que pude imaginar, quem sou para fechar a porta do meu lar para alguém que tanto precisa se melhorar? Mas, por favor, dona Cíntia, diga ao espírito Aldo que seja logo, porque, se demorar, em vez de mãe a criança vai acabar me chamando de vovó!

E todos riram da forma bem-humorada com que Lisandra dava o seu sim à proposta de receber aquele irmão no círculo doméstico.

* * *

QUASE DOIS ANOS depois, tempo necessário para os espíritos tomarem determinadas providências, Osvaldo renasce no lar daqueles que tanto odiava. Mas, provando a bondade de Deus, presente na sensibilidade das criaturas, via-se Albério segurando carinhosamente o filho e repetindo sempre:

- Serei um pai para você, como tenho sido para os seus irmãos. Peço a Deus, entretanto, que me permita viver até, pelo menos, poder destinar a sua mente ao bem, algo de que já temos conhecimento, para que possa, depois desta existência, chegar ao mundo espiritual em melhores condições. E quando lá nos reencontrarmos, se isso vier a ocorrer, já seremos, sem dúvida, bons amigos!

O nascimento de Osvaldo foi motivo de muita alegria, não só para os pais, mas para todos da família. Cássia foi a primeira a pedir para carregá-lo no colo. Embalando o menino, começou a falar:

– Agora você vai ter o remédio de que tanto necessitava, que é o amor de todos nós.

E nesse ambiente amoroso, ele foi crescendo e se afeiçoando aos inimigos do passado, que, por sua vez, tratavam-no com muita dedicação. O ódio do pretérito dava lugar ao amor que era cultivado no dia a dia da convivência sadia. Tanto que, 14 anos depois, via-se um rapazinho, sempre ao lado do pai, na casa comercial, aprendendo aquela atividade.

O menino não demonstrava interesse pelos estudos, apesar de, na reencarnação anterior, como já narrado na primeira parte da história, haver estudado na capital do Estado. Mas isso só ocorria por imposição dos pais. Ali, entretanto, Albério e Lisandra resolveram deixá-lo à vontade para exercer a atividade que lhe fosse mais agradável. Entretanto, não abriam mão das orientações baseadas no evangelho à luz da doutrina espírita.

Àquela altura, Albério e Lisandra viviam a melhor fase daquela existência. Albério passara a sócio-proprietário da casa comercial, graças a sua dedicação, seriedade e honestidade, qualidades que motivaram Augusto a passar para ele a direção total dos negócios, pois desejava ficar com o tempo livre para suas atividades ligadas à assistência social, em prol dos mais carentes, o que fazia com muita satisfação ao lado da esposa Catarina.

A essa mesma época, Ana Mara conseguira graduar-se em agronomia, como era a sua intenção. E logo depois da sua formatura, casou-se com Gustavo, filho de Cíntia e Maurício, o mesmo espírito que, conforme afirmação de Sandro (Maurício), na primeira parte do presente livro, perseguiu-o por causa da prática da eutanásia. Na presente existência, estabeleceram a harmonia, graças ao amor que conseguiram cultivar nas condições paterna e filial.

O casamento de Ana Mara com Gustavo não se tratava, apenas, de simples coincidência, mas de sentimento muito profundo que os unia, desde aquela mesma existência, em que, doente, ele recebeu a injeção venenosa aplicada pelo médico que o assistia, o seu atual pai. Ana Mara, quando foi procurada por Aldo para a proposta de reencarnar na família de Monteiro (atual Albério), vinha acompanhando o espírito que, na época da desencarnação pela eutanásia, era seu noivo, com quem planejava se casar. Informada pelo instrutor Aldo, de que ele já se encontrava reencarnado na mesma cidade onde ela provavelmente residiria, além da colaboração para com a família onde iria renascer, ela alimentou a esperança de concretizar o sonho de unir sua vida à dele.

Àquela altura, ela já era mãe de dois filhos, o que estreitou, ainda mais, os laços de amizade entre os seus pais, Cíntia e Maurício, que passaram a ser seus sogros. Assim como não há amor à primeira vista, nada acontece por acaso. Depois de casada, Ana Mara foi residir em João Pessoa, onde aprimorou ainda mais as suas qualidades espirituais. Tornara-se uma excelente palestrante e tinha, por isso, uma agenda sempre cheia de compromissos.

Cássia já havia deixado a família e residia, também, em João Pessoa. Graduara-se em pedagogia, mas ainda continuava solteira por opção. Como era previsto, atuava com muita dedicação em um dos maiores centros espíritas da cidade, nos trabalhos de desobsessão. Idealizou e implantou na instituição espírita a evangelização infantil, o que fazia com muita satisfação e alegria, já que demonstrava amar muito as crianças. Foram elas as primeiras a deixarem a família, o que foi, para os pais, um motivo de grande abatimento. Mas eles sequer imaginavam que isso haveria de acontecer, uma vez que elas renasceram na família, como já vimos anteriormente, na condição de apoio.

Àquela altura, a não ser os traços do amor que foram estabelecidos, não só com os pais mas com todos os irmãos, elas nada mais tinham a fazer no grupo familiar. Já haviam cumprido as suas tarefas, para as quais, decidiram renascer; Marconi, que desejava muito se especializar em energia elétrica, como foi dito anteriormente, mas não o fez simplesmente pela decisão de não deixar os pais, mas, sim, por necessidade de conviver com a família, para completar o tempo de ajuste conforme constava no seu programa reencarnatório. Por isso mesmo, aprendeu, apenas, a trabalhar como eletricista e se empregou numa indústria. Casado, com três filhos, dedicava o tempo que sobrava, além da família, aos trabalhos da casa espírita onde passara a usar a mediunidade para servir.

Os outros, todos, já se encontravam encaminhados, quer na vida material quer na espiritual, pois se tratava de uma família que levava a sério o estudo e a prática do Evangelho. Em casa, nessa época, estavam ainda, Francisco, que trabalhava no escritório de uma empresa, e Cândido, novo nome do espírito Osvaldo, escolhido por Cássia, por causa do significado: pessoa amável, expressiva, pura e que tem candura. Eram esses os adjetivos que ela desejava muito fossem encontrados nos predicados do seu novo irmão.

Por isso mesmo, o casal vivia, na sua maneira de pensar, a melhor fase daquela existência, convicto de que, além das atividades costumeiras, nada mais surgiria para tirá-lo da rotina do dia a dia. Mas numa sexta-feira, um pouco antes do meio-dia, um homem, descalço, barbas e cabelos crescidos, roupa suja e fisionomia demonstrando acentuado abatimento, entrou na casa comercial e se dirigiu a Albério, com a mão estendida, como faz o pedinte, e a outra apontando para a altura do estômago. Albério, então, perguntou-lhe:

– O que você deseja?

O homem, apenas, insistia em apontar para a barriga. Só aí foi que ele entendeu que se tratava de um deficiente físico. Foi ao interior da residência, preparou um prato de comida e depois de apontar um lugar para ele se acomodar, ofereceu-lhe o alimento. Esvaziado o prato em poucos minutos, ali mesmo, numa área coberta que ficava no quintal da casa, adormeceu. Lisandra, passando próximo ao local, ao ver o desconhecido em sono profundo, assustou-se e procurou Albério, preocupada.

O marido, depois de explicar que se tratava de um deficiente físico e, além disso, necessitado, reiterou:

- Talvez por não ouvir e não falar é que ele se tornou um pobre mendigo!

- Não seria melhor encaminhá-lo à sede da assistência social?

- Lisandra... Eu me lembro de uma coisa muito importante que Ana Mara disse na palestra sobre a caridade, lá no centro, quando estava passando as férias aqui conosco. Foi bem assim: "Se alguém lhe pede ajuda num momento de dificuldade, não perca a oportunidade de servir, pois é possível que haja uma razão de alguém passar por dezenas de pessoas e escolher você, para o socorrer." Ora, já que este pobre homem veio pedir a mim, acho que sou eu que devo socorrê-lo, não apenas com um prato de comida! Mas com tudo o que me seja possível fazer para ele melhorar-se.

Albério aproveitou um quarto da extensa casa, que se encontrava sem uso, mandou fechar, com parede, a porta que dava acesso ao interior da casa e abriu outra, dando para a rua. Pôs uma cama, um armário tipo guarda-roupas e outros móveis, levou o homem ao cabeleireiro, deu-lhe roupas e calçados.

Em poucos dias, o deficiente físico demonstrava outra aparência! Posteriormente, incentivou-o a trabalhar, e o homem passou a ajudar no balcão, arrumando as mercadorias nas prateleiras. Os dias foram passando, e o suposto mendigo foi se afeiçoando cada vez mais a Albério que, por sua vez, passou também a gostar muito dele.

Com a convivência, Albério acabou aprendendo a linguagem dos sinais[12], o que facilitou o entendimento entre eles. Se ele pudesse relembrar, que pouco antes de reencarnar conhecera, na periferia da cidade, um menino surdo-mudo, conforme descrito na primeira parte da história, certamente lembraria, também, da informação do instrutor Aldo de que se tratava de Belmiro, que havia pedido para

---

12 Libras - Linguagem Brasileira de Sinais. N.R.

renascer com as citadas deficiências, por causa do hábito de observar a vida alheia para provocar escândalos e que, para ficar calado e não denunciar um crime, recebera um carro de presente, como já narrado anteriormente. Conforme previsão de Aldo, o instrutor, eles ali se encontravam convivendo como amigos. Mais um compromisso estava sendo cumprido perante a divina lei.

capítulo quatorze

UM SONHO REAL

Na obra divina, mesmo o que nos parece inútil
tem uma real finalidade.
Dizzi Akibah

DEPOIS DO JANTAR, Albério, que costumava conversar com Lisandra, saiu da mesa e foi direto para o quarto, pegou uma cadeira, sentou-se em frente à janela e ficou contemplando o céu estrelado. Lisandra achou a atitude estranha e foi saber a razão daquele isolamento:

– O que há com você, Albério? Está triste...

Ele olhou a esposa, com um sorriso apagado, e falou:

– Não se preocupe, porque eu estou bem. Estava olhando as estrelas e tentando compreender um sonho interessante que tive no começo da semana.

– Oh! Se foi interessante, por que não me contou?

– Não sabia que você já acreditava em sonhos!

– É verdade que, antes, não! Mas depois que tomei conhecimento de que o sonho pode ser um encontro real entre as pessoas, enquanto o corpo repousa, passei a dar muita atenção aos meus sonhos e os das pessoas, quando me contam.

- Então escute com atenção. Vou tentar narrar da maneira que aconteceu: lembro-me, perfeitamente, que me encontrava num lugar, de onde se via, ao longe, montanhas com os picos cobertos por nevoeiro. Em volta, havia muitas árvores e muitas flores. Depois de passar alguns minutos contemplando a ação da natureza em relação às plantas, dei-me conta de que estava sozinho num lugar desconhecido e, sentindo muito receio, falei: "Meu Deus, que lugar é este? Por que eu estou aqui?"

Lisandra ficou interessada na narrativa.

- Conte mais... E então?

- Nisso apareceu uma pessoa. Era um homem alto, de compleição avantajada, e sorrindo, estendeu a mão na minha direção. Quando eu segurei a sua mão, ele me abraçou e disse-me, demonstrando muita amizade: "Esperei muito por este momento e, já que ele chegou, confesso que me sinto muito alegre em revê-lo!". "Não sei com quem estou falando... Por favor, quem é você?", perguntei eu. E ele então ponderou: "Segundo as minhas lembranças, a história é longa, e a narração levaria muito tempo, o que não dispomos neste momento. Mas creio que você pode relembrar..." Eu senti um calafrio pelo corpo...

- Albério... Albério! Conte logo, homem! - falou Lisandra, ansiosa.

- Pois veja só... que estranho! Ele parou de falar e, em instantes, a sua fisionomia e todo o seu corpo foi mudando, numa rapidez impressionante. Momentos depois, já não havia mais nada da aparência com que ele havia chegado, tanto que parecia outra pessoa. Vendo-me cheio de admiração, sorriu e, em seguida, fixou o olhar em mim e disse: "Tente se lembrar de um local onde nos encontramos várias vezes, chamado Estância Espiritual. Você se chamava Monteiro, e eu, Daniel. Tente se lembrar, também, do instrutor Aldo, com quem você conviveu muitos anos, preparando-se para renascer. Stela, Elisa, Sandro..."

- Nossa... E você se lembra assim perfeitamente do sonho? - interrogou a esposa, admirada...

- Sim... Dito isso, eu comecei a perceber na minha mente imagens de um local muito bonito e de pessoas que eu tinha certeza que havia conhecido. Minutos depois, ele sugeriu: "Olhe para você mesmo!" Então, percebi que o meu corpo, também, havia sofrido uma mudança radical e comecei a rir, como se aquilo fosse uma brincadeira. Ele então disse, olhando de novo fixamente para mim: "Agora, tente relembrar do resgate de Stela, a mesma pessoa com quem você se casou nesta atual existência!"

- Estaria se referindo a mim? - falou Lisandra ainda mais preocupada.

- Pensei, pensei... Logo comecei a ver os quadros referentes ao que ele falava e lembrei-me que eu carregava nos braços uma mulher que se chamava Stela e que alguém se aproximou, falando: "Monteiro, cuide bem dessa preciosidade, projeto divino fadado à iluminação e à felicidade plena, como todos nós". Mudei o pensamento e, ao olhar para ele, tive certeza que ali estava Daniel, um amigo que eu muito prezava! Abri os braços e nos abraçamos fortemente. Em seguida, ele pediu-me o meu endereço, garantindo que nos visitaria quando estivesse de férias. Recomendou não me esquecer da sua fisionomia e o seu nome, que era Demétrius. Conversamos mais um pouco, mas não me recordo de tudo! Apenas que ele afirmou ser, profissionalmente, psicoterapeuta e, no tocante à sua formação religiosa, era, por decisão própria, seguidor de Jesus, conforme nos é apresentado à luz da doutrina espírita.

Terminou a narração do sonho. E Lisandra então perguntou:

- E você acredita, mesmo, que ele é essa pessoa que você diz conhecer desde antes desta reencarnação?

- As lembranças que eu tive, durante o sonho, eram tão fortes, que ainda agora não me deixam dúvida de que eu conheci não só a ele, mas outros espíritos que se chamavam Sandro, Elisa e Stela, porque me lembrei deles. E pelo que ele disse, Stela é você mesma reencarnada.

- Impressionante! Eu tenho muita simpatia por esse nome, tanto que gostaria fosse ele o meu atual. Mas, em se tratando de sonhos, é bom ter muito cuidado, porque nós já sabemos que há espíritos enganadores que acabam obsidiando pessoas, para afastá-las do bom caminho!

- Certa a sua observação. Contudo, não poderia ser, porque ele está, como nós, reencarnado, e, pelo que eu senti naquele momento, se não for exagero das minhas emoções, creio ser ele, pelas qualidades reveladas, um homem de bem! Entretanto, vamos esperar para ver se aparece, um dia, aí pela frente, um visitante psicoterapeuta, chamado Demétrius.

* * *

DOIS MESES DEPOIS de ter narrado o sonho, Albério se encontrava na casa comercial atendendo com a mesma alegria, de sempre, aos clientes e dando toda atenção, apesar de estar trabalhando, a visita de amigos que ele tão bem soubera cativar, quando percebeu que se aproximava alguém, para ele, desconhecido.

- Boa tarde! - disse o visitante, que estendeu a mão e continuou falando. - Penso, salvo engano, que o seu nome é Albério.

- Sim, todo ao seu dispor! - falou já sorrindo. - E você?

- Chamo-me Demétrius!

- Você é... Acho que... Psicoterapeuta? - perguntou reticencioso.

- Sim. É esta a minha formação profissional.

- Meu Deus! E eu imaginei que você, caro irmão, existia somente num sonho que tive!

Antes de terminar de falar, abriu os braços, e o visitante imitou o gesto, cheio de satisfação, e abraçaram-se como bons amigos, o que realmente eram. Em seguida, Albério ofereceu uma cadeira para o visitante se sentar e pediu a um dos seus auxiliares que fosse chamar Lisandra, que se encontrava no interior da residência.

Instantes depois, ela se aproximou e, antes mesmo de Albério falar de quem se tratava, Demétrius levantou-se e estendeu a mão:

- Sinto profunda alegria e sou grato a Deus por ter me permitido este reencontro, pois, nada poderia ser mais agradável para mim do que estar diante de Stela, a melhor amiga que tive, na existência passada.

Lisandra sentiu-se, por instante, sem jeito, por causa da surpresa, mas, logo em seguida, recompôs-se e respondeu:

- É muita alegria saber que eu tive um bom amigo. Confio e acredito que isso seja verdade, porque o sonho de Albério se torna, com a sua presença, uma realidade.

Ávido para saber mais sobre o sonho, Albério foi logo perguntando:

- Eu gostaria muito de saber a razão de eu ter me lembrado, ao acordar, deste tão importante sonho, uma vez que isso raramente me ocorre.

- Por considerá-lo importante e também por causa do bem-estar que o encontro proporcionou, tanto a você quanto a mim mesmo, é possível que você tenha transmitido a sua impressão para o cérebro do corpo somático, com muito impulso, através do cordão fluídico. Mesmo porque não se tratava de um simples sonho, mas um encontro espiritual, graças ao desdobramento pelo sono natural, o que ocorre, normalmente, enquanto o corpo físico entra em repouso pelo sono.

Depois de instantes de silêncio, ele voltou a falar:

- Quando eu ainda saía do período da adolescência, passei a me lembrar de fatos que não me haviam ocorrido nessa existência, e, apesar de ter nascido numa família espírita, não havia ainda me aprofundado nos conhecimentos ensejados pelos livros da codificação, de Allan Kardec, e, por isso, a minha vontade era de encontrar um meio, pelo qual, eu pudesse me livrar dessas lembranças, pois na minha maneira equivocada de pensar, não tinham elas qualquer utilidade para a minha vida. Mas, certo dia, eu me encontrava sozinho em casa. E como gostava muito de ouvir música clássica, liguei uma vitrola, coloquei um disco contendo peças musicais de Vivaldi, recostei-me numa poltrona, fechei os olhos e me concentrei na música. Minutos depois, eu tentei abri-los, mas as pálpebras estavam pesadas. Sem compreender o que me ocorria, tive a sensação de que estava me separando do corpo físico e, em instantes, eu me encontrava em pé na sala, e o meu corpo físico continuava na poltrona, na mesma posição de antes.

Continuou a narrativa, após recuperar o fôlego...

– Sobressaltado, pensei em retornar a ele, mas para minha surpresa, vi surgir, de repente, uma pessoa bem junto a mim. Sorrindo, ela disse: "Não tenha receio, porque você está experimentando um desdobramento involuntário, mas com a consciência desperta, o que é muito bom". Esperou que eu respondesse algo, mas como eu nem sabia o que dizer, ele retomou a palavra e me disse: "Meu nome é Aldo! Não obstante, sermos velhos amigos, você não consegue se lembrar de mim. Vim para lhe dizer que não relute contra os fenômenos que lhe estão surgindo, pois eles são condições necessárias ao trabalho que você mesmo traçou, para esta existência; que, doravante, você contará para isso, com todo o meu apoio; e ainda, que nesta atual existência você não constituirá família.

Demétrius continuou, então, diante da perplexidade do interlocutor:

– A sua família, como você mesmo idealizou, serão todas as pessoas, sem distinção, a quem você dedicará a cota maior do tempo que durar a sua reencarnação. Para o melhor desempenho do seu trabalho redentor, é de bom proveito que visite a Estância Espiritual, onde você conheceu muitos amigos que a você se ligaram pelos laços da fraternidade. Inclusive um, dentre eles, que reencarnou guardando a esperança de reencontrá-lo. Ele fez uma pausa e eu, então, perguntei: "Como poderei ir a este lugar que você fala, se nem sequer me lembro onde se localiza?" E ele disse que me conduziria até lá.

E prosseguiu:

- A partir daquele dia, através do desdobramento, eu passei a visitar, periodicamente, a Estância Espiritual e receber do espírito Aldo toda orientação que necessito para os trabalhos que venho desenvolvendo, através da doutrina espírita.

Lisandra, impressionada com o que ouvia, retornou mais uma vez:

- Já que você se lembra de que fomos amigos na existência anterior e eu comprovo isso, por causa do bem-estar da sua presença, gostaria de saber o motivo pelo qual eu e Albério nos casamos e se já conviveram, antes conosco, em família, os espíritos que reencarnaram em nosso lar, ou se é essa a primeira vez!

Demétrius achou graça da curiosidade de Lisandra e respondeu, sorrindo:

- Na existência anterior a esta, segundo as minhas recordações, eles não foram parentes consanguíneos de vocês! Contudo, não posso afirmar que seja esta a primeira vez, porque pode ter ocorrido em outras existências pretéritas. Quanto a você e Albério, há uma história que não estou certo se devo ou não contar, pois creio que, se isso fosse de bom proveito, vocês mesmos se lembrariam. Sendo o esquecimento do passado um dos atributos importantes da reencarnação, é também, por excelência, a oportunidade de um bom recomeço.

Albério, que ouvia atentamente as explicações com muito interesse, quis saber:

- Estou certo de que foi você quem idealizou aquele nosso encontro em sonho. O que você fez para que isso acontecesse?

- Sempre que vou, ou melhor, sou levado à Estância Espiritual, o espírito Aldo me relembra de que você reencarnou com muita esperança de nos reencontrar como, felizmente, está ocorrendo neste momento. Eu o atraí pelo pensamento, e como há uma ligação de amizade entre nós, foi fácil estabelecer a comunicação.

- E por que isso só veio acontecer agora, quando já estamos mais ou menos velhos?

- O fruto só deve ser colhido quando maduro. Antes disso, não tem proveito.

Lisandra, interessada em novos conhecimentos, quis saber:

- Pelo fato de o espírito estar reencarnado e se deslocar a longa distância, enquanto o corpo físico permanece em repouso, não há perigo de o cordão fluídico[13], como muitos preferem chamá-lo, romper-se?

- A elasticidade do cordão fluídico dá-se em proporção à soma das experiências adquiridas, isto é: o patamar evolutivo. Há espíritos reencarnados que conseguem, normalmente, deslocar-se a longas distâncias. Eu consigo chegar, apenas, à Estância Espiritual, que se localiza na terceira esfera do nosso planeta. Muitos não passam da primeira e segunda esferas, e um grande número, sequer, consegue sair do ambiente da sua residência. É uma questão complexa que diz respeito ao desenvolvimento moral da criatura humana.

A conversa prosseguiria, mas Demétrius, ao olhar o relógio e conferir o horário, falou sorridente:

- A noite está chegando. Devo ir, porque já tomei por demais o tempo de vocês!

- Oh, não! Ainda é muito cedo! - falou Lisandra. - Por que não fica para o jantar?

Antes que ele respondesse, Albério falou, resoluto.

- Tenho uma ideia melhor: vamos à pensão buscar a sua baga-

---

13 O cordão fluídico é uma extensão do perispírito e se torna visível quando este se afasta do corpo físico, no estado de emancipação pelo sono. **N.R.**

gem. Desejo que você, caríssimo amigo, seja nosso hóspede por todo o tempo em que durar a sua estada aqui, na cidade.

Foi uma semana de muita conversa proveitosa. Albério contou toda a história daquela existência ao lado de Lisandra, desde as duras provas que passaram no começo, a ajuda de Cíntia e Maurício... Falou dos filhos e, quando se referia ao mais novo, Cândido, chegou ao local. Albério, então, falou em bom tom:

- Vem, filho, conhecer um amigo de mais de um século de amizade!

Cândido aproximou-se e disse, estendendo a mão ao visitante:

- Faço votos que a amizade prossiga por mais um século, sem precisar sair daqui pela morte.

Todos riram. Logo que ele se afastou do local, Demétrius comentou:

- A reencarnação é uma prova inequívoca do amor de Deus em forma de perdão, ensejando uma nova oportunidade de transformar o ódio do passado, no cultivo do amor. Lembrei-me disso, agora, ao ver Cândido! Que distância há entre "o antes e o depois", que é também o agora. Como eu poderia imaginar que veria, um dia, o que contemplo neste momento? Oh, Deus! Que bom ver Osvaldo assim!

- É verdade! - respondeu Lisandra. - Penso que ainda há muito a fazer em relação a ele, porque se esquiva muito dos irmãos. Às vezes encontro-o desolado e com a fisionomia entristecida. Isso me preocupa!

- Pode ser algum sinal de depressão. Além da alegria desse nosso feliz reencontro, a minha visita tem outra finalidade: o espírito Aldo me informou que é extremamente necessário fazer já um trabalho de terapia com ele. Farei agora, com muita satisfação, o que não consegui quando ele se encontrava nas zonas umbralinas. Fiquem certos de que eu estarei à disposição para ajudá-lo a conseguir o desejado equilíbrio e a alegria de viver.

- Já que você demonstra essa disposição de ajudá-lo, eu gostaria de lhe fazer um pedido. Embora eu seja um pouquinho mais novo do que você, se eu desencarnar primeiro, gostaria que você olhasse pelo Cândido. Embora o amor de mãe que Lisandra dedica a ele, a amizade dos irmãos... ele necessita muito mais do que isso. E para superar essa necessidade, no momento, só você mesmo, porque, além do conhecimento que possui e da disposição para o trabalho, você o faz com amor, por já conhecer a fraternidade e usá-la em benefício de todos e posso afirmar isto baseado no seu modo de se expressar.

– Como psicoterapeuta, como amigo, como irmão e provido de sentimento paterno, eu estarei sempre ao lado dele, com você aqui ou sem você aqui! Tanto que, ao receber a recomendação do espírito Aldo, eu resolvi deixar Curitiba e fixar residência em João Pessoa, onde terei condições de prosseguir com todas as minhas atividades, sem qualquer dificuldade e de estar mais próximo de Cândido.

Lisandra não gostou da conversa de Albério, mas preferindo dissimular, se voltou para Demétrius:

– Que bom você residir em João Pessoa, além de ficar mais próximo daqui, temos lá duas filhas. Você vai gostar de conhecê-las! Não se trata de simples elogio. Mas elas foram e continuam sendo para nós como dois anjos de bondade. Foram elas que abriram, inicialmente, o primeiro caminho, o qual nos levou a outro e outros mais, até chegarmos aqui.

Lisandra não perdia a oportunidade de elogiar as filhas amadas.

No fim da semana, Demétrius despediu-se e seguiu para João Pessoa, a capital paraibana.

capítulo quinze

PRESSENTINDO A HORA

Pode ser o pressentimento uma orientação amorosa de um espírito amigo. Considere-o!
Dizzi Akibah

O CULTIVO DA coragem e da persistência, para enfrentar os desafios das situações que Albério haveria de se defrontar, fê-lo acreditar que o valor da vida encontrava-se naquilo que dela se faz. Afirmava isso em conversas com amigos, clientes da casa comercial e frequentemente com a esposa Lisandra:

– Eu penso, Lisandra – dizia convicto – , que a vida perde o seu real sentido quando não é usada para servir. Há algo mais triste do que se negar a ser útil à sociedade onde se vive? Por isso é que Jesus tanto fez em tão pouco tempo, e, até hoje, ninguém, por sábio que seja, consegue provar que ele tenha se enganado em algum dos seus ensinamentos. E também nunca foi esquecido, como muitos que se tornaram conhecidos durante a sua passagem pelo mundo, mas, hoje, encontram-se totalmente no esquecimento.

E continuou o relato, mais animado.

- Digo isso, pensando na nossa trajetória, desde que nos casamos até aqui e me sinto praticamente realizado, pelo que pude fazer. Compreendo, porém, que o mérito não é somente nosso. Porque, se não fosse a ajuda valiosa que recebemos, dessa bondosa família - referência à família de Augusto e Catarina - , que não só admiramos, mas amamos de coração, certamente não estaríamos na situação que desfrutamos. Temos que reconhecer que nos faltava a coragem necessária para sair da acomodação. Não fosse a força que dela recebemos, à época, não estaríamos vivendo, hoje, esse bem-estar. Por isso, temos muito que agradecer a Deus!

Albério assim pensava porque, mesmo sem consciência disso, já havia cumprido quase todo o seu programa reencarnatório. Embora ele se firmasse nas suas realizações a ponto de se afirmar parcialmente realizado, sentia que faltava alguma coisa, como se fosse um anseio... Algo importante por fazer. Mas, ainda não havia se referido a isso, por não saber de que se tratava.

Mas um dia, ao chegar de uma visita que fizera a um lar, dentre as dezenas onde juntamente com Lisandra implantaram o estudo do Evangelho no Lar e ter constatado a mudança positiva na vida daquelas pessoas, chegou em casa todo satisfeito e, vendo Lisandra, começou a falar:

- De tão contente com a vida, às vezes me sinto realizado, como já falei, mas ainda tenho a sensação de que falta alguma coisa que, sequer, posso imaginar o que seja. Sinto amargura, arrependimento... Não sei identificar a causa! E o pior é que isso me ocorre muito mais, toda vez que converso com o seu Maurício e dona Cíntia. O doutor Augusto é-me muito simpático, mas eu me sinto diante dele como se... intimidado. Pode ser apenas uma impressão, porque em momento algum, desde que o conheci, ele demonstrou qualquer gesto que indicasse isso.

A esposa não gostou muito do tom da conversa. Nela havia algo de nostálgico... De despedida. Mas Albério continuou:

- Essas coisas são muito estranhas! Pensei até em pedir explicações ao espírito Aldo, naquele dia em que ele se manifestou através da mediunidade de dona Cíntia, mas senti tanto respeito, que nem tive coragem de abrir a boca!

- Você poderia ter perguntado, para tirar a dúvida! A gente sente receio, por causa da superioridade dele. Mas a sua bondade ultrapassa a nossa compreensão. Se você perguntasse, certamente ele daria uma explicação - argumentou Lisandra.

Mas o esposo ainda tinha o pensamento fixo. E ele voltou a falar:

- Mas, apesar disso, penso que, se eu desencarnasse agora, sairia daqui satisfeito! Acho que dentro do possível, estou mais ou menos pronto, pois já não sinto medo da morte! Eu sentia, quando ainda tinha que criar os filhos. Mas agora...

- Oh, Albério! - interrompeu Lisandra. - Não fale sobre isso, por favor!

- Mas é inevitável! Nasceu, tem que desencarnar!

- Você fala, assim, mas, se alguém dissesse que amanhã seria o seu dia, como se sentiria?

- Não sei bem como me sentiria. Mas se eu me defrontasse com situação em que houvesse de socorrer alguém, mesmo sem saber se poderia ou não sobreviver, não temeria! Você acha que seria certo eu ver, por exemplo, dona Cíntia ou seu Maurício em perigo e nada fazer por eles? Arriscaria a minha vida, se preciso, para salvá-los!

- Por favor, pare com este assunto, porque ninguém vai precisar de qualquer socorro seu, assim trágico! Penso que, por serem eles pessoas boas, que vivem muito mais para servir, do que para qualquer outro interesse particular, contam sempre com inspiração e assistência dos bons espíritos.

- É verdade, Lisandra! Contudo, não podemos esquecer que os bons espíritos, como você acabou de falar, em determinadas situações, precisam do encarnado para lhes servir de instrumento. Mas já que este assunto não lhe agrada, não tocarei mais nele. Contudo, fique certa de que eu seria capaz.

– Você esquece que já é um sessentão e ainda pensa que é jovem para esse tipo de aventura... Ora, Albério! Nós já estamos quase velhos. O melhor mesmo é pedir a Deus que, enquanto estivermos por aqui, não nos falte oportunidade de servir a quem precisa. Isto sim é que é realização.

Dias depois, a casa estava cheia. Filhos, netos, e amigos mais chegados, como Augusto e Catarina, que, apesar da idade avançada, encontravam-se ainda dispostos, Cíntia, Maurício, Alice, esposo e filhos. O tom era de festa, porque comemoravam, pela primeira vez, a data do casamento de Albério e Lisandra, uma ideia de Ana Mara e Cássia.

Depois do almoço e do casal homenageado ter recebido homenagens afetuosas de filhos, netos e amigos, reuniram-se todos na sala de visita. Albério, que depois de ter estudado gramática com ajuda da filha Ana Mara, a fim de se expressar com desembaraço e dominar a inibição, não perdia oportunidade de falar. Assim, aproveitou a ocasião para expressar o seu agradecimento. E, embora tenha prometido a Lisandra que não tocaria no assunto que tanto lhe desagradara, ele voltou a falar:

– Penso que diante de tudo que já me ocorreu nesta existência, se eu desencarnasse agora, sairia satisfeito, pois, nada tenho a reclamar da vida. Ao contrário! Devo agradecer a Deus por ter colocado em meu caminho uma esposa como Lisandra, amável e companheira leal de todos os momentos. Filhos, filhas e netos, que se tornaram o sentido principal da minha vida, mas, sobretudo, pessoas, cuja qualificação não há palavras em meu vocabulário pelas quais possa me expressar para definir.

E continuou a manifestar gratidão, como se pressentisse que se referia a eles pela última vez.

– Seu Augusto, que bondosamente confiou o seu negócio a um homem rústico e sem trato, simplesmente para ajudá-lo na tarefa de criar e educar os filhos, merece de mim toda gratidão! Dona Cíntia e seu Maurício, que apareceram como anjos bons, justamente quando estávamos à beira de um precipício. Além de nos resgatar do desespero que aos poucos nos entregávamos, ajudaram-nos a sair da escuridão da ignorância. Nem imaginávamos quem era, realmente, Jesus! Entretanto, hoje, estamos todos seguindo o caminho que ele apontou para a nossa redenção. Com a bondade dos seus corações, descortinaram a vida, abrindo-nos um novo horizonte! Não apenas o horizonte da vida material, mas da verdadeira vida que é a espiritual. Por isso é que eu repito agora o que disse há poucos dias a Lisandra: daria a minha vida, se preciso fosse, para salvá-los de qualquer perigo, que porventura surgisse. E já que a vida prossegue, eu tenho plena convicção de que despertaria no mundo espiritual bastante satisfeito por isso.

Albério, enquanto se expressava, demonstrava o olhar sereno e contemplativo, como se buscasse, nas dobras do tempo, algo que planejara, mas sem contudo saber o quê. Depois de breve pausa, conservando o mesmo estado psíquico, voltou a falar:

- Eu peço licença para externar o meu sentimento: quero dizer que eu amo de todo o meu coração a seu Maurício e dona Cíntia, seu Augusto e, por último, dona Catarina, que tem sido para nós como a mãe conselheira e zelosa. E fiquem certos de que, mesmo quando eu retornar para o mundo espiritual, jamais os esquecerei.

Dirigiu-se, inicialmente, a Augusto, beijou-lhe as mãos, e, depois de fazer o mesmo com Catarina, dirigiu-se também a Maurício, repetiu o gesto e falou, já se aproximando de Cíntia:

- Permita-me!

Ela estendeu as mãos, e Albério, depois de segurá-las delicadamente, beijou-as e disse com firmeza:

- Mãos que apontam caminhos, os quais poderão conduzir muitos à redenção.

Voltando-se para os filhos, falou carinhoso:

– Gostaria de fazer o mesmo com cada um dos meus filhos, pois foi a convivência com eles que, ao longo do tempo, ensinou-me a ter paciência, ser tolerante e amar. Mas já que são muitos, faço isso do meu jeito.

Aproximou-se da esposa e, depois de palavras de agradecimentos e merecidos elogios, abraçou-a carinhosamente, beijou-lhe o rosto e, olhando na direção dos oito filhos e dos netos, disse, sorrindo:

– Sintam-se todos beijados nos corações.

Todos o aplaudiram, exceto Lisandra, que se demonstrava inquieta. Depois dos aplausos, seguiu-se um inesperado silêncio e uma repentina mudança na vibração do ambiente, por causa da onda de aflição emitida por Lisandra, o que acabara contagiando aos que eram mais suscetíveis, por causa da sensibilidade aguçada.

Notando isso, Cíntia tratou de mudar de assunto:

– Precisamos pôr em prática a ideia de transformar o sítio numa sede de campo do Recanto da Paz, para a assistência às pessoas carentes da zona rural.

– Oh, dona Cíntia! Muito bem pensado! E já que nos encontramos reunidos, em família, eu quero pedir a todos que colaborem. Não só agora na implantação, mas que prossigam sempre. Cada um de vocês, filhos, pode contribuir com uma quantia mensal, de acordo com suas possibilidades. Não devemos esquecer, jamais, de que neste momento alguém pode estar passando pelo que experimentamos, ou vivendo situações ainda piores.

Depois de pequena pausa, ele se dirigiu a Cíntia e Maurício:

– O meu pensamento é que a casa seja usada para os contatos com as pessoas carentes, onde faremos a doação de alimentos, medicamentos... Mas o meu sonho seria conseguir um médico que, voluntariamente, fosse lá, pelo menos, de mês em mês, para um atendimento grátis. Já a terra, que não deve ficar sem uso, pode ser dividida em lotes, para as pessoas, que não têm onde trabalhar, façam algum plantio de gêneros alimentícios. Que acham?

Augusto apressou-se em dar a sua colaboração, no sentido da assistência de saúde, com um amigo médico; Maurício assumiu a responsabilidade de conseguir os gêneros alimentícios a serem doados. Ana Mara e Cássia, por estarem residindo em João Pessoa e sem possibilidade de estarem presentes, como gostariam, juntaram-se aos demais irmãos para a contribuição financeira. Cíntia assumiu a responsabilidade da orientação às pessoas carentes de conhecimentos, a fim de melhorar o nível de vida, mudando o jeito de pensar, sem contudo interferir no livre-arbítrio, no direito de escolha de cada um de seguir esta ou aquela religião, por considerar tal uma prerrogativa de cada pessoa.

Lisandra, mais animada, perguntou:

- E eu, gente? Será que restou um lugar para mim? Ah, sim! Encarrego-me de preparar as cestas básicas e fazer a entrega, o que já venho fazendo no Recanto da Paz.

Albério, que se demonstrava radiante, enquanto os planos eram traçados, de repente, baixou o tom e, com a fisionomia entristecida, disse:

- Quando penso em tanta coisa boa que podemos fazer, direcionadas aos nossos irmãos, eu chego a pensar que a vida aqui, no mundo, é muito curta, e chego, também, a sentir receio de desencarnar sem ter posto em prática ideais assim como este! Mas como já entendo que a vida, aqui ou no mundo espiritual, é um dom de Deus, devemos deixar esse particular com as leis divinas.

- Por favor, Albério! De novo este assunto, não! Falemos em vida, em paz e alegria!

- Isso mesmo, Lisandra! - apoiou Cíntia.

Demonstrando-se mais refeito, Albério lembrou-se de que a ideia havia partido dele, mas que não ficara nada para ele fazer, já que todas as atividades contavam com a proposta de alguém como responsável.

- Neste caso, eu vou começar alguma coisa antes de todos. Na quarta-feira, um dia bom, pois o movimento do comércio é mais tranquilo, deixo Cândido tomando conta e vou lá no sítio medir a terra, para proceder à divisão em lotes.

- Quarta-feira próxima eu estarei mais ou menos livre - falou Maurício. - E aproveito para ir com você, Albério!

- Ora, eu também irei, então. Porque quero ver o que é preciso melhorar na casa, com uma reforma que pretendo fazer - disse Cíntia, decidida.

A comemoração do aniversário de casamento, de Albério e Lisandra, terminou, e convidados, filhos e netos despediram-se.

capítulo dezesseis

O ADEUS

A convivência harmoniosa no lar é sempre agradável
Entretanto, só o amor estabelece a verdadeira união.
Dizzi Akibah

NA QUARTA-FEIRA, CONFORME haviam combinado, Maurício e Cíntia passaram bem cedo na casa de Albério e seguiram, rumo ao sítio. Mas logo que saíram da cidade, foram surpreendidos com uma forte chuva, raios, trovões...

A estrada, sem qualquer tipo de pavimentação, tornara-se escorregadia. A correnteza da água abria buracos na terra, dificultando a passagem do carro. Cíntia, então sugeriu:

- Poderíamos deixar para outro dia, porque, do jeito que a chuva deixou a estrada, é possível que o carro atole ou caia num buraco, e a gente fique presa na estrada! Que acha, Albério?

- Sim, sim, dona Cíntia... Mas se desse para ir, eu ficaria muito contente. Eu sou daqueles que segue o ditado popular: Não deixe para amanhã o que pode fazer hoje! A não ser que não haja, mesmo, qualquer possibilidade.

- Não custa nada tentar - ponderou Maurício.

Conforme alerta de Cíntia, logo à frente o carro atolou. Maurício, que tentou por todos os meios, mas não conseguiu desatolar o veículo, sugeriu que saíssem do carro para procurar pedras, colocá-las na lama, para dar firmeza aos pneus. Mas, antes mesmo de encontrarem as pedras, foram surpreendidos com o forte ruído provocado por tropel de animais, vindo em sua direção. Como se encontravam bem próximos a uma curva da estrada, viram, assustados, uma boiada tomando todo o espaço do percurso.

Eles se encontravam numa das margens da estrada, limitada por uma cerca de arame farpado, difícil de ser ultrapassada, sem que lhes causasse ferimentos.

Sem encontrar outra saída, Albério então sugeriu:

- Vamos nos esconder ali, atrás daquele arbusto! Os bois se tornam bem mais perigosos, quando são levados para o abate!

Os animais passavam sem qualquer ameaça. Mas, quando eles já se sentiam tranquilos, foram surpreendidos por um touro, que se desgarrou da boiada e tomou a direção do arbusto, onde eles se encontravam. Albério, percebendo o perigo ameaçando os amigos a quem sinceramente amava, olhou em volta, pegou um pedaço de pau e se posicionou em frente ao touro, intencionado a desviá-lo, mas, em vez disso, o animal atacou-o, ferozmente. E além de ser atingido no abdômen, à altura dos intestinos, por uma chifrada, Albério foi pisoteado pelo touro, e sua perna, esfacelada.

Albério, em instantes, ficou prostrado ao chão e sangrando. Livrou os amigos do perigo, mas ali se encontrava sentindo dores, tão fortes, que só quem já houvesse passado por algo semelhante poderia avaliar.

Era comum, na época, o deslocamento do gado pelas estradas, aos cuidados dos vaqueiros ou boiadeiros. E ali era comum ver, toda semana, o gado ser levado para o abate na cidade.

Os vaqueiros, zelosos dos seus interesses, sequer ajudaram a desatolar o carro, apesar da situação de urgência. Lamentaram, mas seguiram em frente. Maurício e Cíntia puseram Albério no carro e, depois que conseguiram desatolar o veículo, saíram apressados do local.

A urgência de chegar a um hospital era grande. Contudo, o casal foi forçado a acompanhar a boiada, pois não havia como ultrapassá-la. Diante de toda essa demora, Albério perdia muito sangue. Quando conseguiram chegar à cidade para o devido socorro, ele havia perdido os sentidos. Foi submetido aos procedimentos médicos que a casa de saúde dispunha, mas não o que o caso exigia, porque a situação era muito grave!

Lisandra foi avisada, e o impacto da notícia deixou-a em estado de choque. No dia seguinte, a família voltava a se reunir, mas de uma maneira oposta àquela de quatro dias antes, quando festejavam o aniversário de casamento, como já narrado. A dor e a lágrima deixavam o ambiente repleto de tristeza. Assim, os dias foram passando e, percebendo a situação de Albério, que piorava cada vez mais, o médico que o assistia achou por bem cientificar a família, da gravidade, afirmando que a sua desencarnação era uma questão de dias ou até mesmo de horas.

Cíntia permanecia sempre junto ao leito, prestando todo o seu apoio. Cinco dias depois, ele abriu os olhos e, vendo bem na sua frente Lisandra e Cíntia, falou com voz quase inaudível:

– Desejo desencarnar em casa, para me despedir de todos.

O médico relutou em ceder ao pedido, mas, depois de exigir a assinatura de Lisandra, em um documento, assumindo a responsabilidade da liberação do paciente, Albério, acompanhado por uma enfermeira, foi levado para casa.

O dia seguinte amanheceu belo e radiante, indiferente à dor e ao sofrimento que experimentava aquela família. À tarde, o médico chegou à casa de Albério, para verificar o seu estado. Depois de examiná-lo, foi taxativo:

- Se falta, ainda, algum familiar e desejam que ele esteja com todos, chamem-no, porque ele suportará apenas mais algumas horas. Lamento bastante essa ocorrência, por se tratar de uma pessoa cuja presença era sempre muito agradável, por causa da alegria com que recebia as pessoas que entravam na loja, a exemplo de mim mesmo.

Depois de instantes de silêncio, dirigiu-se a Lisandra:

- Que não lhe falte coragem e muita fé em Deus.

Algumas horas depois, Albério começou empalidecer. Ainda, assim, abriu os olhos e, percebendo que todos se encontravam em volta da cama, olhou para Lisandra e balbuciou:

- Obrigado pela sua companhia, pelo nosso amor.

Voltou o olhar para Cíntia e Maurício e disse, ofegante:

- Grato pelo apoio e pela amizade... Adeus a todos vocês, amados do meu coração. Voltaremos a nos ver. Deus nos permitirá.

Fechou os olhos, balbuciou "adeus" e, depois de permanecer alguns minutos ofegante, deu o último suspiro, fechando os olhos no mundo material para reabri-los no espiritual.

Cíntia, então, começou a falar com a voz suave, no mesmo tom que costumava usar durante as suas orações:

> Vai tranquilo, querido irmão Albério, porque você venceu, pelo amor, o Monteiro do passado! Siga sem receio, pois a grande alegria dos que há mais de 60 anos lhe viram partir do mundo espiritual, para essa existência física que agora chega ao fim, certamente o aguardam para viver uma nova fase na eternidade do espírito.
>
> Vai, irmão querido, e leve a satisfação de um herói, que, com coragem e determinação, venceu a si mesmo! Retorne ao seu posto espiritual de fronte erguida e consciência tranquila, porque o seu atual nome representa para nós, que aqui ficamos, um novo homem! E certamente para a espiritualidade,

um espírito que se liberou dos pesados compromissos para com as leis divinas.

O "Albério" fica gravado em nossas mentes como a representação do importante exemplo de humildade, persistência e fé, que deixa para todos nós. Adeus, sim, Albério!

Enquanto Cíntia proferia comovida prece, Cássia registrava pela mediunidade uma plêiade de espíritos amigos. Além da presença do instrutor Aldo, dezenas de outros espíritos que ali se encontravam para acompanhá-lo à Estância Espiritual.

Tão logo foram desembaraçados os liames que ainda prendiam Albério ao corpo físico, o instrutor Aldo induziu-o a um sono reparador e, segurando-o nos braços, como faz um pai amoroso ao filho, seguiu satisfeito. Afinal, Albério ou Monteiro, como se chamava antes, tornara-se seu credor, desde quando o conhecera no passado, durante os horrores de uma guerra.

Na pretérita existência, Aldo, que era na época espanhol e se chamava Lorenzo, fora forçado pelas autoridades do país, onde renascera, a enfrentar, juntamente com centenas de outros jovens, supostos inimigos num campo de batalha. Como sempre ocorre com os jovens que são forçados e impiedosamente sacrificados a título de defesa da pátria, quando, muitas vezes, essa afirmação é usada simplesmente por interesses inconfessáveis de muitos que chegam ao poder, sem ter ainda vislumbrado a luz do amor que se acende na fraternidade, único meio de fundamentar a paz pela desejada união.

Assim foi que, num enfrentamento com os supostos inimigos, muitos soldados foram gravemente feridos e abandonados, e Lorenzo se encontrava entre eles. Achando que, provavelmente, chegava ao fim daquela existência, mesmo nos tormentos das dores que sentia, dirigiu o pensamento a Jesus e, numa prece, pediu-lhe que amparasse a ele e todos os demais soldados que, como ele mesmo, haviam tombado.

E finalizou, numa prece a Deus:

> Senhor! Vim à guerra contra a minha vontade, porque, conforme eu já havia decidido, seria, se agora não perdesse a oportunidade de prosseguir minha vida aqui na Terra, pois sinto que estou morrendo, um frade seguidor de Francisco de Assis, cuja intenção, Senhor, era participar da tua obra de redenção. Mas, agora, já que posso imaginar o que será de mim, permita-me entregar-me a ti... Oh, Pai amado!

Suspirou um instante e sem sequer poder se mover, porque qualquer movimento aumentava a dor e a hemorragia nos ferimentos provocados à bala, aquietou-se, esperando pacientemente o que viesse ocorrer. Tempo depois, que ele mesmo não saberia avaliar, ouviu, bem próximo, alguém falando:

– Será que a minha impressão estava errada? Até agora não vi qualquer sinal de vida!

Ouvindo isso, Lorenzo abriu, propositadamente, os olhos e passou a movimentar os dedos das mãos. Aquele homem, que atuava como enfermeiro, percebeu que ele estava vivo. Segurou-o nos braços e, depois de caminhar mata adentro, colocou-o no chão, forrado, apenas, com palhas de palmeiras. Em seguida, tratou os ferimentos e deu-lhe para beber um líquido que fê-lo dormir profundamente. Quando despertou, sem ter ideia de quanto tempo havia dormido, sentindo-se melhor, ficou na expectativa do que iria acontecer. Horas depois, o enfermeiro desconhecido olhou os ferimentos e meneou positivamente a cabeça, deixando entender que Lorenzo iria ficar bom. Os dias foram passando e quando os ferimentos já se encontravam cicatrizados, o enfermeiro disse-lhe que precisava sair dali, imediatamente.

Antes de se separarem, porém, aconteceu o primeiro e único diálogo:

- Por que você me socorreu? - perguntou Lorenzo.

- Porque não estou guerreando, e, sim, salvando vidas. Esse é o meu dever na função que assumi voluntariamente.

Fez pequena pausa e, em seguida, reiterou:

- Não tenho inimigos!

- Que poderia eu fazer para agradecer-lhe por ter salvado a minha vida?

- Quando tiver oportunidade, ajude alguém! Basta isso. A mim, nada deve.

- Gostaria muito de revê-lo!

O enfermeiro, que apesar daquele admirável comportamento, denotava rudeza no jeito de se expressar, já que falava apenas o necessário e sequer demonstrava qualquer expressão de sorriso, pegou um pedaço de papel, anotou o endereço e disse:

- Resido aqui. Se quiser aparecer, terá de mim as boas-vindas.

Entregou o papel e, apontando a mata fechada, disse:

- Este é o seu único caminho. Para não se perder, oriente-se pela posição dos raios solares. Se não errar a direção, chegará a uma praia deserta e lá encontrará um barco embaixo de uma grande tamareira, escondido por baixo da folhagem. Arraste-o, e, depois de pô-lo na água, siga à direita e em frente, sempre contornando a orla, até que algum compatriota o socorra.

Lorenzo conseguiu retornar a sua pátria e, logo que chegou, internou-se num convento da ordem de São Francisco, como tanto desejava. Ordenou-se frade e prestou, como almejava, uma importante contribuição ao cristianismo, na qualidade de exemplificador da paz.

Antes de desencarnar, foi à procura do enfermeiro. O encontro ocorreu dentro de um clima de muita alegria. Tornaram-se amigos. Depois dessa existência, ao retornarem pela reencarnação, eles renasceram, por vontade própria, já que a situação espiritual de ambos permitia, numa mesma família. Lorenzo (Aldo) dedicara, novamente, a sua vida a servir, mas por outra ótica: quando os conhecimentos da doutrina espírita começavam a se expandir por outras nações, inclusive no Brasil, ele se encontrava entre os que espalhavam as sementes das verdades reveladas pelo Consolador prometido por Jesus, o espiritismo, aqui mesmo no Brasil, onde fixou residência, até seu retorno ao mundo espiritual.

Esse fato nos faz compreender que só o bem gera o bem e que não devemos tratar como estranhos aqueles que, de certa forma, permeiam os nossos caminhos, sem levar em conta a situação que estejam experimentando. Seja por amizade, simpatia, afinidade, gratidão, ou por antipatia, ingratidão, inimizade... Até mesmo por ódio ou sentimento de vingança. Quando consideramos estranhas as pessoas que não convivem na mesma família, ou por não termos estabelecido laços de amizade, podemos estar perdendo a oportunidade de contatar com muitos que, possivelmente, passaram pelas nossas vidas na qualidade de pai, mãe, irmão ou amigo.

Por isso mesmo, não devemos nos fechar para o mundo, mas, sobretudo, abrirmos as comportas da paz e da alegria, para jorrarem, sem estabelecer qualquer direção, para que todos, mesmo os considerados estranhos, sintam-se bem com a nossa presença.

capítulo dezessete

NA ESTÂNCIA

A consciência é o único juiz que não engana e nunca se deixa enganar, pois, nela estão circunscritas as leis imutáveis do Divino Senhor do Universo.
Dizzi Akibah

DEPOIS DE ALGUNS dias de sono reparador, Albério despertou no Hospital dos Recém-Chegados. Olhou em volta, tentando se situar, mas se encontrava acometido de certo alheamento, causado pela perturbação que passa o desencarnado durante algum tempo, sem que isso seja regra geral. Nesse estado psíquico, viu alguém se aproximando do leito. O visitante pegou uma cadeira, posicionou-a em frente a ele e, depois de sentado, perguntou com a tranquilidade que lhe era característica:

– Como se sente, Albério?

– Bem melhor. As dores cessaram, mas algo me intriga, por que não consigo me situar e saber de que maneira cheguei aqui e nem que lugar é este?

– Albério, olhe para mim!

Instantes depois de ter fixado o olhar no visitante, disse ele:

– Tenho impressão que já vi o senhor em algum lugar, mas não faço ideia de onde e nem de quando.

– Você se sente na condição do viajante que deixou o lugar onde viveu e, depois de longo tempo, ao retornar, sente a impressão de que tudo se encontra diferente e, por isso, não consegue se situar. Mas você está bem. Busque serenidade e sinta-se em paz. Não alimente pressa e, sequer, crie ansiedade para descobrir o que deseja, antes do que deve. Pois o que deseja saber, virá normalmente.

– Mas o senhor poderia me dizer o que aconteceu, porque eu me lembro de que me encontrava prestes a desencarnar e, agora, depois que me trouxeram para cá, eu estou me sentindo bem. Gostaria de saber quando, mais ou menos, estarei de alta, porque estou sentindo saudade da minha família, ou então peço que permita receber visitas. Ou estou proibido?

– Logo, logo, alguns amigos virão procurá-lo para dar-lhe boas-vindas.

O homem levantou, apontou a mão na direção do recém-chegado e, em instantes, passou a emitir, pelas pontas dos dedos, um feixe de raios luminosos direcionados a Albério, os quais lhe percorriam todo o corpo perispiritual.

No dia seguinte, sentindo-se bem mais disposto, ele saiu do leito e, ao se aproximar da porta, chamou-lhe atenção a numeração daquele compartimento, pois, além do número 43, continha as letras A e P (Amor ao Próximo). Ele ficou por instantes pensando e, depois, disse para si mesmo:

– Tenho impressão que já vi isso antes.

Albério seguiu o corredor a passos lentos, no sentido da saída. Antes de chegar ao final, encontrou-se com alguém que se dirigiu a ele, demonstrando muita satisfação por vê-lo.

– Soube do seu retorno, e aproveito para externar a minha satisfação e os meus votos de muita paz.

- Desculpe-me a sinceridade, mas eu não me lembro de você e também não estou compreendendo o sentido da sua conversa, no que se refere a palavra "retorno". Entretanto, agradeço muito pela sua delicadeza.

- Nos veremos depois, numa situação mais favorável! Paz e serenidade, Monteiro! - falou, já saindo.

E Albério, então, disse para si mesmo:

- Meu Deus! Que lugar é esse para onde me trouxeram? Será que se trata de um hospital de tratamento mental? Um conta uma história de um viajante, que depois, ao retornar, não se lembra... Outro falando de retorno e trocando o meu nome... Não estou gostando disso! O que eu quero mesmo é voltar para a minha casa!

Mas logo que ele retornou ao leito, o visitante do dia anterior chegou, já lhe perguntando:

- Como se sente hoje?

- Sinto-me calmo e com o corpo muito leve, como se eu houvesse perdido todo o peso!

- Aqui me encontro para conversar um pouco, se for do seu agrado. Se não, fica para outra oportunidade.

- Oh, jamais eu faria isso, porque além de não ser hábito meu ficar isolado, estaria faltando com atenção, o que não me é agradável!

O visitante pôs a cadeira junto ao leito e começou a falar:

- Há pouco mais de 60 anos, um amigo que, muito prezo, depois de uma convivência de muitos anos, motivado pela necessidade de pôr em prática as teorias adquiridas, aqui nesta colônia espiritual, com a finalidade de se reeducar, vivenciando os efeitos das causas por ele mesmo perpetradas e de conseguir avançar, o quanto possível, na conquista de novas experiências, despediu-se para uma estada mais ou menos longa, no plano material.

Albério ouvia circunspecto.

- Mas, depois de ter cumprido o que fora traçado, segundo as suas necessidades, ele retornou, mas ao chegar, havia esquecido até mesmo o amigo que o acompanhou à nova morada. Mas apesar disso, o referido amigo, que se chama Aldo, sentiu-se muito contente pelo êxito por ele alcançado. O recém-chegado, que se chamava Monteiro, foi trazido aqui mesmo para este hospital, onde havia, no passado, prestado um valioso serviço, com a finalidade de repousar e se recuperar de quaisquer resquícios das lutas do plano material, de onde retornou.

Albério fechou os olhos, mas não conseguia evitar as imagens que passou a ver durante a conversa do visitante, as quais pareciam vivas a desfilar com toda nitidez, como se elas se encontrassem ali mesmo à frente. Via, como numa projeção cinematográfica, cenas retratando fatos de quando ele havia chegado àquele lugar, provindo das regiões obscuras do umbral. Lembrou-se de Sandro, depois de Elisa. Nesse ponto, ele percebeu a imagem de Aldo, guardada em sua mente, desde o dia em que o abraçou, sentindo-se apoiado, como um filho ante o pai, e pensou:

– Quem dera pudesse um dia revê-lo! Mas quem sou para desfrutar da sua amizade, já que, segundo as lembranças que agora me chegam, eu era apenas um necessitado pedindo compaixão e rogando caridade?

Aldo, que o induzia às lembranças, parou de fazê-lo e disse:

– Olhe para mim!

Ele fixou o olhar no rosto do visitante, sentou-se no leito tentando se situar, e Aldo, então, disse-lhe sorrindo:

– Monteiro, acorde!

Ele se levantou e falou com toda emotividade do inesquecível momento:

– O senhor?! E eu mereço a sua visita?

– Monteiro, deixe-me abraçá-lo em felicitação pelo êxito alcançado!

Depois do abraço, ele ainda quis saber:

– Onde me encontro? O senhor pode me dizer?

- Você se encontra na Estância Espiritual e, no momento, no Hospital dos Recém-Chegados.

- Foi o senhor quem me trouxe aqui?

- Foi minha a satisfação de reconduzi-lo ao seu lar espiritual.

- Então, o senhor pode também me levar de volta? Eu não posso demorar muito aqui, já que não avisei a Lisandra. E a essa altura, ela deve estar muito preocupada com a minha ausência.

Embora demonstrasse a certeza de que iria desencarnar, por haver pedido para que isso ocorresse em casa junto aos familiares, ali ele ainda apresentava alheamento em relação a sua nova situação. Percebendo isso, o instrutor Aldo voltou a ajudá-lo:

- Procure se lembrar: a estrada, o carro atolado, a boiada... Você pegou um pedaço de madeira e saltou bem na frente do touro que ameaçava a integridade física de Cíntia e de Maurício. O animal atacou-o e, além de o atingir com os chifres, deu-lhe algumas pisadas! O socorro médico e, em seguida, a sua casa... O adeus! Aí, então, trouxe-o de retorno à Estância Espiritual, onde deverá permanecer o tempo necessário para uma nova programação no plano material.

Albério levantou-se de vez e perguntou:

- E eu já morri, mesmo?

Aldo, com a mesma tranquilidade e bondade de sempre, respondeu sorrindo:

- Você apenas desencarnou, já que a morte, propriamente dita, não existe!

- Oh! Por que logo agora? O senhor não imagina o quanto eu ainda desejava realizar, em termos de ajuda às pessoas carentes! Sinto-me totalmente impedido! E os meus familiares, como receberam isso? Cândido, agora, é que está na adolescência! Certamente iria precisar ainda muito de mim, principalmente porque pude notar, logo cedo, que ele mantém aversão aos irmãos que, como era do meu conhecimento, têm um sério débito para com ele.

– A sua família, como é natural, está muito sentida. Contudo, mantém você na conta de um herói, porque doou a sua vida física para salvar da desencarnação os amigos Cíntia e Maurício, as mesmas pessoas que antes se chamavam Elisa e Sandro.

– Eu salvei a vida deles? E são eles mesmos?! – perguntou impressionado.

– Sim. Livrou-os de um grande perigo, preservando a integridade física de ambos. Em relação a Cândido (Osvaldo), você não deve manter qualquer tipo de preocupação, pois isso em nada ajudaria. É verdade que, se ele continuar se portando arredio às mudanças, para as quais vem recebendo todo incentivo da família, poderá enfrentar sérios problemas de saúde durante um longo período da sua existência. Mas contará, certamente, com o devido apoio dos irmãos, de quem é credor, e da assistência de Daniel, conforme prometera cuidá-lo, como se fosse um pai amoroso.

Depois de ouvir, atentamente, a explicação do instrutor Aldo, ele perguntou:

– Quando eu posso voltar lá para ver todos eles? Eu tenho a impressão de que vim antes de completar as minhas tarefas. Não quero dizer com isso que estou arrependido do que fiz por amor e gratidão aos amigos que tanto quero!

– Você terá oportunidade de estar com todos eles para, inclusive, ajudá-los. Entretanto, para isso, precisará de instruções para saber o que fazer e como proceder.

– Isso me enche de alegria, porque, apesar de o senhor afirmar que a minha reencarnação foi bem-sucedida, eu tenho ainda pela frente que responder pela desencarnação trágica de Sandro e Elisa.

– Não devo julgá-lo, pelos seus atos. Todavia, sinto-me livre para analisá-los: a causa da sua desencarnação, considerando a violência com que você foi atacado pelo animal, pode ser também considerada trágica. Você sabia que a sua atitude poderia ser-lhe fatal?

– Eu sequer pensei nisso. O que queria mesmo, graças a Deus, consegui! Porque, além do amor que sinto por eles, são pessoas úteis a muita gente! Para mim, isso era um dever que, se eu não cumprisse, agora que estou relembrando de tudo, iria me sentir criminoso duas vezes. Não pensava em retornar para cá agora, pois sou sincero em afirmar que gostaria muito de continuar vivendo mais um pouco com os meus entes queridos. Mas jamais me arrependerei do que fiz.

– Não sendo eu representante legal da Justiça Divina, não posso e nem devo dar uma resposta definitiva. Entretanto, o raciocínio lógico ajuda a compreender que, se um dia você interrompeu-lhes a existência física e agora sacrificou a sua reencarnação, por amor e gratidão, para preservar a integridade física de ambos; que não o fez de propósito pensando em quitar débito, pois sequer sabia que se tratava de Elisa e de Sandro; e tendo Jesus afirmado que "o amor cobre a multidão de pecados", se o seu débito não foi totalmente quitado, certamente deve ter sido bastante amenizado. Por enquanto é o que eu posso afirmar com segurança, mas logo, logo, saberemos, através de amigos espirituais dotados de conhecimentos mais profundos sobre este assunto, se você quitou todo o seu débito ou se resta ainda algo a fazer neste sentido.

Depois de uma breve pausa, o instrutor, dando por encerrado o assunto, perguntou-lhe:

– Com que nome você prefere atender, doravante... Monteiro ou Albério?

– Acho que Monteiro foi muito mau! Embora eu seja o mesmo espírito, prefiro Albério, que foi um pouquinho melhor! – falou, sorrindo.

– Amanhã virei buscá-lo para um encontro com os amigos que desejam lhe dar boas-vindas. E ao sair de lá, você não voltará aqui para o hospital. Providenciei um lugar onde ficará e logo que se sentir disposto, me procure, para começar um novo estudo, trabalho... Sempre trabalho!

– Já é de preparo para voltar?

– Para, depois de bem preparado, servir junto aos seus entes queridos, não do modo que idealizava quando encarnado. Logo você tomará conhecimento, porque deveremos em breve voltar para, *in loco,* verificarmos onde se encontram as necessidades de ajuda. Cada situação, com a sua própria particularidade, será estudada minuciosamente por você, para poder agir com segurança, já que eu, por causa de outros deveres, não poderei permanecer sempre do seu lado, mas terá sempre a orientação que depender de mim. Logo que você se sentir apto, começará a andar com as próprias pernas, como afirmam nossos irmãos encarnados. É assim que nos libertamos e saímos da sombra de quem nos serve de apoio. Cada um de nós é um cidadão do Universo, individual... Único! Mas isso não significa que deva se isolar ou se sentir totalmente independente, pois, além de sermos irmãos, filhos do mesmo Pai, quando experimentamos a convivência harmoniosa que o amor enseja, jamais desejamos viver em isolamento.

No dia seguinte, Albério sentia-se entristecido, com saudades da família, quando o instrutor Aldo adentrou o recinto:

– É natural que se sinta saudoso. Entretanto, não deve se esquecer da luminosa lição de Jesus, sobre o amor universal: Quando lhe fora anunciada a presença da sua mãe e dos irmãos, conforme narrado no Evangelho, Ele formulou a seguinte pergunta: "Quem é minha mãe e quem são meus irmãos, senão todos aqueles que fazem a vontade do meu Pai?" Entende-se que o divino Mestre amava a todos com a mesma intensidade, ainda que amasse os seus. Para se fazer uso do amor universal, como o exemplo de Jesus, há um longo caminho a ser percorrido. Entretanto, só o fato de você ter encaminhado ao bem todos os seus antigos desafetos, conquistando-lhes a simpatia e contribuído para o cultivo de bons sentimentos, sobrepuja qualquer reação com tristeza. Isso, inclusive, já pode ser considerado de grande importância, levando em conta a situação de receio em que você se encontrava, ao sair daqui para o mergulho na carne.

Depois de silenciar por instantes, falou, sorrindo:

- Agora, vamos Albério! Sabemos da importância de exercitar a paciência. Contudo, não devemos abusar da paciência dos amigos. O atraso, sem justa causa, denota abuso.

A diferença na aparência de Albério, em relação a Monteiro, embora se tratasse do mesmo espírito, se dava no jeito de se expressar, que nada tinha a ver com a do tempo que ali vivera como Monteiro. Ele reproduzira no perispírito a aparência do último corpo físico, que deixara pela morte. Dentre os amigos que o aguardavam, muitos sabiam que não iriam vê-lo como antes, mas não imaginavam que as mudanças no perispírito seriam tão acentuadas.

Mas a surpresa não estava reservada, tão somente, para aqueles que aguardavam a sua presença. Também para Albério que, ao entrar no salão, acompanhado pelo instrutor Aldo, vendo as dezenas de cadeiras todas ocupadas, percebeu que a alegria expressada por todos, que ali se encontravam, dava um tom festivo ao local, e perguntou cheio de surpresa:

- Onde eu achei tantos amigos que, sequer, conheço a todos?

- Os espíritos, que considera estranhos, conhecem você e o consideram amigo, por terem sido servidos por você mesmo, em alguma coisa. Dentre eles, há alguns que desencarnaram enquanto você prestava a sua constante ajuda no Recanto do Amor. Outros que recebiam, frequentemente, através de suas mãos, gêneros alimentícios, na casa comercial onde você atuava, tantos outros que mudaram o comportamento, depois de conhecer as lições luminosas de Jesus, através do estudo do Evangelho, implantado em dezenas de lares, por você e Lisandra, e alguns que, por enquanto, você não consegue se lembrar, porque as suas atitudes positivas para com eles ocorreram numa existência pretérita e aqui se encontram tão somente para homenageá-lo.

Por outro lado, os assistentes que ali se encontravam com o objetivo de homenagear Monteiro, ao verem o instrutor Aldo entrando, acompanhado por um espírito cuja aparência poderia ser comparada a de alguém reencarnado na faixa dos 60 anos de idade, destacando-se cabelos grisalhos, e o rosto exibindo rugas, como se encontrava a aparência de Albério, a maioria não suspeitara que se tratava dele mesmo, a não ser os que o tinham conhecido na cidade onde ele havia passado os seus últimos anos.

Os demais, para saberem que se tratava de Monteiro, dependiam da informação de alguém, muito mais porque Albério, apesar dos novos costumes na cidade, de ter lidado com muita gente durante as suas atividades da casa comercial e de ter estudado a gramática portuguesa com a ajuda de uma das filhas, não mudou o jeito do homem do campo e esse mesmo jeito, que se destacava no andar, na maneira de falar e demais expressões, ainda se encontravam bastante visíveis.

Mesmo depois de desencarnado, ele apresentava o jeito do chamado matuto, como ele mesmo se autodenominava. Mas um matuto alegre, amigo, prestativo e muito comunicativo.

Sentaram-se por trás de uma mesa, mas ele se sentindo incomodado, por estar naquele lugar, que considerava de destaque, perguntou ao instrutor Aldo:

– Por que eu tenho que estar aqui, na frente de todos?

– Porque todos aqui se encontram com o único objetivo de vê-lo. Se você se sentasse lá, entre eles, quem iria vê-lo, a não ser os vizinhos de cadeiras mais próximas? Retire qualquer ideia de destaque, pois não somos diferentes dos demais, simplesmente por estarmos sentados nesta posição. Estas cadeiras, onde estamos sentados, não são usadas para ostentação de destaque de quem as ocupa. Mas afiguram-se como instrumentos de trabalho.

– Se não for inconveniente para o momento, pode me dizer o porquê de tanta alegria?

- Albério, todo bem gera alegria. Afinal, é justo esse momento festivo, uma vez que não é tão comum o espírito cumprir, quando reencarnado, todo o programa elaborado segundo as suas necessidades. Mas você conseguiu com admirável dedicação!

- Consegui, mesmo? E estou quite com a Justiça Divina?

- Ontem eu não poderia lhe afirmar. Mas hoje, depois que me foram prestadas novas informações, posso dizer que sim!

Dito isso, levantou-se e começou a falar:

- Irmãos queridos! Há um pouco mais de 60 anos, nos reunimos aqui mesmo nesse local, para despedirmo-nos de Monteiro, agora, Albério, como prefere ser tratado, que seguia rumo ao plano material, com encargos pesados e bastante sérios, na qualidade de colheita do que havia plantado. Não só nele havia dúvidas, se conseguiria ou não vencer todos os obstáculos e se redimir perante a divina lei, mas também em nós, que aqui ficamos, pois temíamos sobretudo o fracasso, como comumente ocorre quando a reparação exige sacrifícios. Entretanto, considerando a tamanha responsabilidade de formar uma família composta por desafetos, para com eles conviver na condição de pobreza e muita dificuldade de sobrevivência, durante um período da sua existência, poderia ser vista como algo intransponível, da mesma forma de quando nos deixamos conduzir pela aflição ante qualquer obstáculo ou dificuldade, se ainda não tenhamos dado o primeiro passo para a devida realização. Tão aceitável é essa situação, que Albério, logo que se sentiu envolvido pela realidade, agigantou a coragem e decidido a dar conta das suas responsabilidades, passou a trabalhar duramente, de sol a sol e sem descanso, para garantir pelo menos o alimento básico para a família numerosa, composta por ele, a esposa, Lisandra, e inicialmente sete filhos, ao todo nove pessoas, que consumiam 27 refeições diárias, produzidas pelas suas mãos laboriosas, durante muitos anos, até que o filho mais velho se encontrasse em condições de ajudá-lo.

"Além dessa árdua tarefa, a consciência agia sem trégua, chamando-o aos brios, no sentido de cuidar da própria retificação e adquirir as devidas condições para educar e orientar os filhos, um dever impostergável, já que era ele o devedor de todos, inclusive da própria esposa, apesar da nobreza de sentimentos, por ela apresentada, ao tê-lo aceitado como esposo e compartilhar, não apenas das duras tarefas, mas sobretudo, ajudá-lo a despertar o amor nos corações endurecidos da maioria dos filhos. Mas ainda assim, quando o desgosto o ameaçava e, em consequência, vinha-lhe o desânimo, bastava-lhe apenas algumas palavras de estímulo das filhas amadas para robustecê-lo de coragem, esperança e confiança em Deus. Diante das dificuldades de unir fraternalmente os filhos, cujas mentes desarvoradas criavam intrigas que sempre acabavam em agressões físicas, não se irritava, não se desesperava, não reclamava e nem se lamentava, mas orava buscando inspiração e agia. Fazendo da tolerância um hábito, da paciência uma companheira inseparável, corrigia-os sem jamais faltar orientações provenientes de experiências adquiridas em existências físicas passadas, as quais eram repetidas numerosas vezes.

"Além disso, assumiu o propósito perante si mesmo, de combater os resquícios do orgulho, da prepotência e do ciúme, malefícios que contribuíram para a sua derrocada na sua penúltima reencarnação. Não obstante o peso do fardo que carregava, ao se deparar com mais uma colheita obrigatória, na qualidade de obsessão pertinaz, resultante de um sério débito contraído no passado, não repudiava o espírito perseguidor que tentava fazer justiça, por si mesmo. Mesmo sem se lembrar do que havia feito de mal ao espírito, pelo fato de se encontrar reencarnado, pedia-lhe perdão. Assim, nessa situação, foi que lhe chegou o chamado para um novo caminho, uma prova da grandeza de nossos queridos irmãos Sandro e Elisa, que embora tenham sido suas vítimas no passado, provaram, na prática, o perdão irrestrito, ao abrirem as portas da doutrina espírita, como um novo caminho para ele e toda sua família. Poderia não aceitar, já que a sua formação religiosa, embora sem profundidade, era o catolicismo. Mas ele afastou as dúvidas, acreditou, confiou e seguiu em frente.

Retornou, mas lá por onde passou deixou, além de todos os filhos com a desejável formação moral e espiritual, o seu rastro como um exemplo puro de doação, já que, por dedicação e amor, sacrificou a sua reencarnação, para defender a integridade física de Elisa e Sandro, reencarnados com os nomes de Cíntia e Maurício. Por isso mesmo, desejamos que siga em frente, pelos caminhos apontados pelo divino Mestre de todos nós, traçando metas, realizando sonhos, com a consciência tranquila e com a mesma alegria que tanto soube cultivar."

Depois de pequena pausa, falou mudando o tom da voz:

- O nosso reconhecimento está muito longe de qualquer manifestação de elogio, mas bem próximo da verdade dos fatos, que não deve ser ocultada.

Fez nova pausa e disse em seguida, com o olhar na direção de Albério:

- Desperte cada vez mais a paz, a serenidade e a alegria pela vida, doação de Deus, a fonte do amor.

Albério levantou-se e falou:

- Obrigado, querido e respeitável instrutor Aldo, a quem guardo, além de admiração, muita veneração. Por isso mesmo, eu desejo muito agradecer, não somente pelas palavras amáveis, mas, sobretudo, pelo acompanhamento e assistência que dispensava, silenciosamente, a mim e a minha família... E eu sequer imaginava que o senhor existia! - falou, rindo à vontade!

Fez uma pausa, enquanto todos também riam da sua colocação. E, em seguida, prosseguiu, dirigindo-se aos assistentes:

- Mas só depois que aqui cheguei lembrei-me, de que uma das minhas filhas falava que via um espírito e se chamava Aldo. Eu, inicialmente, achava que se tratava de ilusão da mente ainda infantil. Mas agora que já sei que era uma verdade, não posso deixar de agradecer-lhe e a ele dedicar o que consegui realizar, cujo mérito não deve ser atribuído tão somente a mim mesmo, mas, além dele, a minha esposa, Lisandra, pelo reconhecido apoio, minhas filhas, que foram para mim verdadeiras orientadoras, Cíntia e Maurício, pessoas cujas qualificações, para mim, são tão expressivas que me faltam palavras...

Parou de falar ao ver entrando no salão, acompanhados por alguns espíritos, Cíntia, Maurício e Lisandra. Depois da pausa que fizera por causa da surpresa, concluiu:

- Eu gostaria de agradecer a todos vocês por esta manifestação carinhosa, motivo de muita alegria e satisfação para mim.

Todos se levantaram e aplaudiram com demonstrações de muita alegria.

- Quem se lembra de Elisa, Sandro e Stela? - perguntou o instrutor Aldo. - É com muita alegria que os recebemos neste momento. Embora estejam reencarnados, aqui se encontram em perispírito, enquanto suas indumentárias físicas repousam em sono profundo.

Eles chegaram com a aparência do corpo físico da atual reencarnação. Entretanto, ao ouvirem Aldo pronunciar os seus nomes, imediatamente, se situaram e as lembranças lhes chegavam tão fortes, que acabaram passando por uma repentina mudança na aparência do perispírito. Ali se viam Elisa e Sandro, do jeito que eram, durante o tempo que permaneceram na Estância Espiritual.

Cumprimentaram Aldo e abraçaram alegremente Albério. Lisandra, entretanto, não mudou a aparência do perispírito. Ao ver Albério, aproximou-se de braços abertos e ambos amenizaram a saudade num afetuoso abraço. Em seguida, Maurício foi convidado a se sentar ao lado de Aldo, e Albério, todo gentil, segurou-o pelo braço para conduzi-lo à mesa. Mas logo que se aproximou viu, sentado ao lado do instrutor Aldo, o padre a quem ele havia prometido construir uma nova igreja, mas não o fez e passou a relembrar e, consequentemente, se sentir envergonhado, por não ter cumprido a promessa.

Depois de acompanhar Sandro (Maurício) até a cadeira, foi-se aproximando do sacerdote, disposto a lhe pedir desculpas. O religioso, que ainda se apresentava com os trajes do ofício, levantou-se e disse, sorrindo:

– Meu filho, não tenho de que lhe desculpar. Você não construiu a igreja, naquela existência, mas fez muito mais do que isso nesta última, quando alimentou famintos, vestiu a muitos, consolou e animou a tantos outros. Com a palavra amiga e a sua constante alegria, contagiou a tantos outros que se encontravam perdidos nos caminhos tortuosos do mundo a encontrarem um novo rumo.

– E eu fiz isso mesmo, ou o senhor está me confundindo com outra pessoa?

A pergunta fez todos rirem ao mesmo tempo, dado o humor com que ele se expressou, ao que o ex-vigário respondeu:

– Você fez com a mão direita, e a esquerda não viu. Por isso é que não percebeu.

Depois desse interessante diálogo, Cíntia posicionou-se bem em frente aos assistentes e começou a falar:

– Queridos irmãos! Grata pela oportunidade ensejada pela bondade do nosso querido irmão Aldo, de estar aqui para participar dessa reunião de boas-vindas ao nosso querido irmão e amigo, cumprimento a todos, desejando paz e alegria.

Depois de uma pausa, prosseguiu:

– Testemunha que sou de uma história que, hoje, tem o fim almejado por todos nós. Na qualidade de personagem que não tenha apenas desempenhado um simples papel como fazem os atores, mas, sobretudo, que viveu a verdade dos fatos no dia a dia, aqui me encontro com a honrosa finalidade de me dirigir a Jesus, a Luz do mundo, e expressar os meus sentimentos relativos a essa ocasião que considero de muita importância!

Silenciou. E à proporção que sua fisionomia ia se tornando cada vez mais serena, surgia sobre a cabeça uma claridade, inicialmente suave, mas logo passou a resplandecer, dando forma a uma auréola cuja aparência poderia ser comparada a um ramalhete de flores luminosas. Em seguida, voltou a se expressar, revelando profundo amor a Jesus:

– Mestre divino! Sem o amparo amoroso que de ti recebemos constantemente, certamente não estaríamos reunidos neste momento, para comemorar o retorno do nosso irmão Monteiro, que cumpriu, com esforço, coragem e confiança irrestrita em ti, o programa elaborado para a sua estada na vida material.

"Termina, Senhor, neste momento, uma história onde, durante o seu desenrolar, caímos muitas vezes, mas, graças as tuas lições luminosas, levantamos e seguimos em frente; choramos, mas recebemos de ti o consolo, através de trabalhadores da tua seara divina. Quando no desespero, não nos faltou quem em teu nome abrisse um novo horizonte, gerando esperança numa nova existência, através da lei da reencarnação, que nos faculta a oportunidade de vivermos periodicamente em dois mundos: o espiritual, onde nos conscientizamos dos nossos méritos ou deméritos, e o material, onde a lágrima e o suor em prol do aperfeiçoamento das qualidades morais, podem ser convertidos em alegrias futuras.

"Mas, Senhor, sem o apoio do teu luminoso amor, dada a nossa grande obscuridade, não daríamos um passo à frente. Mas, conscientes do teu amparo divino, podemos seguir confiantes, indo e voltando, pois é nesse processo de idas e voltas que a própria vida se aperfeiçoa, cresce e se ilumina em ti, para permanecer sempre contigo."

fim

Conheça o Espiritismo
Como é a vida após a morte?
Por que sofremos?
Existe reencarnação?
EDITORA AUTA DE SOUZA
De onde eu vim?
Para onde vou?
Conheça o Espiritismo
Não deixe essa obra
de fora dos seus estudos
CONHEÇA O ESPIRITISMO
Esta obra destina-se aos que desejam conhecer a Doutrina Espírita em seu tríplice aspecto: ciência, filosofia e religião, elucidando algumas questões fundamentais da existência humana, quais sejam: de onde viemos? para onde vamos? o que é o fenômeno da morte?
Muitas Casas Espíritas utilizam com sucesso este livro como o primeiro curso para os iniciantes.
Estudo | 16x23 cm | 176 páginas | R$24,60

CONCAFRAS
CONCAFRAS-PSE
CONFRATERNIZAÇÃO DAS CAMPANHAS DE FRATERNIDADE AUTA DE SOUZA - PROMOÇÃO SOCIAL ESPÍRITA
Encontro anual de trabalhadores espíritas
sempre no período do carnaval
CONFRATERNIZAÇÃO | FORMAÇÃO DE TRABALHADORES | PRÁTICAS ASSISTENCIAIS
E MAIS DE DUZENTAS OPÇÕES DE CURSO
Programe-se!
Saiba mais: www.concafras.com
CONCAFRAS-PSE
Confraternização das Campanhas de
TV MUNDIAL DE ESPIRITISMO
Associação Mundo Espírita (AME)
www.tvmundialdeespiritismo.com
www.ocentroespirita.com
Auta de Souza

EMVIDA
AIVEMV
VIDAVAI
AVAIVEN
IVIDAVA
VAIVEN